왕비들의 전쟁

왕비들의 전쟁

지은이 박영규

1판 1쇄 인쇄 2020년 11월 10일
1판 1쇄 발행 2020년 11월 20일

발행처 (주)옥당북스
발행인 신은영

등록번호 제2018-000080호
등록일자 2018년 5월 4일

주소 경기도 고양시 덕양구 화신로 105, 2319-2003
전화 (070)8224-5900 **팩스** (031)8010-1066

블로그 blog.naver.com/coolsey2
포스트 post.naver.com/coolsey2
이메일 coolsey2@naver.com

값은 표지에 있습니다.
ISBN 979-11-89936-32-7 (03910)

이 도서의 국립중앙도서관 출판시도서목록(CIP)은 서지정보유통지원시스템 홈페이지
(http://seoji.nl.go.kr)와 국가자료공동목록시스템(http://www.nl.go.kr/kolisnet)에서
이용하실 수 있습니다. (CIP제어번호: CIP2020045560)

왕비들의 전쟁

삼국·고려·조선 왕비들의 권력 투쟁 이야기

박영규 지음

옥당

우리가 몰랐던 한국사 속 왕비들의
권력 투쟁 이야기

'백제를 건국한 사람은 온조다.'

이것은 역사적 사실일까? 《삼국사기》와 《삼국유사》는 백제를 건국한 사람이 온조라고 명확하게 밝히고 있다. 하지만 그 이면을 살펴보면 고개를 갸웃거리게 된다. 사서에서는 온조라고 명시하고 있지만, 실제로는 다른 인물이 등장하기 때문이다. 고구려에서 신하와 백성을 이끌고 망명길에 오르고 그 험난한 여정 끝에서 나라를 세운 사람은 온조의 어머니인 소서노이다. 그런데 왜 역사가들은 백제의 건국 시조를 온조라고 말하는 것일까?

신라 진흥왕은 삼국통일의 초석을 다진 왕으로 알려져 있다. 화랑도를 만들어 인재를 양성하고, 국력을 키워 영토를 확대하는 등 여러 업적을 남겼다. 하지만 이 또한 알고 보면 이 업적을 실제로 행한 인물은 따로 있다. 화랑도를 육성하고 뛰어난 정치력을 발휘하여 신라의 국력을 신장시킨 인물은 바로 그의 어머니 지소태후다. 그런데 당대의 모든 업적은 진흥왕의 치적으로 기록되어 있다.

사례 하나를 더 보자. 조선은 정도전이 설계하고 이성계가 세웠으며, 그의 아들 이방원이 기반을 다졌다고 한다. 그런데 건국 당시의 사료를 자세히 살펴보면, 조선 건국에 절대적인 기여를 한 인물이 또 있다. 다름 아닌 조선의 첫 왕비 신덕왕후 강씨다. 조선 개국에 있어 그녀의 공로는 정도전이나 이방원에 뒤지지 않는다. 이방원이 조선 개국에 가장 크게 기여했다는 근거는 정몽주를 격살한 데 있다. 하지만 이방원에게 정몽주 격살을 명령한 사람이 바로 강씨다. 그런데도 조선 개국의 논공행상에서 그녀는 늘 열외였다. 왜 그럴까?

이들 세 사람뿐 아니라 우리 역사 속에는 여성이라는 이유로 제대로 평가받지 못한 인물들이 있다. 과거 왕조시대는 남성 중심 사회이다 보니 여성은 항상 남성의 그늘에 있었다. 남성의 그늘을 거부한 여성은 이른바 사가史家들에 의해서 나라를 뒤흔든 악녀나 권력에 눈이 먼 요녀로 묘사되기 십상이었다.

왕조시대가 지속되던 지난 수천 년 동안 여성은 그저 남성을 보조하거나 대리하는 존재로 취급되었다. 왕조시대 여성의 최고 신분이라 할 수 있는 왕비들조차 마찬가지였다. 그들은 만백성이 우러러보는 어머니, 즉 '국모國母'라는 숭고한 명칭으로 불리었지만, 정작 현실에서는 여느 가정에서와 마찬가지로 대를 이을 아들(왕위 계승자) 생산자라는 틀을 벗어나지 못했다. 그래서 왕비가 권력의 중심에 서거나 왕권을 능가하는 힘을 갖게 되면 권력을 농단한 인물로 기록되었고, 설사 그들이 정치력을 바탕으로 업적을 남기고 태평성대를 일궜다 하더라도 한낱 왕의 섭정이나 대역 정도로 치부해왔다.

왕이 권력을 지키려고 투쟁을 벌이면 왕권을 안정시키기 위한 것으로 평가되지만, 왕비가 권력을 유지하려고 투쟁하면 암탉이 울어 집안이 망했다는 식으로 몰고 간 것이 우리의 역사 인식이었다.

이는 남성 중심의 역사관에서 비롯된 편협한 인식이다. 색안경을 벗고 바른 눈으로 돌아보면 지금껏 보지 못했던 역사를 발견할 수 있다. 특히 여성들의 역사, 그 정점에 있었던 왕비들을 한 사람의 정치가로 놓고 본다면 과거 왕조시대의 또다른 현장을 만날 수 있을 것이다.

이 책은 왕비에 초점을 맞춰 왕조시대 여인들의 권력 투쟁기를 다루고 있지만, 이는 사료의 한계에 따른 선택일 뿐 근본적으론 왕비들의 권력 투쟁을 통해 여성들의 권력 투쟁사를 조명하는 데 목적이 있다. 그런 의미에서 왕비를 왕조시대의 권력에 근접할 수 있는 여인들의 상징으로 이해해줬으면 하는 바람이다.

2020년 11월, 일산우거에서

박영규

| 2부 | 용상 위에 군림한 왕비들

1부

건국·반정·반역의 중심에 선 여걸들

1

고구려와 백제 건국의 주역

소서노

─
가
계
도
─

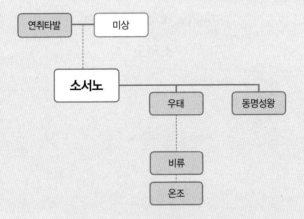

* 비류와 온조의 아버지에 대해서는 모두 우태의 아들이라고도 하고,
비류는 우태의 아들, 온조는 동명성왕(주몽)의 아들이라는 추론도 있다.

주몽과 함께 고구려를 건국하다

한국 역사에 등장하는 여인 중에 가장 진취적이고 대담한 인물을 꼽으라면 단연 소서노일 것이다. 동명성왕과 함께 고구려를 세운 주역이었을 뿐 아니라 백제를 건국한 불세출의 여인인 까닭이다. 범인으로서는 건국에 참여하기도 어려운 일인데, 그녀는 나라를 두 번이나 일으켰으니 가히 영웅호걸이라 할 만하다. 그것도 여인이라는 한계를 극복하고 고구려 건국의 주역으로 활약했고, 다시 천 리 길 먼 나라로 망명하여 백제를 건국했으니 한국사의 어느 인물도 그녀의 진취성과 용기를 따르지 못할 것이다.

그렇다면 도대체 소서노는 어떤 사람이었기에 고구려와 백제 건국에 직접 참여하고 주도할 수 있었을까?

소서노는 구려국으로 불리던 졸본부여 왕 연타취발의 둘째 딸로 서기전 66년에 태어났다. 연타취발은 아들은 없고 딸만 셋을 두었는데, 동부여를 탈출하여 자신을 찾아온 주몽을 만나고는 그의 능력을 높이 평가하여 둘째 딸 소서노를 그에게 시집보낸다. 이때가 서기전 37년으로 소서노의 나이 서른이었다.

서른 살이면 당시로서는 중년이었다. 당시 여인들은 대개 15세가 되면 결혼했고, 빠른 경우에 서른 살이면 손자를 보았다. 그녀는 왜 이렇게 늦은 나이에 결혼했을까?

사실, 그녀는 십 대에 결혼한 적이 있었다. 동부여를 세운 해부루의 서손 우태와 결혼했는데, 그가 일찍 죽는 바람에 친정으로 돌아와 지내고 있었다. 아이도 있었다. 그 아이들이 백제를 세운 비류와 온조다. 이와 관련하여 《삼국사기》〈백제본기〉에는 이런 기록이 남아 있다.

시조 비류왕의 아버지는 우태이니, 북부여(동부여) 왕 해부루의 서손이었다. 어머니는 소서노이니 졸본 사람 연타취발의 딸이다. 그녀가 처음 우태에게 시집와서 두 아들을 낳았다. 첫째는 비류, 둘째는 온조였다. 그들의 어머니는 우태가 죽은 뒤 졸본에서 혼자 살았다.

말인즉 주몽은 소서노의 재혼 상대였다. 그런데 주몽은 왜 아이까지 딸린 여인과 결혼했을까? 더구나 당시 주몽의 나이는 소서노보다 여덟 살이나 어린 22세였다. 물론 주몽도 초혼은 아니었다. 그에게도 아내가 있었고 머잖아 아이도 태어날 예정이었다. 버젓이 아내가 있고 곧 한 아이의 아비가 될 자가 또 다른 여인과 결혼한 셈이었다. 도대체 어떤 사연이 있었던 걸까?

당시 주몽은 망명객이었다. 고향 동부여에서 목숨을 건 탈출을 감행한 끝에 가까스로 졸본에 이르러 정착한 상황이었다. 주몽이 동부여를 탈출하게 된 것은 동부여의 태자 대소가 죽이려 했기 때문이다.

주몽은 북부여를 일으킨 해모수의 아들이자 주변의 유력한 가문인 하백의 외손자였다. 거기다 영특하기까지 했다. 핏줄도 대단하고 신통한 구석도 있는 데다 뛰어난 능력까지 갖췄으니 대소 입장에서는 위협이 아닐 수 없었다. 대소 태자는 주몽이 훗날 자신과 동부여를 위협하는 인물이 되리라 판단하고 애초에 후환을 없애려 한 것이다. 이와 관련하여《삼국사기》〈고구려본기〉는 이런 기록을 남기고 있다.

그의 나이 7세에 보통 사람과 크게 달라서 스스로 활과 화살을 만들어 쏘았는데 백발백중이었다. 부여 속담에 활을 잘 쏘는 사람을 '주몽'이라 하였기에 이로써 이름을 지었다고 한다.

금와(동부여 왕)에게는 일곱 명의 아들이 있었다. 그들은 항상 주몽과 함께 놀았는데, 그들의 재주가 모두 주몽을 따르지 못했다. 그의 맏아들 대소가 왕에게 말했다.

"주몽은 사람이 낳지 않았으며, 그 사람됨이 용맹하므로 만일 일찍 처치하지 않으면 후환이 있을까 두렵습니다. 그러니 청컨대 그를 없애버리소서."

그러나 왕이 이를 듣지 않고, 주몽에게 말을 기르게 하였다. 주몽은 여러 말 중에서 빨리 달리는 말을 알아내어, 그 말에게는 먹이를 적게 주어 여위게 하고, 아둔한 말은 잘 길러 살찌게 하였다. 왕은 살찐 말을 자기가 타고 여윈 말은 주몽에게 주었다.

훗날 들에서 사냥하는데 주몽은 활을 잘 쏜다고 하여 화살을 적게 주었다. 그러나 주몽이 잡은 짐승이 훨씬 많았다. 왕의 아들과 여러 신하가 주몽을 죽이려 하였다. 주몽의 어머니(유화, 하백의 딸)가 그들의 책략을 몰래 알아내고 주몽에게 말했다.

"사람들이 장차 너를 죽이려 한다. 너의 재능과 지략이라면 어디 간들 살지 못하겠는가? 여기에서 주저하다가 해를 당하기보다 차라리 멀리 가서 큰일을 도모하는 것이 좋을 것이다."

이에 주몽은 오이, 마리, 협보 세 사람과 벗이 되어 엄호수에 이르렀다. 강을 건너고자 하였으나 다리가 없었다. 그들은 추격해 오는 군사들에게 붙잡힐까 걱정이 되었다. 주몽이 강을 향하여 말했다.

"나는 천제의 아들이요, 하백의 외손이다. 오늘 도망을 하는 길인데, 뒤쫓는 자들이 다가오면 어찌해야 하는가?"

이때 물고기와 자라가 물 위로 떠올라 다리를 만들어줘서 주몽은 강을 건널 수 있었다. 그러나 물고기와 자라는 곧 흩어졌으므로 뒤쫓던 기병들은 강을 건너지 못하였다.

이렇듯 천신만고 끝에 탈출에 성공한 주몽은 졸본으로 들어가 정착했다. 이후 연타취발을 만났는데, 그는 주몽의 능력을 높이 평

가하여 둘째 딸 소서노와 결혼시키고 자신의 왕위까지 물려주었
다. 이 과정을 《삼국사기》〈백제본기〉는 다음과 같이 간략하게 기
록하고 있다.

주몽은 북부여로부터 난을 피하여 졸본부여에 이르렀다. 부여 왕은
아들이 없고 딸만 셋 있었는데, 주몽을 보자 그가 비상한 사람임을
알고 그에게 둘째 딸을 시집보냈다. 그 후 얼마 안 되어 부여 왕이 죽
고 주몽이 뒤를 이었다.

주몽은 소서노와 결혼하여 왕이 되었고, 이후 주몽은 국호를
'고구려'로 고쳤다. 주몽이 자기보다 여덟 살이 많고 아이 둘까지
딸린 소서노와 결혼한 이유는 바로 연타취발의 후계자가 되기 위
함이었다. 또한 그가 왕이 되는 과정에서 소서노의 역할이 매우
컸다. 이에 대해 〈백제본기〉는 이렇게 덧붙이고 있다.

주몽이 나라의 기초를 개척하며 왕업을 창시하면 소서노의 내조가
매우 컸으므로 주몽은 소서노를 극진히 대했고, 비류 등을 자기 소
생과 같이 여겼다.

이렇게 볼 때 고구려는 주몽 혼자서 건국한 나라가 아니라 소서
노와 함께 건국한 나라다. 만약 주몽이 소서노와 결혼하지 않았거
나 결혼한 이후에도 그녀의 도움을 받지 못했다면 주몽은 고구려

를 건국하지 못했을 것이라는 의미이다. 따라서 고구려 건설은 주몽과 소서노의 합작품이었다. 즉, 주몽과 소서노는 부부 관계이기 이전에 건국 동지였고 그래서 소서노는 당연히 자기 아들이 주몽에 이어 왕이 될 것이라고 믿어 의심치 않았다.

험난한 망명 끝에 백제를 건국하다

하지만 그 믿음은 건국 후 10여 년이 지난 어느 날 산산이 부서지고 말았다. 주몽이 동부여에 남겨둔 아내 예씨가 탈출하여 고구려로 온 것이다. 더구나 뱃속에 있던 아들 유리까지 대동하고 왔다. 그러자 주몽은 예씨를 왕후로 삼고 유리를 태자로 삼으려 했다. 소서노는 이에 강하게 반발했고, 결국 두 사람 사이는 순식간에 대립 관계로 변해버렸다.

주몽과 소서노의 대립은 단순한 부부의 대립이 아니었다. 신하들도 주몽파와 소서노파로 갈라졌다. 그런 상황에서 주몽은 서기전 19년 4월에 유리의 태자 책봉을 강행했다.

당시 주몽은 건강이 좋지 않았고, 자신이 죽으면 예씨와 유리의 처지가 난감해지므로 서둘러 유리를 후계자로 지목한 것이다. 5개월 뒤(서기전 19년 9월)에 주몽이 죽자 왕위 계승을 두고 한바탕 소란이 일었다. 조정은 양분되었고, 유리와 비류는 용상을 놓고 목숨

건 혈투를 벌여야 할 상황이었다.

그때 소서노가 결단을 내렸다. 자기 세력을 이끌고 다른 지역으로 가서 새로운 나라를 세우자는 것이었다. 큰아들 비류도 그녀의 뜻에 동조했다. 그리고 어머니의 뜻을 전해 들은 비류는 동생 온조에게 이렇게 말했다.

처음 대왕께서 부여의 난을 피해 이곳으로 도망하여 왔을 때, 우리 어머니가 가산을 내주어 나라의 기초를 세우는 위업을 도와주었으니 어머니의 조력과 공로가 많았다. 그러나 대왕께서 돌아가시자 나라가 유리에게로 돌아갔으니 우리가 공연히 여기에 있으면서 쓸데없이 답답하고 우울하게 지내는 것보다 차라리 어머님을 모시고 남쪽으로 가서 살 곳을 선택하여 별도로 도읍을 세우는 것이 좋겠다.

비류의 말을 듣고 온조 역시 망명에 동의하자 소서노는 자신을 따르는 수천 명의 신하와 백성들을 이끌고 남쪽으로 대이동을 강행했다. 때는 서기전 18년이었다.

졸본에서 여러 강을 건너며 남하한 소서노의 무리는 도읍을 건설할 만한 곳을 찾기 위해 두 무리로 흩어졌다. 그래서 한 무리는 비류와 함께 미추홀에 정착했고, 다른 무리는 온조와 함께 위례에 정착했다. 이 과정에서 무리가 둘로 나눠진 것은 비류와 온조가 정착지에 대한 견해 차이를 보였기 때문이다.

온조는 산과 강으로 둘러싸인 땅인 위례를 택했고 비류는 바닷가를 선호하여 미추홀을 택했다. 그런데 비류가 정착한 미추홀은 바닷가여서 토지에 습기가 많고 물에 소금기가 있어 농사를 제대로 지을 수 없었다. 그래서 결국 비류는 얼마 지나지 않아 자신의 무리를 이끌고 위례로 와서 온조의 무리와 합류해야 했다. 이후 비류는 자책하다가 사망했고, 결국 온조가 백제의 시조가 되었다. 당시 상황을 〈백제본기〉는 이렇게 기록하고 있다.

주몽이 북부여에서 낳았던 아들이 찾아와 태자에 오르자 비류와 온조는 자신들이 태자에게 받아들여지지 않을 것을 염려하여 오간, 마려 등 열 명의 신하와 함께 남쪽으로 떠났다. 백성 가운데 따르는 자가 많았다. 그들이 한산에 도착하여 부아악에 올라가 거주할 만한 곳을 찾았다. 비류는 바닷가에 거주하기를 원했다. 열 명의 신하가 간하여 말했다.

"이곳 하남 땅만이 북쪽으로는 한수가 흐르고, 동쪽으로는 높은 산이 있으며, 남쪽으로는 비옥한 들이 보이고, 서쪽은 큰 바다로 막혀 있습니다. 이러한 천혜의 요새는 다시 얻기 어렵습니다. 이곳에 도읍을 정하는 것이 좋지 않겠습니까?"

그러나 비류는 듣지 않고 백성들을 나누어 미추홀로 가서 터를 잡았다. 온조는 하남 위례성에 도읍을 정하고 열 명의 신하가 보좌하게 하는 한편 국호를 십제라고 하였다. 이때가 전한 성제 홍가 3년(서기전 18년)이었다. 비류는 미추홀의 토지가 습기가 많고 물에 소금기가 있어 편히 살 수 없다고 하여 위례로 돌아왔다. 그는 이곳 도읍이 안정되고 백성들이 태평한 것을 보고는 부끄러워하며 후회하다가 죽었다. 그의 신하와 백성이 모두 위례로 왔다.

그 후 애초에 백성들이 즐거이 따라왔다고 하여 국호를 백제로 바꾸었다. 그의 조상은 고구려와 함께 부여에서 나왔기 때문에 '부여'를 성씨로 삼았다.

이것이 백제의 시작이었다. 비록 온조가 백제의 시조가 되긴 했지만, 백성들을 이끌고 남하하여 건국 작업을 실질적으로 이끈 사람은 온조의 어머니 소서노였다. 소서노가 온조를 왕으로 세워 백제를 건국한 때는 서기전 18년 10월이었다. 망명길에 오른 때가 서기전 19년 9월이었기에 망명지를 전전한 지 13개월 만에 개국의 대업을 이룬 것이다.

소서노는 개국한 뒤에도 12년을 더 살다가 서기전 6년 61세에 죽었다. 그 12년 동안 백제는 빠르게 성장했다. 영토도 확장하고 백성도 크게 늘었으며, 국가의 기틀도 다졌다. 그 모든 것이 소서노의 지도력 덕분이었다. 비록 온조가 왕위에 있었지만, 실질적인 왕은 바로 소서노였다. 그녀는 온조의 어머니일 뿐 아니라 백제 백성들의 어머니였다. 온조 13년(서기전 6년)의 다음 기록은 그런 소서노의 위상을 잘 증명하고 있다.

봄 2월, 왕의 어머니가 죽었다. 나이 61세였다.
여름 5월, 왕이 신하들에게 말했다.

"동쪽에는 낙랑이 있고, 북쪽에는 말갈이 있다. 그들이 변경을 침공하여 편안한 날이 없다. 하물며 요즘에는 요사스러운 징조가 자주 보이고, 어머님이 세상을 떠나셨으며 나라의 형세가 불안하다. 반드시 도읍을 옮겨야겠다."

여름 7월, 한산 아래에 목책을 세우고 위례성의 백성을 이주시켰다.

온조는 어머니 소서노가 죽은 지 불과 5개월 만에 도읍을 옮겼다. 도읍을 옮긴 이유는 두 가지였다. 하나는 낙랑과 말갈의 침입이 잦아졌기 때문이고, 다른 하나는 어머니가 죽었기 때문이었다. 그런데 낙랑과 말갈의 침입은 그 이전에도 자주 있었다. 달라진 것이라곤 어머니가 죽었다는 사실뿐이었다. 소서노의 죽음이 백제의 적군에 대한 방어 의욕을 크게 떨어뜨렸다는 뜻이다. 이는 온조와 백제 백성들이 소서노에게 얼마나 의지하고 있었는지 잘 보여준다.

소서노는 단순히 백제인의 정신적 지주를 넘어 실제로 대단한 영도력을 발휘하고 있었다. 그녀가 죽었다는 이유 하나로 10여 년 동인 일궜던 삶의 터전인 도읍을 버릴 정도였으니 말이다.

이렇듯 소서노는 주몽과 함께 고구려 건국을 주도하기도 했고, 온조와 함께 백제 건국을 이끈 위대한 여인이었다. 여인의 몸으로 시대의 한계를 뛰어넘으며 두 번이나 나라를 건국한 인물은 동서양을 통틀어 오직 그녀밖에 없을 것이다.

2

40년 동안 고구려를 지배하다

고국천왕 비 우왕후

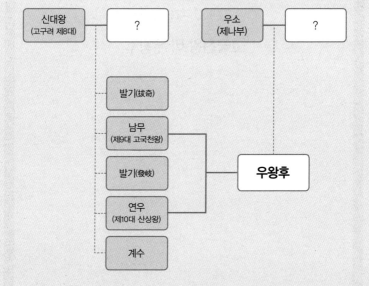

가
계
도

신대왕
(고구려 제8대) — ?

우소
(제나부) — ?

발기(拔奇)

남무
(제9대 고국천왕)

발기(發岐)

연우
(제10대 산상왕)

계수

우왕후

좌가려의 난과 고국천왕의 급작스러운 죽음

소서노 이후 고구려 여인 중에 가장 강력한 지배력을 행사한 인물을 꼽으라면 단연코 제9대와 제10대 왕의 왕비였던 우왕후일 것이다. 그녀는 자기 입맛에 맞는 인물을 두 번이나 왕으로 세웠을 뿐 아니라 용상의 권력을 독점한 채 사실상의 여왕으로 군림하며 무려 40년 가까이 고구려를 지배했다.

그녀의 고구려 지배는 남편이었던 고국천왕이 죽으면서 시작되었다. 서기 197년 여름 5월, 왕권 강화에 주력하던 고국천왕은 한밤중에 생을 마감한다. 하지만 그의 급작스러운 죽음은 왕후 우씨와 그의 측근들 외에는 아무에게도 알려지지 않았다. 물론 그의 사인도 밝혀지지 않았다. 당시 고국천왕과 외척들이 강한 정치적 대립 양상을 보였던 사실에 비춰볼 때 타살을 의심할 수밖에 없는 상황이었다.

사실, 고국천왕은 즉위 이후 줄곧 외척 세력과 갈등을 일으켰다. 그 갈등의 이면에는 고구려의 독특한 정치 체제와 건국 이후 왕과 신하들 간에 지속된 권력 다툼의 역사가 도사리고 있다.

고구려는 원래 5부족 연맹 체제였는데, 이는 건국 시조 주몽의 세력인 계루부가 왕족이 되고 나머지 네 부족이 조정을 맡는 구조였다. 이 체제는 시간이 흐르면서 고씨 왕족을 중심으로 네 개의 세력이 조정을 꾸리는 4나부 체제로 이어졌고, 우왕후는 당시 강력한 정치 세력인 연나부의 핵심 인물인 우소의 딸이었다. 그녀가 고국천왕의 왕비가 된 것은 서기 180년 2월이었다. 당시 고구려 권력은 연나부가 중심이 된 외척 세력이 장악하고 있었다.

연나부 외척 세력이 조정을 거머쥐게 된 것은 제7대 왕인 차대왕이 나부 체제를 거부하고 독단적으로 정사를 처리한 것에 반발하여 일어난 명림답부의 반정 이후부터였다. 반정을 일으킨 명림답부 등의 연나부 세력은 차대왕을 내쫓고 환나부 세력과 결탁하여 고국천왕의 아버지 신대왕을 옹립하였고, 신대왕이 죽자 다시 신대왕의 차남인 고국천왕을 옹립하여 왕으로 세웠다. 이런 까닭에 왕은 외척에게 둘러싸여 왕권을 제대로 행사하지 못했고, 고국천왕은 이런 상황을 타개하기 위해 호위 세력을 양성하여 왕권 확립에 주력했다. 그 때문에 고국천왕과 외척 세력의 대립은 불가피한 것이었다.

고국천왕과 외척의 대립은 결국 파국으로 치달았고, 급기야 반란으로 이어졌다. 이른바 '좌가려의 난'으로 불리는 이 반란사건은 고국천왕 재위 12년인 190년 9월부터 191년 4월까지 총 7개월에 걸쳐 지속되었다. 이 사건을 주도한 인물은 좌가려였고, 핵심 조력자는 어비류였다. 좌가려는 명림답부와 함께 반정을 일으킨 연나부 세력의 후예였고, 어비류는 연나부와 인척 관계를 맺은 환나부 세력이었다.

이들이 반란을 도모하게 된 것은 고국천왕의 왕권 강화책 때문이었다. 고국천왕 즉위 후에도 연나부와 환나부 세력의 권력 독식은 계속되었고, 그 결과 고국천왕 역시 신대왕과 마찬가지로 허수아비 왕이었다. 그러나 시간이 흐르면서 고국천왕은 외척의 그늘에서 벗어나기 위해 근왕 세력을 형성했다. 그리고 힘이 생기자 드디어 외척 세력을 몰아내기 위해 칼을 들었다.

당시 외척들은 백성들에게 갖은 횡포와 악행을 저지르고 있었다. 이에 대해《삼국사기》는 다음과 같이 기록하고 있다.

중외대부 패자 어비류와 평자(評者) 좌가려는 모두 왕후의 친척으로서 권력을 잡고 있었다. 그 자제들이 모두 권세를 믿고 교만하고 사치하였으며, 다른 사람의 딸을 겁탈하고 남의 토지와 주택을 갈취하였다. 백성들은 이에 원망하고 분개하였다. 왕이 이 소문을 듣고 노하여 그들을 처형하려 하니 좌가려 등이 연나부의 네 관리와 함께 모반하였다.

이 기록에서 보듯 어비류와 좌가려를 비롯한 외척들의 권력 남용은 극에 달해 있었다. 더구나 외척의 자제들이 민가에 횡포를 일삼고 악행을 저지르고 있다는 보고가 있었다. 이는 외척들을 제거할 기회를 엿보고 있던 고국천왕에게는 호기였다. 그래서 고국천왕은 그들에게 철퇴를 가하려 했는데, 이를 눈치챈 좌가려 등이 선제공격을 감행한 것이다.

반란의 주모자인 좌가려의 관직은 평자였고, 어비류는 중외대부였다. 어비류가 맡고 있던 중외대부직은 부총리급의 고위급 관료직에 해당하며, 평자는 감찰과 탄핵의 임무를 맡은 부서의 책임자로서 실질적인 최고 권력자였다.

좌가려와 어비류에 동조한 세력은 주로 연나부와 환나부 출신 관료들이었다. 그들은 급기야 군사를 동원하여 금위군과 대치하기에 이르렀고, 고국천왕은 그들을 진압하지 않으면 안 되었다. 하지만 반군은 쉽사리 무너지지 않았다. 오히려 그들은 지방 세력을 규합하여 서서히 도성을 압박해왔고, 마침내 서기 191년 4월에 반군은 도성을 향해 진입하기 시작했다. 고국천왕은 자신의 친위군과 도성 호위군을 징발하여 진압부대를 조직하고 반군과 일전을 치렀다. 그 결과 반군은 패배하였고 반역을 주도한 좌가려와 어비류 등은 처형되었다.

좌가려의 난이 평정된 이후 외척 세력의 힘은 급격히 약해졌고, 그 상황을 이용하여 고국천왕은 5부족 연맹 체제를 부족 개념을 없앤 동부·서부·남부·북부의 방향부로 바꿔 중앙집권체제로 전환했다. 이 때문에 나부 귀족 세력의 불만이 커졌고, 그런 상황에서 고국천왕이 갑자기 죽은 것이다.

⬤ ⬤ ⬤

왕비 자리를 지키기 위한 우왕후의 모략

우왕후는 고국천왕이 죽자 대담한 계략을 꾸몄다. 자신이 왕비로 계속 머물 수 있는 방책을 고안한 것이다. 자신을 왕비로 받아들일 인물을 물색하여 그를 왕으로 세울 심산이었다.

그녀에겐 대를 이을 왕자가 없었다. 그 때문에 왕위는 고국천왕의 아우들 가운데 한 명이 계승해야 했다. 고국천왕에겐 세 명의 아우가 있었는데 첫째 아우는 발기였고, 둘째 아우는 연우, 셋째 아우는 계수였다. 이들 셋 가운데 발기가 가장 연장자였으므로 그가 계승하는 것이 무난했다. 하지만 우왕후의 생각은 달랐다. 그녀는 그들 형제 가운데 자신과 의기투합할 수 있는 사람을 왕위에 앉힌 후 자신은 그와 재혼하여 왕비 자리를 유지할 심산이었다.

그래서 그녀는 남편의 죽음을 비밀에 부친 채 가장 먼저 은밀히 첫째 시동생인 발기를 찾아갔다. 그리고 발기에게 왕의 사망 사실을 알리지 않고 다짜고짜 이렇게 말했다.

"태왕께서 아들이 없으니 이제 그대가 왕위를 계승해야 하지 않겠습니까?"

발기는 이 말을 듣고 왕후가 반역을 도모하려는 것으로 알았다.

왕비가 자신과 결탁하여 형을 밀어내고 왕위를 찬탈하려는 것으로 판단한 것이다. 여기까지 생각이 미친 발기는 신중한 태도를 보이며 반대 의사를 내비쳤다.

"천운은 이미 흐르는 곳이 정해져 있는 법이니 경솔하게 생각해서는 안 됩니다. 다시는 그 같은 논의를 입에 담지 마십시오. 그리고 지금은 야심한 시간인데 어찌 아녀자의 몸으로 궁궐 밖을 다니십니까? 이는 예법에 어긋나는 것이니 어서 돌아가십시오."

발기는 단호하게 그녀의 제안을 거절했다. 우왕후는 부끄러움과 분함을 이기지 못하고 급히 발기의 집을 나섰다. 그리고 곧장 둘째 시동생 연우의 집으로 향했다. 왕후가 찾아왔다는 소식을 듣고 연우는 의관을 정제하고 대문까지 나와 그녀를 맞았다. 그리고 다과상을 준비하여 환대했다. 이에 우왕후는 감복하며 말했다.

"대군, 지금부터 제 말을 새겨들어야 합니다. 조금 전에 태왕께서 승하하셨습니다. 그런데 태왕은 아들이 없으니 큰 대군께서 대통을 이어야 하겠으나 그 사람은 나에게 딴마음이 있는지 무례하고 오만하여 예절 없이 대했습니다. 그래서 그 집을 나서자마자 급히 숙공(남편의 동생)을 찾아온 것입니다."

연우는 우왕후의 말이 무엇을 의미하는지 잘 알고 있었다. 그 때문에 그는 우왕후를 더욱 극진히 대접하였다. 심지어 직접 칼을 들고 그녀에게 고기를 잘라주다가 실수하여 손가락을 다치자 왕후는 자기 허리띠를 풀어 연우의 다친 손가락을 감싸주었다.

이처럼 서로의 마음이 확인되자 우왕후는 환궁 길에 연우를 대궐로 데리고 들어갔다. 궁궐에 도착하자 왕후는 연우의 손을 잡고 자신의 처소로 끌어들였다. 함께 밤을 보내고 아침이 되자 선왕의 유명遺命이라고 거짓말하여 군신들이 연우를 왕으로 추대하게 하였다.

뒤늦게 이 소식을 들은 발기는 노발대발하며 즉시 군사를 일으켜 궁성을 포위하였다. 그리고 연우를 향해 소리쳤다.

"형이 죽으면 그 바로 밑의 아우가 왕위에 오르는 것이 예법이거늘 네 놈이 차례를 어기고 왕위를 찬탈하였으니 이는 죽어 마땅하다. 빨리 항복하고 나오지 않으면 너의 처자를 죽이리라."

이런 발기의 협박에도 연우는 궁궐 문을 열지 않았다. 그러자 발기는 연우의 처와 자식들을 죽이고 궁성을 공격했다. 하지만 궁성이 워낙 요새인 터라 무너질 기미가 보이지 않았다. 그렇게 3일이 흐르자 발기의 군대는 흩어지기 시작했고, 동조자도 줄어들었다. 발기는 처자를 데리고 한나라의 요동 태수 공손도를 찾아가 도움을 청했다.

"나는 고구려 태왕 남무의 동복아우입니다. 며칠 전 형이 후사 없이 돌아가셨는데, 나의 아우 연우가 형수 우씨와 공모하여 왕위에 올랐습니다. 이는 대의와 천륜을 어긴 것이라 군사를 동원하여 응징하고자 하였으나 뜻을 이루지 못하고 이렇게 도움을 청하러 왔습니다. 원컨대 제게 군사 3만을 빌려주어 연우를 치게 도와주시오."

그의 청을 받아들인 공손도가 군사를 내주자 발기는 군대를 이끌고 고구려를 공격하였다. 이에 연우는 아우 계수에게 군사를 주어 한나라군에 대적하게 하였다.

결과는 발기의 대패였다. 발기는 달아나다가 동생 계수에게 붙잡혔다. 계수는 그를 죽이지 않고 다음과 같이 발기의 행동을 꾸짖었다.

"연우 형님이 왕위를 사양하지 않은 것은 정의로운 일이 아닙니다. 그렇지만 형님께서 일시적인 분을 이기지 못하고 나라를 패망시키려 한 것은 더 옳지 못합니다. 도대체 죽은 후에 선조들을 무슨 면목으로 뵈려 하십니까?"

발기는 부끄러움과 자책감을 이기지 못하고 자결하였다. 그러자 계수는 발기의 시신을 수습하여 장례 준비를 하였다.

발기가 죽었다는 소식을 들은 연우는 계수를 불러 잔치를 베풀어 주었다. 하지만 연우는 계수가 발기의 시신을 거둬 빈소를 차린 사실을 못마땅해했다. 그래서 계수를 나무라며 말했다.

"발기가 타국에 청병하여 국가를 침략하였으니 이보다 큰 죄는 없다. 하지만 자네는 승전하고도 그를 풀어주었다. 그래서 그를 죽이지 않은 것만 하여도 형제로서 예를 지킨 것인데, 왜 그의 시신을 수습하여 장례 준비를 하는가? 자네는 내가 무도한 인간이라고 힐난하고 싶은 것인가?"

연우의 추궁을 받자 계수는 의연한 자세로 대답했다.

"저는 죽더라도 한마디만 하고 죽겠습니다. 왕후께서 비록 선왕의 유명에 따라 대왕을 즉위케 하였으나 대왕께서는 예로써 사양

하는 것이 예법입니다. 그런데 그렇게 하지 않았으니 이는 형제의
우애를 저버린 행동입니다. 하지만 저는 대왕의 덕망을 높이고자
발기의 시신을 거두어 장례를 치르고자 하는 것인데, 이로 말미암
아 문책을 당할 줄은 몰랐습니다. 대왕께서 진정 덕망을 펼치고자
하신다면 형에 대한 상례를 갖춰 장례를 지내주는 것이 옳습니다.
그렇게 하면 누가 대왕을 따르지 않겠습니까?"

연우는 계수의 충언을 받아들였다. 그래서 그해 9월에 발기의
장례를 왕에 준하여 치렀다.

이처럼 계수에 의해 가까스로 화합을 이룬 연우였지만, 그의 한
계는 분명했다. 왕후 우씨에 의해 왕위에 오른 만큼 그녀의 입김
에서 벗어날 수 없었고, 또한 외척의 눈치도 살펴야 했다. 그래서
별수 없이 새로운 왕비를 맞아들이지 않고 형의 부인인 우씨를 왕
비로 맞는 불륜을 저지르게 된다.

이렇게 우씨에 의해 왕위에 오르고, 불륜을 통해 왕비를 맞아들
인 연우가 곧 고구려 제10대 왕 산상왕이다. 그는 부정한 방법으
로 왕위에 오른 것도 모자라 형제를 죽이고 형수와 결혼하는 패륜
까지 저질렀다. 하지만 왕이 되었으나 정작 왕권은 우왕후가 장악
했다. 조정은 모두 우왕후의 세력으로 채워졌고, 산상왕은 그저 허
수아비에 불과했다.

죽을 때까지 용상을 쥐고 흔들다

우왕후와 외척의 권력 독식은 산상왕 재위 30년 동안 계속되었다. 심지어 산상왕은 자기 아들을 태자로 책봉하는 데도 애를 먹었다.

산상왕에게 아들은 '후녀'라는 여인이 낳은 아이 하나뿐이었다. 산상왕은 왕위에 오르기 전에 아내와 자식이 있었으나 발기의 난 때 모두 죽고, 왕비 우씨도 아이를 낳지 못했기 때문이다.

그런데 후녀라는 이 여인은 산상왕이 정식으로 얻은 후궁도 아니었다. 산상왕은 어떻게 해서든 후궁을 들여서 후사를 얻고 싶었으나 우왕후와 외척의 반대로 뜻을 이룰 수 없었다.

그렇다면 산상왕은 어떻게 후녀에게서 자식을 얻을 수 있었을까? 이와 관련하여 《삼국사기》〈고구려본기〉는 후녀에 관한 기록을 남기고 있다.

후녀는 관나부의 주통촌 출신이다. 집안은 한미했던 것으로 보이는데, 독특하게도 이름은 '왕후가 될 여자'라는 뜻을 가진 '후녀'였다. 그 이름에 얽힌 이야기가 전하는데, 그녀의 어머니가 아이를 잉태했을 때 무당이 점을 치고 말하기를 "반드시 왕후를 낳으리라"라고 했다. 이에 그 어머니가 딸을 낳자 '후녀(后女)', 즉 왕후가 될 여자라는 이름을 지었다는 것이다.

산상왕이 후녀를 만난 것은 서기 208년(산상왕 12년) 11월이었다. 이때 교제(하늘에 지내는 제사)에 쓸 돼지가 달아난 사건이 발생했다(이는 산상왕이 후궁을 들이기 위해 고의로 꾸민 사건인 듯하다). 당시 후궁을 맞아 아이를 얻을 방법을 모색하던 산상왕은 일부러 교제에 쓸 돼지를 풀어줌으로써 수하들이 후궁감을 물색하게 했다.

그 이유야 어찌 됐든 간에 교시(교제에 쓸 돼지)가 달아나자 관리들이 그 뒤를 쫓았다. 관나부의 주통촌에 이르자 돼지가 그 주변을 날뛰며 돌아다녔다. 하지만 관리들이 돼지를 잡지 못하자 20세가량 된 아름다운 여인이 웃으면서 걸어 나와 돼지를 잡아주었다. 이에 관리들은 돼지를 안고 돌아왔는데, 산상왕이 그 말을 듣고 그 여인이 보고 싶어 그날 밤에 주통촌에 갔다.

주통촌에서 교시를 잡아준 여인의 집을 찾아간 산상왕은 그녀를 불러 시중들게 하고, 동침할 것을 요구하였다. 그 여인은 혹 아이를 배게 되면 버리지 않는다는 약속을 받고 산상왕의 요구를 받아들였다. 이날 산상왕과 동침한 여인이 바로 후녀였다. 산상왕은 후녀와 동침한 후, 자정 무렵에 은밀히 궁궐로 돌아갔다. 그런데 그 이듬해 3월에 왕후 우씨가 그 사실을 알아버렸다. 우씨는 분을 참지 못하고 노발대발하였으며 급기야 군사를 보내 후녀를 죽이게 하였다.

우씨가 자신을 죽이려 한다는 소문을 들은 후녀는 남장을 하고 도주하였다. 하지만 도주로에서 병사들에게 붙잡혔다. 병사들은 그녀를 붙잡자 우씨의 명령대로 죽이려 하였는데 그때 후녀는 군사들을 꾸짖었다.

"너희들이 지금 나를 죽이려 하는 것은 태왕의 명령이냐 아니면 왕후의 명령이냐? 지금 내 뱃속에는 아이가 자라고 있는데, 이 아이는 태왕의 혈육이다. 나를 죽이는 것은 좋으나 왕자마저 죽인다면 너희도 죽음을 면치 못할 것이다."

이 말을 들은 병사들은 감히 후녀를 죽이지 못하고 돌아왔다. 이에 왕후가 화를 내며 다시금 군사를 보내 그녀를 죽이라고 하였다. 하지만 산상왕이 그 소문을 듣고 군사를 보내 후녀를 죽이지 못하게 하였다. 그리고 자신이 직접 후녀를 찾아가 아이를 밴 것이 사실인지 또 그 아이가 정말 자신의 아이인지 물었다. 이에 후녀가 대답했다.

"제가 평생에 형제와도 잠자리를 같이하지 않았는데, 어찌 다른 남자와 잠자리를 같이 했겠습니까? 지금 저의 뱃속에 있는 아이는 진실로 대왕의 혈육입니다."

산상왕은 이 말을 듣고 기뻐하였다. 그토록 염원하던 아이를 얻게 되었기 때문이다. 그래서 후녀에게 큰 상을 내리고, 군사를 보내 그녀를 보호토록 하였다.

왕후가 이 소식을 듣고 분함을 이기지 못해 분통을 터뜨렸으나 산상왕의 위로를 받고 더는 후녀를 죽이려 하지 않았다.

그해 9월, 후녀는 마침내 아이를 낳았다. 아들이었다. 산상왕은 기뻐하며 "이는 하느님이 내게 주신 후계자"라고 말하면서, 아이의 이름을 교제에 쓸 돼지로 인해 그 어머니를 사랑할 수 있었다고 하여 '교체(郊彘)'라고 지었다. 이 교체 왕자가 바로 산상왕의 뒤를 이어 왕위에 오르는 제11대 왕 동천왕이다.

교체는 5세가 되던 서기 213년 정월에 태자에 책봉됐다. 그의 태자 책봉에 왕후 우씨와 외척들의 반발이 심했으나 산상왕은 자기 뜻을 관철시켰다. 하지만 교체는 태자가 된 이후에 우씨로부터 갖은 학대를 받았다. 우씨는 사사건건 교체의 행동을 간섭하였고, 때에 따라서는 골탕을 먹이거나 때리기도 하였다. 교체는 그런 환경 속에서도 덕망 있고, 인내심 강한 청년으로 성장했다. 그리고 서기 227년에 산상왕이 죽자 마침내 왕위에 올랐다.

왕위에 오른 후에도 동천왕은 우씨의 심술로 말미암아 많은 어려움을 겪었다. 우씨는 동천왕이 타고 다니는 말의 갈기를 다 잘라놓기도 하였고, 시종을 시켜 동천왕의 옷에 국을 엎지르기도 하였다. 하지만 동천왕은 그런 일에 화를 내는 법이 없었다. 갈기가 잘려 나간 말을 보고 "말이 갈기가 없으니 측은하구나"라는 말 한마디만 했을 정도였다.

우씨의 이 같은 행동은 서기 234년 9월 임종 때까지 계속되었다. 하지만 동천왕은 우씨와 불화를 일으키지 않았다. 외척들의 힘이 워낙 강한 탓에 우왕후의 손아귀에서 벗어날 수 없었다.

우왕후가 죽은 뒤에 그녀의 능이 조성되자 동천왕은 고국천왕의 능 주위에 소나무를 빽빽하게 심었다고 한다. 이는 죽은 고국천왕이 우왕후의 능을 보지 못 하게 하려는 것이었다. 우왕후는 산상왕 곁에 묻혔는데 그녀의 유언에 따른 것이었다.

"내가 행실이 좋지 않으니 무슨 면목으로 지하에서 선왕을 보겠는가? 만약 여러 신하가 내 시신을 계곡이나 구덩이에 버리지 않을 것이라면 나를 산상릉 옆에 묻어 달라."

이에 동천왕이 그녀의 유언에 따라 능을 산상릉 옆에 마련했는데, 그다음 날 무당 하나가 동천왕을 찾아와 간곡하게 말했다.

"어젯밤 국양왕(고국천왕)께서 제게 내려와서 말씀하시길, '어제 태후가 산상릉으로 가는 것을 보고 분을 참을 수 없어서 태후와 다투었다. 내가 돌아와 생각하니 낯이 아무리 두껍다고 하여도 차마 백성들을 대할 수가 없구나. 네가 조정에 이를 알려서 나의 무덤을 가리는 시설을 하게 하라'라고 하셨습니다."

동천왕은 무당의 이 말을 듣고 고국천왕의 무덤을 일곱 겹 소나무로 가렸다.

3

용상의 주인을 바꾸다

진흥왕 비 사도왕후

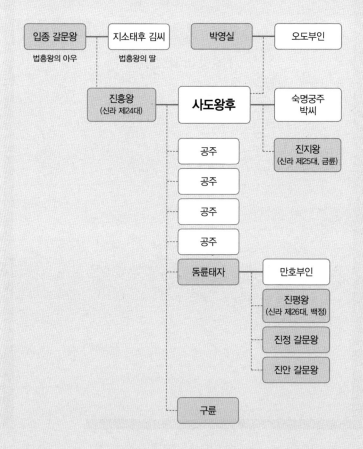

가
계
도

입종 갈문왕
법흥왕의 아우

지소태후 김씨
법흥왕의 딸

박영실

오도부인

진흥왕
(신라 제24대)

사도왕후

숙명궁주
박씨

진지왕
(신라 제25대, 금륜)

공주

공주

공주

공주

동륜태자

만호부인

진평왕
(신라 제26대, 백정)

진정 갈문왕

진안 갈문왕

구륜

나라를 뒤흔든 고부갈등

과거 왕조 중에서 여인의 영향력이 가장 컸던 때는 신라시대였다. 신라 여인 중 권력 투쟁의 최선봉에 섰던 인물은 진흥왕의 왕비 사도왕후였다. 그녀는 시어머니 지소태후와의 처절한 권력 투쟁에서 살아남았을 뿐 아니라 왕을 내쫓고 자기 손으로 새로운 왕을 옹립했다.

사도왕후는 어떤 여인이었기에 이런 일을 감행할 수 있었을까? 《삼국사기》와 《삼국유사》 그리고 박창화의 필사본 《화랑세기》를 통해 그녀의 출생부터 왕비가 되기까지의 과정을 살펴보자.

사도왕후는 왕족 박영실과 소지왕(21대 왕)의 왕비 선혜왕후의 딸인 오도 사이에서 534년에 태어났다. 그리고 540년, 일곱 살에 진흥왕과 결혼하여 왕비가 되었다. 당시 진흥왕도 일곱 살이었는데 그의 어머니 지소태후가 섭정하고 있었다.

지소태후는 사도왕후를 몹시 싫어했다. 그 이유는 사도왕후의 아버지 박영실에게 맺힌 앙금 때문이다.

지소태후는 법흥왕의 딸인데, 어린 나이에 법흥왕의 동생이자 자기 삼촌인 김입종에게 시집가서 아들 삼맥종(진흥왕)을 낳았다. 이후 얼마 되지 않아 김입종이 죽자 법흥왕은 자신이 가장 총애하던 신하 박영실에게 딸을 부탁했다.

박영실과 지소태후는 법흥왕의 명령으로 부부가 되긴 했지만, 정작 두 사람은 서로를 사랑하지 않았다. 두 사람은 각각 연인을 사귀면서 자녀를 낳았다. 지소태후는 박이사부와 1남 3녀를 낳았고, 박영실은 오도를 사랑하여 사도를 낳았다. 그런데 지소태후의 의지와 상관없이 왕실의 뜻에 따라 박영실과 오도 사이에서 태어난 딸인 사도를 며느리로 받아들이게 되었으니 그녀가 사도를 좋아할 리가 없었다.

그런 상황에서 법흥왕이 죽고 지소태후의 아들 삼맥종(진흥왕)이 왕위를 잇게 되자 사도는 왕비가 되었는데, 지소태후는 사도가 진흥왕의 왕비가 된 것을 몹시 못마땅해했다. 그래서 온갖 방법을 동원하여 사도를 왕비 자리에서 내쫓고 자신과 이사부 사이에서 태어난 친딸 숙명궁주를 왕비로 삼고자 했다. 자신의 친아들과 친딸을 결혼시키려고 한 것이다.

당시 신라 왕실에서는 근친혼이 성행했지만, 어머니가 같은 동복 남매끼리는 결혼하지 않았다. 아버지가 같고 어머니가 다른 이복 남매 간의 결혼은 흔했지만, 어머니가 같은 동복 남매의 결혼은 금기시하고 있었다. 그 때문에 진흥왕은 여동생 숙명궁주와 결혼할 수 없다고 버텼고 숙명궁주 역시 같은 생각이었다. 그런데도 지소태후는 두 남매를 억지로 결혼시켰다.

이렇게 해서 숙명궁주가 진흥왕의 왕비가 되고, 사도왕후는 궁궐에서 내쫓길 형편이었다. 지소태후는 기회만 있으면 사도를 내쫓기 위해 혈안이 되었지만, 그때마다 진흥왕의 보호 아래 사도는 가까스로 궁궐 생활을 지속할 수 있었다. 그러나 세월이 흐르면서 지소태후와 사도의 싸움은 더욱 치열해졌고, 왕실도 지소파와 사도파로 갈라져 사사건건 대립했다. 그야말로 고부갈등이 나라를 뒤흔들어놓고 있었다.

○ ○ ○

왕위 계승권을 놓고 벌인 치열한 싸움

지소태후와 사도왕후의 싸움은 왕위 계승권자를 선택하는 과정으로 이어졌다. 지소태후는 진흥왕과 숙명궁주 사이에서 태어난 아들인 금륜(진지왕)을 태자로 책봉하려 했고, 사도왕후는 진흥왕과 자신 사이에서 태어난 동륜을 태자로 삼으려 했다. 이 때문에 또 한바탕 다툼이 벌어졌는데 결과는 사도왕후의 승리였다.

사도왕후가 왕위 계승권 투쟁에서 승리한 배경엔 야릇한 내막이 숨어 있다. 당시 지소태후와 사도왕후 중에 세력이 더 강한 쪽은 지소태후였다. 그러니 금륜이 태자에 책봉될 것처럼 보였다. 이미 지소태후의 압력으로 동륜은 머리를 깎고 승려가 된 상황이었으니 금륜이 태자가 되는 것은 정해진 일이었다. 그런데 예기치 않은 일이 벌어졌다.

금륜의 모후인 숙명궁주가 왕비의 신분으로 몰래 이화랑이란 자와 사랑에 빠졌고, 이화랑의 아이를 배고 말았다. 급기야 숙명궁주와 이화랑이 야반도주를 감행하자 왕실에서는 금륜이 진흥왕의 아들이 아니라 이화랑의 아들일 수 있다는 의혹이 제기되었다. 그 바람에 숙명궁주의 아들 금륜이 아니라 사도왕후의 아들 동륜이 극적으로 태자에 책봉되었다.

하지만 이들의 왕위 계승권 싸움은 거기서 끝나지 않았다. 태자 동륜이 뜻밖의 사고로 사망하게 된 것이다. 동륜은 청년이 된 뒤로 여자들에게 빠져 지냈는데, 그가 좋아하던 여인 중에는 진흥왕의 후궁인 보명궁주도 있었다. 보명궁주 역시 동륜을 좋아하여 두 사람은 내연 관계를 맺었다. 그리고 572년 3월의 어느 날 밤, 동륜은 보명궁주를 만나기 위해 몰래 보명궁의 담을 넘었다. 그런데 어처구니없게도 월담에 성공한 동륜은 보명궁을 지키던 개에게 물려 목숨을 잃고 말았다. 누군가가 동륜이 보명궁 담을 넘는다는 사실을 알고 개를 풀어놓았던 것이다.

이렇게 동륜이 죽자 태자 자리는 다시 금륜에게 넘어갔고 결국 왕위 계승권 쟁탈전은 지소태후의 승리로 마무리되는 듯했다. 하지만 이후로도 지소태후와 사도왕후의 싸움은 계속되었다. 세월

앞에 장사 없는 법. 지소태후가 나이 들어 죽자 사도왕후는 다시 한번 반전의 기회를 노렸다.

◉ ◉ ◉

용상의 주인을 바꾸다

사도왕후는 왕위 계승권을 되찾아오기 위해 온갖 수단을 강구했다. 그녀에게는 아직 기회가 있었다. 다행히도 동륜은 아들(백정)을 남겼고, 사도왕후는 호시탐탐 금륜을 제거하고 손자 백정이 왕위를 잇게 할 방안을 모색했다.

그런 상황에서 576년에 남편 진흥왕이 43세의 나이로 죽고, 태자 금륜이 왕위를 이으니 그가 제25대 진지왕이다. 이제 금륜이 왕이 되었으니 백정을 왕위에 앉힐 방도는 단 하나, 반정을 일으켜 금륜을 내쫓는 것뿐이었다.

금륜을 내쫓기 위한 사도왕후의 계략은 진흥왕이 죽기 전부터 시작되었다. 진흥왕은 색을 탐하다가 중풍에 걸려 왕권은 사도왕후가 장악했다. 사도와 함께 왕권을 장악한 또 한 명의 여인이 있었는데, 당대의 경국지색 미실이었다. 미실은 진흥왕이 매우 아끼던 여인이었는데, 사도왕후는 그녀와 손을 잡고 금륜을 내쫓을 계략을 꾸몄다.

진흥왕이 병세가 나빠져 죽자 사도와 미실은 이 사실을 아무에

49

게도 알리지 않고 은밀히 태자 금륜을 불러들였다. 이에 미실은 금륜을 유혹하여 정을 통했다. 이후 사도왕후는 금륜을 불러 아버지의 여인 미실과 정을 통한 사실을 자신이 알고 있다고 말한 뒤 진흥왕의 부고를 알렸다. 그리고 이렇게 말했다.

"태자가 미실과 정을 통했으니 아버지의 여인을 범한 것이다. 이것이 세상에 알려지면 태자는 왕위를 잇지 못하지만 만약 태자가 왕위에 올라 미실을 왕비로 삼는다면 아무도 이를 문제삼을 수 없을 것이다. 만약 미실을 왕비로 삼겠다고 약속한다면 나는 태자를 왕위에 앉힐 것이다. 태자는 어떻게 하겠는가?"

금륜은 결국 사도왕후의 제의를 받아들인 후 왕위에 올랐다. 하지만 미실을 왕비로 삼는 일은 차일피일 미뤘다. 오히려 미실을 피해 다녔다. 그런 상황에서 왕권은 이미 태후 사도와 미실이 완전히 장악했고, 진지왕은 허수아비 왕으로 전락했다.

그러자 진지왕은 정사는 뒷전으로 미뤄놓고 매일 후궁들과 지내며 주색잡기에 몰두했다. 진지왕의 색욕은 날이 갈수록 심해졌고, 미인이라면 민가의 아낙이든 어린 소녀든 상대를 가리지 않고 취했다. 도화랑도 그 피해자 중 한 사람이었다.

도화랑은 인물이 빼어나기로 소문난 여인이었고 결혼한 몸이었다. 그런데도 진지왕은 그녀를 궁으로 불러들여 자신과 관계할 것을 요구했다. 이에 도화랑은 두 남편을 섬길 수 없다며 버텼지만, 진지왕은 자신의 요구를 받아들이지 않으면 남편을 죽이겠다고 협박하여 도화랑을 취했다.

진지왕이 타락할 대로 타락하여 세간에 원망이 넘쳐나자 사도 왕후는 자신의 오빠 노리부와 미실의 남편 세종에게 군사를 동원하게 하여 반정을 일으켰다. 그리고 진지왕을 폐위시킨 후 궁궐 안에 가둬놓았다가 죽였다.

진지왕을 죽인 사도왕후는 13세의 손자 백정을 왕위에 앉혔는데, 그가 제26대 진평왕이다. 어린 진평왕을 용상에 앉힌 그녀는 섭정으로 왕권을 장악했고, 오빠 박노리부를 총리 격인 상대등으로 임명하여 조정의 권력을 독식했다. 이후로도 그녀의 권력은 수십 년간 지속되었다. 그녀가 권좌에서 내려온 것은 진평왕이 왕위에 오른 후 20년이 훌쩍 지난 때였다. 70세에 권좌에서 내려온 그녀는 스스로 머리를 깎고 승려가 되었다. 이후 진평왕 36년인 614년에 81세를 일기로 생을 마감했다. 일생을 정치 투쟁으로 산 그녀였지만, 말년은 조용하고 평화롭게 보냈다.

4

이성계가 가장 신뢰한 역성혁명 동지

태조 비 신덕왕후 강씨

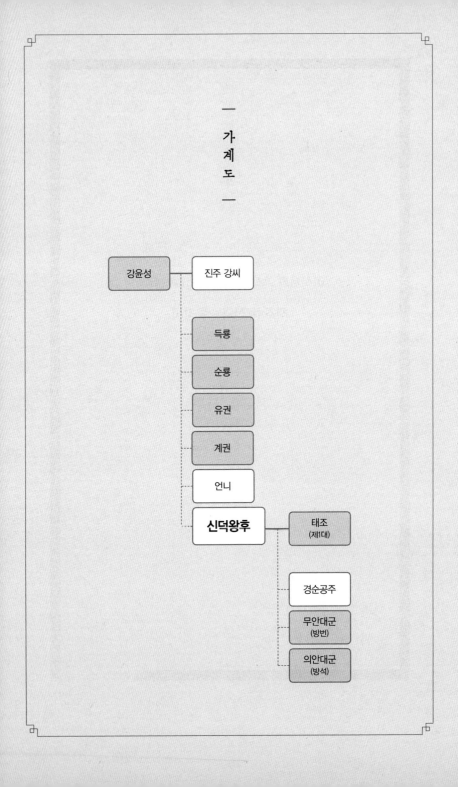

가
계
도

강윤성 — 진주 강씨

득룡

순룡

유권

계권

언니

신덕왕후 — 태조
(제1대)

경순공주

무안대군
(방번)

의안대군
(방석)

부인을 두고 다시 장가가는 이성계

조선을 개국한 인물은 이성계이지만, 이성계의 창업을 실질적으로 지휘한 인물은 따로 있었다. 바로 조선 첫 왕비 신덕왕후 강씨다. 흔히 정도전을 조선의 설계자라고 부른다. 하지만 정도전은 이성계의 개국을 이끌어낸 인물은 아니었다. 이성계에게 왕이 되라고 가장 강력하게 부추긴 인물은 신덕왕후였다.

이성계는 본래 전장을 누비던 장수로 국가에 대한 충성심이 강하고 사람에 대한 의리를 무엇보다도 중시하는 인물이었다. 임금을 배반하고 창을 거꾸로 돌려 반역을 도모할 성품이 아니었다. 그는 그저 담백한 성품을 가진 무장으로 교활하거나 음흉한 구석은 없었다. 즉, 음모와 계략이 판치는 정치판을 주도할 수 있는 인물이 아니었다. 그런데 이런 그를 반역을 도모하고 역성혁명을 일으켜 조선왕조를 창업한 혁명가로 만든 인물들이 있었다. 그들은 두 부류였는데, 한 축은 부인 강씨와 아들 이방원으로 대표되는 가족이었고, 또 다른 축은 정도전, 남은, 조준으로 대표되는 혁명 성향의 성리학자들이었다.

이성계를 한낱 무장에서 혁명가로 만든 사람 중에 이성계가 가장 믿고 의지한 인물은 다름 아닌 부인 강씨였다. 강씨는 어떤 여인이었기에 이성계가 그토록 의지하고 신뢰했을까? 우선 이성계가 그녀를 만난 경위부터 알아보자.

이성계가 십 대 중반의 강씨를 처음 만난 것은 삼십 대 중반 때였다. 당시 이성계에겐 부인과 자식이 있었다. 부인 한씨는 이성계가 결혼 후 20년 동안 한 번도 다른 여인에게 한눈을 팔지 않을 정도로 사랑한 여인이었고, 그녀에게서 여덟 명의 자녀를 둔 상황이었다. 그런데 어느 날 갑자기 이성계는 아내를 한 명 더 들이겠다고 공언했다. 그것도 첩이 아니라 결혼을 통해 정식 부인을 두겠다는 것이었다.

사실, 이성계는 그때까지 부인 한씨밖에 모르는 순정남이었다. 그가 언제 처음으로 여인 때문에 가슴 뭉클한 경험을 했는지는 알 수 없지만, 확실한 것은 그의 첫 여인이 첫 부인 한씨(신의왕후)라는 점이다.

그녀는 안변의 호족이었던 한경의 여식이었다. 한경은 고려 말에 밀직부사를 지낸 인물인데, 밀직부사는 조선시대의 승정원 승지에 해당하는 벼슬이다. 변방 지역인 함경도 출신으로 그런 요직에 올랐다면 그의 가문은 당연히 함경도에서는 모르는 사람이 없을 정도의 명문가였을 것이다.

이성계 또한 함흥의 명문가 자제였으니 함경도 명문가 자녀들끼리 결혼한 셈이다. 이들의 결혼은 가문끼리의 결탁 차원에서 이뤄진 일이었으니 정략결혼이라 할 수 있었다.

정략결혼이라는 것을 다르게 표현하자면 사랑 없는 결혼이라 할 수 있다. 정략결혼은 십 대의 어린 나이, 즉 철도 들지 않은 나이에 이뤄지는 것이 다반사였다. 당시 남성들은 결혼은 부인하고 하고, 사랑은 첩하고 하는 것이 일반적이었다. 하지만 정략결혼이라고 해서 반드시 사랑 없는 부부로 사는 것만은 아니었다. 비록 집안 간의 정략 인연이지만 금실이 좋은 경우도 있었다. 이성계와 한씨가 바로 그런 부부였다.

이성계가 한씨와 결혼한 것이 1552년쯤인데, 이때 그의 나이 18세였으니 혈기 방장한 시절이다. 이성계는 두 살 아래의 앳된 소녀였던 한씨를 무척 사랑했던 모양이다. 고려 말 당시 방귀깨나 뀐다는 남성들은 결혼 이후에도 첩을 거느리는 것이 다반사였다. 하지만 이성계는 결혼 후 20년 동안 다른 여인에게 전혀 한눈을 팔지 않았고, 6남 2녀의 자녀를 얻었다. 그만큼 부부의 금실이 좋았다는 뜻이다.

전쟁이 지속되던 20년 동안 이성계는 장수로 활약하며 원나라 군대와 왜군, 홍건적을 상대로 숱한 전장을 누볐고, 가는 곳마다 승전을 거둔 덕분에 벼슬도 많이 뛰었다. 그는 스무 살도 되기 전에 이미 청년 장수로 유명했고, 27세 때 동북면 병마사가 되었다.

이후로 고려의 대표적인 무장으로 성장하여 중앙 관직을 받기도 했다.

그가 전장에서 맹위를 떨치는 동안 부인 한씨는 묵묵히 집안을 지키며 자녀들을 양육하고 가솔을 이끌었다. 그리고 전장에서 지쳐 돌아온 이성계의 안식처가 되어 주었다. 그때까지 그녀는 그야말로 고난을 함께한 조강지처이자 이성계의 유일한 연인이었다. 그런데 이성계가 느닷없이 결혼을 한 번 더 하겠다고 공언하고 나선 것이다. 표면상의 이유는 개성에서의 생활을 제대로 하기 위해서였다. 함흥의 무장이었던 이성계는 당시 여러 공로를 인정받아 중앙 정계에 진출했다. 그것도 왕의 비서기관인 밀직사의 부사였다. 그러다 보니 일 년 중 많은 기간을 도읍인 개성에 머물렀다.

부인 한씨는 개성으로 올라갈 수 있는 처지가 아니었다. 여전히 이성계의 군사적 기반은 함흥에 있었고, 그 기반을 지킬 사람은 부인 한씨밖에 없었기 때문이다. 그래서 고민 끝에 이성계가 내린 결론은 개성에도 부인을 둬야겠다는 것이었다(사실, 이성계에게 진짜 이유는 따로 있었다).

이성계가 이런 이유로 또 한 번 결혼하겠다고 했을 때, 게다가 첩을 들이는 것도 아니고 정식 혼례를 올리고 부인을 한 명 더 맞이하겠다고 했을 때 과연 본처인 한씨가 찬성했겠는가? 제아무리 남편에 대한 믿음이 강한 여자라고 해도 쉽지 않은 일이다.

사실, 고려 말에도 부인을 버젓이 두고 새로운 여자를 부인으로 맞아들이는 경우는 극히 드물었다. 부인이 먼저 죽어 재혼하는 경우는 흔히 있는 일이었지만, 부인이 눈을 시퍼렇게 뜨고 있는데 또 한 번 결혼한다는 것은 비상한 상황이 아니면 용납되지 않는 일이었다. 그런데 비상한 상황이라는 것이 고작 개성에 머무는 기간이 길다는 것이었으니, 설득력이 없었다.

부인이 중병 걸린 것도 아니고, 아이를 낳지 못한 것도 아니고, 집안이 역적으로 몰린 것도 아니었다. 더구나 부인 한씨의 집안이 안변에서 떵떵거리는 집안인데, 어느 간 큰 남자가 감히 이런 짓을 하겠는가? 그런데 전쟁 영웅 이성계는 그 간 큰 짓을 감행했다. 필시 부인 한씨는 만류하거나 강하게 반대했을 것이다. 왜 이성계는 이런 일을 감행했을까?

첫눈에 반한 소녀

놀랍게도 이성계가 마음을 송두리째 빼앗긴 여인은 강씨 성을 쓰는 십 대 소녀였다. 사는 곳은 황해도 곡산이었는데 곡산은 함경도에서 도읍인 개경으로 가는 길목에 있었다. 이성계가 고향에서 개성을 오가다 도중에 인연을 맺은 여인이 강씨 소녀였다.

이성계가 강씨 소녀를 언제 만났는지는 분명한 기록이 없다. 대략 1370년 초반에 만난 것으로 추측되는데, 그때 이성계는 삼십 대 중반이었고, 강씨는 열여섯 소녀였다. 당시 열여섯이면 혼기가 찬 나이였지만 이성계는 강씨보다 스물한 살이나 많았다. 더구나 아내와 여덟 명의 자식까지 둔 유부남이었다. 도대체 무엇이 이런 결혼을 가능하게 했을까?

두 사람의 만남에 대해서 잘 알려진 일화가 하나 있다. 어느 날 이성계가 사냥하다가 목이 말라 우물을 찾았는데, 마침 우물가에 있던 소녀가 바가지에 버들잎을 띄워 물을 건넸다. 그러자 목이 무척 말랐던 이성계는 버들잎 때문에 벌컥거리며 물을 마실 수 없자 버럭 화를 냈다.

"이게 무슨 짓이냐?"

그러자 소녀가 웃으면서 대답했다.

"급히 냉수를 마시면 탈이 날까 봐 버들잎을 띄웠어요. 버들잎을 불어가며 천천히 드세요."

이 말을 듣고 이성계는 소녀의 지혜에 감탄하여 첫눈에 좋아하게 됐다는 것이다. 이 소녀가 곡산 강씨 윤성의 딸이었다. 그런데 강씨 소녀와 이성계의 인연은 정말 우연히 이뤄진 것일까? 이성계는 생판 모르는 여인을 우물가에서 만나 사랑에 빠진 것일까?

강씨 집안과 이성계 집안은 원래 아는 사이였다. 소녀의 삼촌 강윤충은 이성계의 큰아버지 이자흥의 사위였다. 강윤충은 세 명의 부인을 뒀는데, 그중 하나가 이자흥의 딸이자 이성계의 사촌 누나였다. 또 강윤성의 동생 강윤휘의 아들 강우도 이자흥의 사위였다. 이성계의 사촌 누나 둘이 모두 강씨 집안에 시집간 것이다. 이런 사실로 볼 때, 이성계와 강씨 소녀의 만남은 우연한 일이 아널지도 모른다.

비록 두 사람의 결혼이 의도된 것이라 할지라도 이성계가 첫눈에 강씨에게 매료된 것은 분명한 것 같다. 그렇다면 도대체 강씨의 어떤 면이 이성계의 마음을 사로잡았을까? 우물가 일화에서는 강씨의 지혜에 매료됐다고 하지만, 그것이 전부였을까?

사실, 강윤성 집안사람들은 인물이 좋았다. 강윤성의 동생 강윤충은 개경에 소문이 날 정도로 미남이었다. 심지어 충혜왕의 왕비 이렌첸빤[亦憐眞班](역련진반, 덕녕공주)도 강윤충의 외모에 반하여 사랑에 빠졌다. 또 강씨의 언니도 개경에서 고관대작들과 여러 차례 스캔들을 일으킬 정도로 외모가 출중했다. 이런 사실에 비춰볼 때, 아마 강씨도 꽤 미인이었을 것이다. 강씨 소녀는 미모와 지성을 겸비한 아리따운 처녀였고, 이성계는 그런 그녀에게 빠진 것이다. 이렇게 이성계를 한순간에 사로잡은 여인이 바로 훗날 조선의 첫 왕비 신덕왕후 강씨였다.

※ ※ ※

신덕왕후의 선택

첫눈에 반했다고 해서 혼인이 성사되는 것은 아니다. 상대방이 호응하고, 그 상대방 집안이 허락해야 성사되는 법이다. 그런데 놀랍게도 소녀는 이성계를 택했고, 소녀의 집안도 이성계와의 결혼을 허락했다. 아니, 아주 적극적으로 이성계와의 혼사를 원했다고 하는 편이 맞을 것이다. 이성계는 아버지뻘 나이이고, 부인이 있으며, 자식도 여덟 명이나 있는 유부남이었다. 그런 남자에게 젊고, 예쁘고, 머리까지 좋은 처녀가 시집간다는 것은 상식적으로 이해할 수 없는 부분이다.

그렇다면 어떤 사연이 있었을까? 지금까지 역사가들은 강씨 집안을 개경에서 제법 내로라하는 가문이라고 해석해왔다. 그렇다면 그런 가문에서 이런 결혼을 허락할 리가 없다. 본인이 아무리 원했어도 집안 반대에 부딪혀 실현될 수 없었을 것이다.

당시 소녀의 집안을 들여다보면, 할아버지는 강서康庶라는 인물로 원나라 지배기 때 충혜왕에게 아첨하여 벼슬을 얻었다. 충혜왕은 조선의 연산군보다 더 패륜을 일삼은 왕이었다. 강서는 그 패륜 행각에 동조하여 충혜왕의 호감을 산 덕분에 잠시 영화를 누렸으나 충숙왕이 복위하면서 순군옥巡軍獄(고려 때 도적이나 난을 일으킨 사람을 잡아 가두기 위해 만든 감옥)에 갇혔다는 기록이 나온다. 강서에 관한 기록은 이것이 전부다.

《고려사》에 더 많은 기록을 남긴 것은 강서의 아들들이다. 강서에겐 여섯 아들이 있었는데, 윤귀를 시작으로 윤성, 윤충, 윤의, 윤휘, 윤부 순이다. 이들 중에 둘째 윤성이 소녀의 아버지이고, 사서에 가장 많이 등장하는 인물은 셋째 윤충이다. 이들이 부귀영화를 누린 시절은 충혜왕, 충목왕, 충정왕 3대였다. 특히 충혜왕이 죽은 후에 강윤충은 태후인 원나라 공주 이렌첸빤과 부부처럼 지냈기 때문에 대단한 권력과 부를 누렸다.

하지만 그들의 부귀영화도 공민왕이 즉위하면서 막을 내렸다. 공민왕은 원나라 세력을 몰아내면서 친원파였던 강윤성과 강윤충도 역도로 지목하여 몰락시켰다. 강윤성뿐 아니라 그의 자녀들도 모두 친원 세력으로 몰려 역적이 되었다.

강윤성에게는 득룡, 순룡, 유권, 계권 등 아들 넷과 딸 둘이 있었는데, 막내딸이 강씨 소녀였다. 아들 중 득룡은 재상급 벼슬을 지냈고, 둘째 순룡은 원나라 숭문감 소감 벼슬에 있었다. 또 큰딸은 신귀에게 시집갔는데, 신귀는 왕의 권력을 능가하던 신예(고려 후기의 간신)의 동생이었다(신예가 왕권을 초월하는 권력을 누린 것은 원나라 황실의 신임을 등에 업고 고려 조정을 손 안에 넣고 주무른 환관 고용보의 처남이었기 때문이다).

그런 집안이 공민왕의 배원정책이 실시된 이후로 일순간에 몰락한 것이다. 강윤성과 강윤충, 신귀는 모두 역모죄로 사형당했고, 강씨의 오빠 중에는 강순룡만 가까스로 살아남았다. 이에 강씨 집안은 개성에 살지 못하고 고향 곡산으로 쫓겨 갔다.

강윤성의 집안이 몰락한 것은 강씨 소녀가 태어난 직후였다. 따라서 그녀가 이성계를 만난 십 대엔 아버지와 삼촌, 오빠, 형부가 모두 역적으로 몰려 죽고, 집안은 풍비박산이 나서 가난하게 살던 때였다. 역적 집안이라 손을 내미는 사람도 없었을 것이고, 가산은 기울어 괜찮은 집안에 시집갈 여지도 없던 터라 잘나가던 전쟁영웅 이성계를 선택했을 수 있다. 이성계는 몰락한 그녀의 집안을

일으켜 세울 유일한 희망이었고 가난에서 벗어나게 해줄 든든한
동아줄이었을 것이다.

❀ ❀ ❀

역적으로 몰릴 위기에서 이성계를 구하다

어쨌든 두 사람은 결혼하고 개성에 신접살림을 차렸다. 이후로
이성계는 단순히 승전을 거듭한 전쟁 영웅이 아니라 원대한 포부
를 가진 정치가로 거듭난다. 물론 이성계를 변모시킨 인물은 강씨
였다. 강씨는 훗날 조선 개국 후 조선의 첫 국모가 되는데, 이는 단
순히 이성계의 사랑에 의지하여 얻은 자리가 아니었다. 오히려 이
성계를 조선의 국조가 되게 한 주역이었다. 그렇다면 강씨가 조선
개국 과정에서 어떤 활약을 펼쳤는지 살펴보자.

이성계는 개성으로 올라와 정계에 발을 들였지만 쉽게 자리를
잡지 못했다. 전쟁 영웅이라는 입지 덕분에 정몽주나 정도전 등
의 신진 세력이 관심을 보이고 다가왔지만 그것이 오히려 상황을
더욱 어렵게 만들었다. 전장에서는 이름이 높으면 적장이 미리 겁
을 먹고 달아나기 바쁘고 휘하에 군대가 많으면 적군이 미리 꼬리
를 내리는 것이 보통이었다. 하지만 정치판에선 이름이 높을수록
비난의 강도가 더 높아졌고, 세력이 늘어날수록 정적도 함께 늘어
났다. 전장에서는 그칠 것이 없는 그였지만 흉계와 음모와 협잡이

판치는 정치판에서는 이제 갓 걸음마를 뗀 초년생에 불과했기에 매일같이 살얼음판을 걸었다. 그래서 어릴 때부터 무장으로만 살아온 그에게는 생리적으로 정치판이 맞지 않았고 쉽게 적응도 되지 않았다. 이 때문에 여러 차례 다시 함흥으로 돌아가려 했지만, 그때마다 강씨가 만류하며 그에게 용기를 주고 타개책을 마련해 줬다.

당시 이성계를 제거하기 위해 혈안이 됐던 대표적인 인물은 우왕을 왕위에 앉히는 데 결정적인 역할을 한 권신 이인임이었다. 이인임은 이성계가 전쟁 영웅의 입지를 바탕으로 반란을 일으킬지도 모르는 위험한 인물이라고 판단했다. 더구나 정몽주나 정도전 같은 다소 과격한 신유학자들이 이성계와 친분을 쌓고 있었다. 그 때문에 이성계는 둘째 아들 이방과를 이인임에게 보내 자신에겐 역심이 없음을 보이려 했지만, 이인임은 오히려 이방과를 앞에 앉혀 놓고 "나라가 장차 이씨에게 돌아갈 것이다"라고 말하기까지 했다.

물론 이씨는 전쟁 영웅 이성계를 지칭한 것이다. 당시 시중이었던 이인임의 입에서 이런 말이 나왔으니 이성계가 역적으로 몰릴 상황이었다. 그나마 다행스럽게도 우왕의 신임이 두터웠던 최영이 이성계를 신뢰하고 있었다. 최영은 신흥대국 명나라와 왜구, 원나라 잔당들이 위협하는 전시 상황에서 이성계는 꼭 필요한 인물이라고 보았다. 그래서 이인임의 공격이 있을 때마다 이성계의 방패막이가 되어 주었다. 하지만 이인임은 간계에 능할 뿐 아니라 온갖 풍상을 다 겪은 노련한 정치인이었다. 그가 일단 이성계를 역적으로 몰려고 마음먹었다면 이성계가 역적 신세로 전락하는 것은 한순간이었다.

이런 위기 상황에서 이성계를 구한 사람은 다름 아닌 부인 강씨였다. 강씨는 이인임의 칼날을 피하기 위해서는 이인임을 안심시킬 필요가 있다고 판단했다. 이를 위해 가장 좋은 방책은 역시 그와 같은 편이 되는 것이고, 같은 편임을 증명하는 가장 확실한 방도는 결혼을 통해 인척 관계를 맺는 것이었다. 당시 왕실은 물론이고 권력가들이 서로 결탁하는 방도로 가장 좋은 것이 정략결혼이었던 까닭이다.

강씨는 이인임과 인척 관계를 맺기 위해 주변 인척들을 십분 활용했다. 강씨의 형부는 신귀라는 인물이었는데 신귀의 형인 신예는 이인임의 여동생 남편, 즉 매제였다. 따라서 강씨의 언니와 이인임의 여동생은 동서지간이었다. 강씨는 이 관계를 적극적으로 활용했다. 목표는 이성계와 자신의 딸(훗날의 경순공주)을 이인임의 동생인 이인립의 장남과 결혼시키는 것이었다. 그리고 마침내 강씨는 1386년(우왕 12년)에 이인립의 장남 이제를 사위로 맞아들이는 데 성공했다. 이성계와 이인임을 인척 관계로 만드는 데 성공한 것이다. 덕분에 이성계는 이인임의 공세에서 벗어날 수 있었다.

정몽주 제거를 지시하다

　조선 건국 과정에서 강씨의 결정적인 활약은 정몽주를 제거한 일이었다. 대개 정몽주 격살 사건을 이방원이 주도한 것으로 알고 있지만, 실상은 다르다.

　1392년 3월에 이성계가 중국을 다녀와 세자와 사냥을 나갔다가 낙마하여 중상을 입자 정몽주는 공양왕과 합세하여 이성계의 핵심 세력인 조준을 유배 보내고, 나주에 유배되어 있던 정도전을 감옥에 가뒀으며, 남은과 윤소종, 남제, 조박 등의 잔여 세력도 모두 벼슬을 떼고 유배 보내버렸다. 즉, 이성계의 팔다리를 모두 잘라버린 것이었다.

　이런 상황에서 강씨는 사위 이제를 급히 이방원에게 보냈다. 당시 이방원은 모친상을 당해 시묘살이 중이었다. 이제에게 상황이 급박하다는 소식을 들은 이방원은 급히 해주로 달려가 이성계를 가마에 태우고 개경으로 돌아왔다.

　그러자 대담하게도 정몽주는 이성계를 병문안하기 위해 찾아왔다. 하지만 그것은 정몽주의 실수였다. 강씨는 이 기회를 놓치지 않고 이방원에게 정몽주를 격살하라고 지시했다. 물론 이 사실을 이성계는 몰랐다. 또한, 이성계와 의형제를 맺은 이지란도 반대했다. 그런데도 이방원은 조영규를 비롯한 수하들을 시켜 정몽주를 격살했다.

정몽주의 격살에 강씨가 간여한 사실은 다음의 《태조실록》 총서에 잘 나타나 있다.

(이방원이 사람을 시켜 정몽주를 죽였다는 소식을 듣고) 태조는 크게 노하여 병을 참고 일어나서 전하(이방원)에게 소리쳤다.

"우리 집안은 본디 충효忠孝로써 세상에 알려졌는데, 너희들이 마음대로 대신大臣을 죽였으니 나라 사람들이 내가 이 일을 몰랐다고 여기겠는가? 부모가 자식에게 경서經書를 가르친 것은 그 자식이 충성하고 효도하기를 원한 것인데, 네가 감히 불효不孝한 짓을 이렇게 하니 내가 사약을 마시고 죽고 싶은 심정이다."

이에 전하가 대답했다.

"몽주 등이 장차 우리 집을 모함하려고 하는데, 어찌 앉아서 망하기를 기다리는 것이 합하겠습니까? 몽주를 살해한 이것이 곧 효도가 되는 까닭입니다."

태조가 성난 기색이 한창 성한데, 강비康妃가 곁에 있으면서 감히 말하지 못하는지라 전하가 말하였다.

"어머니께서는 어찌 변명해주지 않습니까?"

강비가 노기를 띠고 고하였다.

"공은 항상 대장군으로 자처하였는데, 어찌 놀라고 두려워함이 이같은 지경에 이릅니까?"

이 내용을 보면, 이방원과 강씨는 정몽주를 죽이기로 이미 합의했음을 알 수 있다. 그들은 정몽주를 죽이지 않으면 이성계를 포함한 자기 집안이 몰락할 수 있다고 판단했다. 그런 까닭에 정몽주를 죽인 것에 대해 이성계가 무섭게 화를 내자 이방원은 강씨에게 편을 들어 달라고 노골적으로 말할 수 있었던 것이다. 이방원이 정몽주를 죽이는 과정에서 이성계를 제쳐두고 강씨와 모의했음을 엿볼 수 있는 대목이다.

이렇듯 강씨가 이방원 편을 들자 이성계는 노기를 누그러뜨리고 더는 방원을 몰아세우지 않았다.

이 대목에서 새롭게 확인할 수 있는 것은 정몽주의 척살은 이방원의 단독 결정이 아니고 강씨와 이방원이 함께 계획했다는 사실이다. 그런 의미에서 보자면 이방원과 강씨는 계모와 아들 관계가 아니라 일종의 정치적 동지였다.

사실, 강씨와 이방원은 죽이 잘 맞는 동지였다. 비록 이방원이 강씨의 친아들은 아니었지만, 강씨는 이방원을 매우 총애했다. 소년 시절 이후 이방원을 실질적으로 양육한 사람도 바로 그녀였다.

강씨는 방원의 큰 형 방우보다 두 살 어렸고, 방원보다 열한 살 많았다. 큰형보다 어린 계모, 어찌 보면 누나 같은 계모였다. 그 계모 강씨는 명민하고 똑똑한 방원을 좋아했다. 그래서 강씨는 방원을 향해 이런 말을 했다고 한다.

"어찌 내 몸에서 나지 아니하였는가?"

강씨는 함흥이 아닌 개성에서 이성계와 함께 생활했는데, 당시 방원은 성균관에 들어가기 위해 공부하고 있었다. 소년 시절을 강씨 슬하에서 보낸 것이다. 강씨는 이방원이 친아들이 아닌 것을 안타까워할 정도로 방원을 총애했다. 방원이 영민하고 공부도 잘 할 뿐 아니라 자신을 잘 따랐기 때문이다. 사실, 이방원은 아버지 이성계보다도 강씨와 죽이 더 잘 맞았다. 그리고 성격도 비슷했다. 아버지보다 계모의 성격을 더 닮았던 것이다. 강씨는 성격이 대담하고 상황 판단력이 뛰어났다. 거기다 필요에 따라서는 잔인하고 냉정한 구석도 있었으며, 영악하고 사람을 거느리는 능력도 있었다. 방원 역시 그녀와 흡사한 성격이었는데, 이 때문에 그들은 통하는 것이 많았다.

❀ ❀ ❀

가장 신뢰한 혁명 동지

강씨와 이방원의 동지 관계는 조선이 개국되면서 끝났다. 그들의 관계를 악화시킨 것은 세자 책봉 문제였다. 조선 개국 직후인 1392년 8월, 태조 이성계는 강씨의 막내아들 방석을 세자로 책봉했다. 당시 개국 공신인 배극렴 등은 이방원을 세자로 삼기를 청했지만, 태조는 왕비 강씨의 주장에 밀려 방석을 세자로 책봉했다. 이 일로 방원은 강씨를 정적으로 간주했다. 하지만 겉으로 드러내지는 않았다. 자칫 강씨에 대한 서운함을 드러냈다간 무사하지 못할 것이란 사실을 알았기 때문이다.

사실, 이방원의 최대 정적은 계모 강씨였다. 그녀는 정도전, 남은, 심효생 등의 개국 공신은 물론이고 태조마저도 자기 뜻대로 움직이게 했다. 이방원은 어릴 때부터 강씨와 함께 살아서 그녀의 성정을 잘 알았다. 정몽주 척살 과정에서 알 수 있듯이 강씨는 과감하고 냉정했으며, 영악했다. 비록 본처의 자식이라도 영리하고 뛰어나면 기꺼이 품어주며 자기편으로 만들 줄 알았고, 정적이라고 판단되면 가차 없이 죽여 버릴 만큼 잔인한 구석도 있었다. 거기다 방석을 세자로 만드는 과정에서 보여주듯이 주장이 강하고 야망도 컸다.

그런 그녀였기에 이방원은 몹시 몸을 사렸다. 세자 책봉 시 작은 불만조차 드러내지 않았고, 정치적 야심도 감추었다. 오히려 그는 그녀가 장악하고 있던 조정에 철저히 협조하는 태도를 보였다. 심지어 명나라 황제 주원장이 이성계의 친아들을 명나라 조정에 입조시키라고 했을 때도 주저 없이 명나라로 떠났다.

당시 중국을 다녀오는 일은 몹시 고달프고 힘든 일이었다. 거기다 이성계에게 악감정을 품고 있던 명 태조 주원장의 심기를 잘못 건드리면 볼모로 잡히거나 곤욕을 치를 수도 있는 그런 길이었다. 그런데도 방원은 거부하지 않았다. 목적은 단 하나, 강씨에게 자신의 속내를 감추고 야심을 숨기기 위함이었다.

이방원은 그렇듯 음흉한 구석이 있는 인물이었다. 기회를 잡을 때까지는 절대로 속내를 드러내지 않고 기다릴 줄 알았다. 하지만 기회가 오면 놓치지 않고 행동으로 옮겼다. 또한, 적을 공격할 때는 다시는 일어나지 못 하도록 무참하게 공격하는 잔인한 구석도 있었다. 정몽주를 척살한 사건에서 알 수 있듯 그는 적이라고 판단되면 반드시 명줄을 끊어놓아야 직성이 풀렸다.

하지만 이방원은 때가 될 때까지는 절대 속내를 드러내지 않았다. 그가 기다린 때란 계모와 아버지가 동시에 힘을 잃는 순간이었다. 다행히 하늘은 그의 편이었다. 강씨가 앓아눕기 시작한 것이다. 강씨가 처음 병이 들어 누운 때는 개국 후 불과 7개월이 지난 1393년 2월이었다. 이후로 강씨는 곧잘 앓아누웠다. 방원이 명나라를 다녀온 1394년 11월엔 강씨의 병이 더욱 악화하였다. 그리고 이듬해 7월, 강씨는 아예 병상에서 생활하는 신세가 되었다. 그리고 마침내 저승의 문턱을 넘어 북망산으로 떠났다.

그녀가 죽자 이성계는 몹시 상심했다. 그는 장수 시절부터 그녀에 대한 의존도가 높았다. 왕이 된 뒤에도 마찬가지였다. 그녀가 죽은 날인 1396년 8월 13일에 이성계는 슬픔을 감추지 못하고 측근 권근에게 그간 강씨가 자신에게 어떤 존재였는지 고백했다. 그 내용이 《동문선》에 실린 '정릉원당 조계종본사 흥천사기'에 다음과 같이 남아 있다.

"내가 잠저에 있을 때, 개경과 지방에서 고생이 많았다. 그렇게 고생하면서 나라를 세우던 날까지 오직 신덕왕후의 내조가 극진하였다. 내가 왕위에 올라 만기를 살필 때도 왕후의 도움이 컸다. 그런데 갑자기 세상을 떠나 이제는 좋은 말을 들을 수 없게 되었으니 마치 좋은 보좌를 잃은 듯하다. 너무나 슬프다."

이성계의 회한 섞인 이 말에서 알 수 있듯, 강씨는 단순히 이성계의 사랑스러운 아내가 아니었다. 그녀는 뛰어난 보좌, 즉 이성계가 가장 믿고 의지할 수 있는 유일한 책사였고 혁명 동지였다.

5

남편에게 용상을 안겨주다

태종 비 원경왕후 민씨

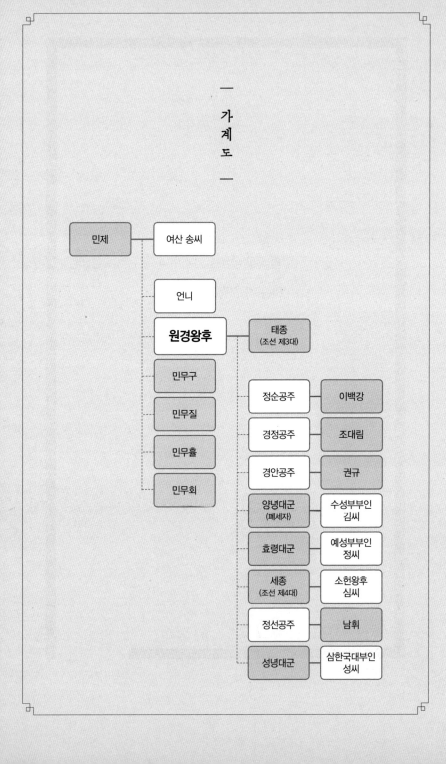

가
계
도

민제 — 여산 송씨

언니

원경왕후 — 태종
(조선 제3대)

민무구

민무질

민무휼

민무회

정순공주 — 이백강

경정공주 — 조대림

경안공주 — 권규

양녕대군
(폐세자) — 수성부부인
김씨

효령대군 — 예성부부인
정씨

세종
(조선 제4대) — 소헌왕후
심씨

정선공주 — 남휘

성녕대군 — 삼한국대부인
성씨

지성과 미모를 겸비한 도시 여인

　조선사에서 태종 이방원만큼 정치 감각이 좋은 인물을 찾기는 쉽지 않다. 그런데 그의 정치 감각은 그저 형성된 것이 아니었다. 그의 뛰어난 정치 감각 형성에 영향을 끼친 두 여인이 있었다. 한 사람은 앞에서 소개한 조선 최초의 왕비 신덕왕후 강씨였고, 또 다른 인물은 이방원의 조강지처 원경왕후 민씨였다. 단언컨대 원경왕후가 없었다면 이방원은 왕이 될 수 없었다. 그만큼 이방원이 왕위에 오르는 데 그녀의 역할은 지대했다.

　사실, 부인 민씨를 만나기 전의 이방원은 그저 시골 출신 서생에 지나지 않았다. 그러다 민씨와 결혼을 하면서 완전히 달라졌다. 민씨가 이방원을 완전히 바꿔놓은 것이다. 그런데 촌놈 이방원은 어떻게 민씨 같은 뛰어난 여인을 만나는 행운을 얻을 수 있었을까? 우선 그들의 결혼 내막부터 살펴보자.

이방원은 함경도 함흥에서 태어나 자라다가 열 살 때 개성으로 유학을 와서 공부했다. 그는 함흥에서는 명문가 자제였지만, 개성에서는 한낱 촌놈에 불과했다. 더구나 그의 가문은 무장 집안이었다. 아버지 이성계는 무장으로 이름을 날리며 전쟁 영웅 소리를 듣긴 했지만, 학문과는 거리가 멀었다. 그런 까닭에 이성계는 스스로가 학문에 어두운 것을 콤플렉스로 여겼다. 그런데도 그는 늘 유학을 공부하는 사람과 친분을 쌓았고, 그들을 존중했다. 덕분에 이색, 정몽주 등 당대 학자들과도 친분이 있었다. 또한 아들들은 모두 문관이 되길 바랐다. 다행히 큰아들 방우가 공부를 잘했고, 과거에 합격하여 문관 벼슬을 얻었다. 그리고 늦게 얻은 다섯째 아들 방원도 영특했다. 이성계는 방원이 열 살이 되자 개성에 머물던 둘째 부인 강씨(신덕왕후)에게 맡겨 유학시켰다.

비록 함흥 촌놈이었지만, 방원은 개성에서도 두각을 나타냈다. 함께 학당을 다니는 아이들이 대부분 누대에 걸쳐 문관을 배출한 문관 명문 출신들이었지만, 방원은 그들 속에서도 명민하다는 소리를 들었다. 이성계는 그 점을 큰 자랑거리로 삼았다. 그래서 툭하면 사림들을 집으로 초대하여 방원의 뛰어난 학문을 선보이곤 했다. 말하자면 이성계는 아들 자랑에 정신없던 팔불출이었는데, 그만큼 방원에 대한 기대가 컸다.

방원은 아버지의 기대에 어긋나지 않았다. 16세에 당당히 성균관에 입학했다. 이성계의 아들 중에 성균관에 입학한 아이는 방원이 처음이었다. 이성계는 기뻐서 어쩔 줄을 몰랐다. 그리고 즉시 방원의 신붓감을 찾았다. 이제 어엿한 성균관 학생이니 개성에서 학문으로 이름깨나 난 가문과 결혼을 시켜 방원의 뒷배를 든든하게 만들 요량이었다.

방원의 결혼에 중매쟁이로 나선 사람은 둘째 부인 강씨였다. 강씨는 개성의 사정에 밝고, 명문 가문도 훤히 꿰뚫고 있었다. 그런 그녀가 선택한 집안은 학자 집안으로 유명한 여흥 민씨 가문이었다. 그것도 다른 사람도 아닌 성균관 대사성으로 있는 민제의 사위로 들어가는 것이었다. 여흥 민씨 집안과 이성계 집안은 이미 인연이 있었다. 이성계의 넷째 아들 이방간이 바로 여흥 민씨 집안으로 장가든 상태였다. 방간은 방원의 바로 위 형으로 방원보다 세 살 많았다.

방간을 여흥 민씨 집안의 사위가 되게 한 주역도 바로 강씨였다. 강씨의 외가는 진주 강씨였는데, 민제의 부인 송씨의 외가도 진주 강씨였다. 말하자면 이성계의 부인과 민제의 외가가 같은 집안이었고, 그 인연으로 여흥 민씨와 이성계 집안은 사돈 관계를 맺었다. 하지만 민제의 부인 송씨는 이방간에게 자신의 딸을 내주지는 않았다. 당시 민제와 송씨 사이에서 태어난 둘째 딸이 이미 혼기가 찬 상태였는데, 송씨는 방간이 사윗감으로 마땅치 않았는지 그저 시가의 여식 중 하나를 소개하여 방간에게 시집보냈다.

그런데 방간이 아니라 방원이 신랑감이 되자 송씨와 민제는 선뜻 자신의 딸을 내줬다. 당시 민제의 둘째 딸은 18세였다. 그때는 처녀들이 대개 15세가 되면 시집가던 시절인 것을 감안하면 그의 딸은 혼기를 한참 지나고 있었다. 명문가에다 성균관 대사성까지 지낸 집안에서 딸이 혼기를 넘겼는데도 시집을 보내지 않은 내막은 분명치 않다. 아마도 사윗감을 고르고 또 고르다 보니 늦어진 것이 아닌가 싶다.

사실, 민제와 송씨는 둘째 딸을 매우 귀하게 여겼다. 송씨는 첫아이로 딸을 낳았는데, 이후에는 십여 년간 자식을 더 두지 못했다. 아이가 생기지 않았는지 아니면 낳는 아이마다 일찍 죽었는지는 알 수 없지만, 어쨌든 민제 부부는 둘째를 얻지 못해 애를 태웠다. 그러다 첫아이 이후 십 년이 지난 뒤에야 둘째 딸을 얻었다. 아들이 아니라서 실망할 만도 했지만, 신기하게도 둘째 딸이 태어난 이후 그 아래로 네 아들을 얻었다. 이럴 경우 대개 그 딸은 아들을 안겨다 준 복덩이로 여겼다. 그런데 그런 복덩이가 인물도 출중하고 머리도 뛰어났다.

사실, 민제와 부인 송씨 집안은 모두 인물 좋기로 유명한 집안이었다. 송씨 부인의 본관은 여산인데, 여산 송씨 집안은 대대로 미인이 많은 가문이었다. 송씨 부인은 송선의 딸인데, 송선에겐 송씨 부인 말고도 딸이 하나 더 있었다. 송씨 부인의 동생이자 이방원의 부인 민씨의 이모인데, 그녀는 인물이 매우 출중하여 원나라 황제의 후궁으로 뽑혀갈 정도였다. 또 송선의 형 송염의 딸, 즉 송씨 부인의 사촌 동생도 《고려사》에 대단한 미인이었다는 기록이 있다.

민제의 집안도 외모에서는 여산 송씨에게 결코 뒤지지 않았다.

민제의 조부 민적은 "풍채가 비범했다"라는《고려사》의 기록이 남아 있다. 거기다 민제 집안은 3대 내리 학관을 배출한 머리 좋은 집안이었고, 당사자 민제는 머리가 총명하여 어떤 책이든 한 번 보기만 하면 잊어버리지 않았다는 기록이 있다. 민제는 머리도 좋고 외모도 출중한 인물이었던 것이다.

민제와 송씨의 딸들은 그런 부모의 유전자를 받아 외모가 출중하고 머리가 좋았다. 그래서 큰 딸은 명문가인 평양 조씨 집안의 며느리로 들어갔다. 그녀의 남편은 조박이라는 인물이었는데, 조박 또한 성균관 출신으로 과거에 급제하여 출세 가도를 달리는 인물이었다. 그리고 둘째 딸의 남편감으로 이방원이 선택되었다. 성균관 대사성으로 있던 민제가 이방원의 총명함과 출중한 능력을 간파하고 기꺼이 사위로 받아들인 것이다.

이방원이 민제와 송씨의 둘째 딸 민씨(훗날의 원경왕후)와 결혼했을 땐 16세였고, 민씨는 두 살 많은 18세였다. 민씨는 여인이었지만, 학문도 뛰어났다. 변계량이 쓴《헌릉지》에는 민씨를 "맑고 아름다웠으며, 총명하고 지혜로웠다"라고 평가하고 있다. 지성과 미모를 겸비한 여인이었던 것이다. 이렇게 촌놈 이방원은 지성과 미모를 겸비한 도시 여자 민씨와 결혼했고, 그녀에 대한 만족도도 매우 높았다.

이방원의 18년 정치 동지

민제의 둘째 딸에게 장가든 이방원은 처가살이를 했다. 처가살이는 몇 년간 지속됐는데, 이 기간에 그에게는 좋은 일만 생겼다. 우선 결혼 이듬해인 1383년 17세에 문과에 급제했다. 비록 장원은 아니었지만 33명 중 10등이었다. 급제와 동시에 아버지가 되기도 했다. 첫딸 정순공주를 얻은 것이다.

처가살이는 계속되었다. 급제는 했지만, 관직이 날 때까지는 백수 신세였기 때문이다. 그런데도 그는 장인과 장모, 아내로부터 극진한 사랑을 받았다. 태종은 훗날 "내가 어렸을 때, 민씨에게 자라서 은혜와 사랑을 많이 받았다"라고 그 시절을 회고했다.

그때부터 민제는 사위 이방원을 '선달'이라고 불렀다. 선달은 과거에 합격하여 벼슬자리를 기다리는 사람을 일컫는 말이었다. 관직이 보장된 사람을 부르는 별칭이었는데, 민제는 사위를 그렇게 부른 것이다. 민제는 훗날 이방원이 왕이 된 뒤에도 분위기가 좋아지면 그를 선달이라고 부르곤 하였다.

이방원은 장인 민제를 '사부'라고 불렀다. 이방원이 성균관 학생이었을 때 민제가 부총장 격인 대사성이었으니 스승이었고, 그리 부를 만했다. 태종은 왕위에 오른 뒤에도 장인 민제를 사부라고 호칭하곤 했다. 그렇게 보자면 아내 민씨는 스승의 딸이었다.

어쨌든 처가와 아내의 사랑을 받으며 한량처럼 지내던 이방원은 마침내 관직에 진출했고, 승승장구하여 불과 22세의 어린 나이로 전리사 정랑 자리에 올랐다. 전리사란 조선시대의 이조에 해당하는 자리로 문관의 인사 관리를 하는 부서인데 정랑은 행정 실무 책임자였다.

그가 전리사 정랑으로 있던 1388년, 이성계의 위화도 회군이 일어났다. 이후로 이성계는 조정의 실권자가 되었고, 이방원은 변방 출신의 전쟁 영웅이 아닌 조정 실권자의 아들이 되어 세간의 주목을 받기 시작했다.

이방원은 그 무렵에야 처가살이에서 벗어났다. 개성의 중심부에 살림집을 마련하고 뜻 맞는 인물들과 어울려 새로운 세상을 꿈꾸기 시작한 것도 바로 이 시기였다. 어쩌면 이때 그는 역성혁명을 꿈꾸기 시작했는지 모른다. 물론 그 꿈을 부인 민씨도 함께 꾸고 있었다. 민씨는 여느 부인들과 달리 세상 돌아가는 이치에 밝았고, 정치적 수완도 좋았다. 이성계의 둘째 부인 강씨 같은 구석이 있었다. 그런 까닭에 이방원은 민씨에게 여러모로 의지했다. 물론 그들의 사랑도 돈독했다.

그런 가운데 정말 역성혁명은 현실이 되었다. 혁명의 과정에서 이방원은 최대 정적 정몽주를 격살하는 과감한 선택을 했다. 덕분에 그는 조선 개국의 최대 공신으로 불렸다.

하지만 정작 꿈에 그리던 조선이 개국되자 그는 찬밥 신세가 되었다. 권력의 중심엔 아버지의 둘째 부인 강씨가 있었고, 조정은 그녀가 원하는 대로 만들어졌다. 세자의 자리까지 그녀의 아들 방석이 차지했다. 이방원은 개국 공신이 아니라 세자를 위협하는 인물로 부상했다. 언제 세자 방석 세력에게 죽임을 당할지 알 수 없는 처지에 놓이게 된 것이다. 조정에선 국가의 안위와 안정을 도모한다는 명목으로 개국의 수단이었던 사병을 혁파하기 시작했고, 이방원 또한 속수무책으로 자신의 병력을 국가에 헌납했다. 그 일을 주도한 인물은 정도전이었고, 그 배후에는 왕비 강씨와 세자 방석의 세력이 버티고 있었다.

이런 위기 상황에서도 부인 민씨는 냉철하게 훗날을 준비하고 있었다. 그리고 마침내 반전의 기회가 마련되었다. 조정을 틀어쥐었던 왕비 강씨가 1396년에 병으로 죽고, 2년 뒤인 1398년에는 이성계마저 병으로 몸져 누웠다. 이때를 놓치지 않고 부인 민씨는 이방원을 독려하여 제1차 왕자의 난을 일으켰다.

당시 그녀는 핵심적인 역할을 했다. 이는 당시 상황을 살펴보면 쉽게 알 수 있다. 1398년 8월 26일, 왕자와 종친들이 모두 걱정스러운 얼굴로 경복궁 근정문 밖 서쪽 행랑에 모여 있었다. 이성계의 병세가 심상치 않았던 까닭이다. 물론 이방원도 그 무리 속에 끼어 있었다. 그런데 오후 4시쯤 방원의 사가에서 종 소근이 대궐로 찾아왔다. 방원을 만난 소근은 여러 종친이 듣는 자리에서 다급한 얼굴로 말했다.

"군부인께서 갑자기 가슴과 배가 아프다며 쓰러지셨습니다."

"뭐라? 이게 갑자기 무슨 일이란 말이냐?"

그러자 그 말을 옆에서 듣고 있던 의안군 이화가 청심환과 소합

환을 내밀며 어서 집으로 가볼 것을 권했다.

"이 약으로 빨리 가서 치료하게나."

그 길로 방원은 말을 타고 집으로 내달렸다. 그의 집에선 처남 민무구와 부인 민씨가 기다리고 있었다. 민씨가 병을 이유로 이방원을 대궐에서 불러낸 것이었다. 세 사람은 날이 어두워질 때까지 이야기를 나누었고 어둠이 내리자 이방원과 민무구가 집을 나섰다. 지게문으로 몰래 나서는 이방원과 동생 민무구에게 민씨는 여러 차례 조심할 것을 당부했다. 그녀는 시위패侍衛牌(중앙군)가 폐지될 때, 집 안에 있던 병장기를 몰래 숨겨놓았다가 이때 이방원에게 내줬다.

아내와 처가의 후원 아래 과감하게 단행된 이방원의 거사는 성공적이었다. 정적 정도전과 세자 방석을 제거하고 순식간에 조정을 장악했다. 그렇다고 당장 왕위를 차지할 수는 없었다. 사경을 헤매던 부왕 태조가 마침 병석에서 일어난 것이다. 별수 없이 세자 자리를 둘째 형 방과에게 양보하고 다시 때를 기다렸다. 물론 부인 민씨의 의견도 같았다. 그녀 역시 방원 못지않게 신중하고 정치적인 인물이었다. 2년을 기다린 끝에 마침내 정종의 선위를 받아 1400년 11월에 왕위에 올랐다. 그 과정에서 넷째 형 방간의 반발이 있었지만, 방간은 이미 방원의 적수가 되지 못했다.

이방원이 왕위를 얻자 부인 민씨는 당연히 왕비가 되었다. 그녀 역시 왕비의 자리를 얻기 위해 이방원 못지않게 무섭게 달려왔고, 그 세월은 무려 18년이나 되었다.

그 18년 동안 남편은 오로지 정치에 열정을 쏟을 뿐 다른 곳에 한눈을 팔지 않았다. 그녀는 18년 동안 이방원의 유일한 연인이자 가장 믿고 의지한 정치 동지였다.

* * *

애정 전쟁의 시작

하지만 막상 왕이 된 뒤, 이방원의 태도는 달라졌다. 달콤하고 열정적이었던 그들의 동지 관계는 그들이 궁궐에 들어간 순간 끝나고 말았다.

1400년에 왕위 계승권자로 확정되어 궁궐에 들어가자마자, 이방원은 다른 여인에게 눈을 돌렸다. 그 여인은 원경왕후 민씨의 시녀였다. 이 일로 민씨는 몹시 화가 났다. 사실, 이방원이 다른 여자에게 눈을 돌린 것이 처음은 아니었다. 이미 왕자 시절에 다른 여인과 동침하여 아들까지 얻은 적이 있었다. 그때도 상대가 민씨의 몸종이었다. 그 여인은 훗날 이방원이 왕위에 오른 뒤, 효빈에 책봉된 김씨였고, 김씨가 낳은 아들은 경녕군이었다.

이방원이 김씨와 동침했을 때는 민씨가 큰아들인 양녕대군을 잉태한 때였다. 그런 까닭에 민씨의 배신감이 클 법도 했지만 당시 양반이 첩을 한둘쯤 두는 것은 예사였던지라 민씨는 이를 문제 삼지 않았다. 김씨를 첩으로 둔 뒤에도 이방원과 민씨의 관계는 좋았다. 오히려 첩 김씨와의 관계가 소원했다. 덕분에 두 사람의 애정은 유지되었다.

그런데 이방원은 왕이 되자마자 궁녀들을 취하기 시작했다. 이방원이 처음으로 취한 궁녀는 훗날 신빈으로 책봉된 여인이었다. 그런데 그녀는 중궁전의 본방나인이었다. 본방나인이란 왕비가 사가에서 데려온 여종을 일컫는다. 효빈 김씨와 마찬가지로 신씨 역시 민씨를 보필하던 여종이었는데, 또다시 왕비의 측근을 취한 것이다.

이방원은 단번에 신씨에게 매료되었다. 그녀에 대한 애정은 신씨가 낳은 자녀 수만 봐도 알 수 있다. 태종은 왕비 민씨에게서 4남 4녀를 얻었다. 물론 민씨가 낳은 아들이 셋 더 있었지만, 일찍 죽었다. 그런데 신씨에게서는 본처 민씨보다 더 많은 3남 7녀를 얻었다. 사실, 태종은 왕비 민씨보다도 신씨를 더 사랑했다. 또한 그녀에 대한 신뢰도 깊었다. 그래서 나중에 왕비 민씨가 죽은 뒤에는 내명부의 통솔 권한을 그녀에게 맡겼다. 심지어 태종을 만나기 위해서는 신씨를 통해야 할 정도였다.

태종의 신씨에 대한 각별한 사랑에도 민씨는 잘 참아냈다. 그런데 후궁 신씨가 임신한 상황에서 태종이 또 몇 명의 궁녀들과 동침했다. 민씨는 마침내 격분하여 왕과 동침한 궁녀들을 중궁전으로 불러 다그쳤다.

그러자 그 소식을 접한 태종도 가만히 있지 않았다. 태종은 중궁전에서 일하는 시녀와 환관 20여 명을 내쫓아버렸다. 중전의 손발을 다 잘라버린 것이다. 이 사태가 벌어진 1401년 6월 18일부터 태종과 민씨의 관계는 악화일로를 걸었다. 이후 태종은 보란 듯이 계속 후궁을 늘렸다. 그리고 1402년 3월 7일에 악공 권홍의 딸(의빈 권씨)을 후궁으로 삼으려 하자 그녀는 폭발했다.

민씨는 태종의 옷을 붙잡고 울면서 이렇게 따지고 들었다.

"상감께서는 어찌하여 예전의 뜻을 잊으셨습니까? 제가 상감과 더불어 어려움을 지키고 같이 화란禍亂을 겪어 국가를 차지하였사온데, 이제 나를 잊음이 어찌 여기에 이르셨습니까?"

민씨는 대전으로 쳐들어가 따지고 들며 울음을 그치지 않았다. 또한, 식음을 전폐하고 분을 삭이지 못했는데, 이 때문에 태종은 권씨를 맞아들이기 위해 마련했던 가례색을 파하고 그저 환관과 시녀 몇 명만 앞세워 권씨를 별궁에 맞아들였다. 이 일이 있은 후, 왕비 민씨는 우울증에 시달렸고, 태종은 며칠 동안 정사를 보지 않았다.

부부싸움이 이렇듯 한 치의 양보도 없이 전개되고 있을 때 장인 민제는 차마 딸의 고통을 더는 지켜보지 못하고 분통을 터뜨렸다. 그래서 그는 간관 이지직과 전가식을 은밀히 불러 왕의 축첩을 비판하는 상소를 올리게 했다. 이에 태종은 즉시 이지직과 전가식을 순군부에 가두고 국문하자 그들은 이렇게 직언하였다.

"신이 가만히 《춘추전》을 보건대, '제후가 한번 장가드는 데 아홉 여자를 데려오는 것은 계승할 자손을 넓히려는 까닭이요, 데려올 때 반드시 동시에 데려오는 것은 근본을 어지럽히는 것을 막기 위함이다'라고 하였습니다. 전하께서는 정실의 자손이 번성한데도 또 권씨를 맞이하시니 이것은 전하께서 호색의 마음을 가지셨기 때문입니다. 데려오되 동시에 데려오지 아니하셨으니 어찌 뒷날에 구실을 삼아서 말하는 자가 잉첩으로 여기지 아니하고 적실로 삼을지 알겠습니까? 이것은 일찍 도모하지 않을 수 없는 것입니다."

태종은 그들이 누구의 사주를 받고 그런 상소를 올렸는지 캐물었고, 결국 그들은 이렇게 말했다.

"어느 날 스승 여흥부원군의 집에 가서 이 일을 고하였더니, 대답하기를, '네 말이 옳다'고 하였습니다."

여흥부원군은 태종의 장인 민제였다. 태종은 민제에 대해 분노했지만, 스승이자 장인인 그를 어떻게 할 수 없었다. 그래서 일단 이지직과 전가식을 풀어줬다. 그리고 민씨를 다독이기 위해 장인 민제의 집에 거둥하여 잔치를 베푸는 등 화해의 손길을 내밀었다. 덕분에 부부는 가까스로 화해했고, 동침까지 하였다.

그런 가운데 1404년 8월 6일, 민씨의 장남 제(양녕대군)가 세자에 책봉되었다. 그리고 이듬해에는 막내 성녕대군도 낳았다. 그렇게 두 사람의 관계는 회복되는 듯했다.

한 서린 눈으로 친정의 몰락을 지켜보다

하지만 그 후에도 태종은 후궁 몇 명을 더 맞아들였다. 그래서 어느덧 후궁 수가 아홉 명에 이르렀다. 태종은 후궁을 많이 두는 것은 왕실의 자손을 융성하게 하기 위함이라고 둘러댔지만, 민씨는 수긍하지 않았다. 이미 들인 후궁에게서 십여 명의 자식을 얻은 상태였기 때문이다. 후궁을 들일 때마다 태종과 민씨의 관계는 악화되었고, 급기야 태종은 신하들 앞에서 민씨가 '투기가 심하다'고 지적하는 사태까지 벌어졌다. 이에 민씨는 태종이 초심을 잃고 후궁에게 눈이 팔려 정사는 뒷전이라고 비판하였다. 그러자 태종은 아예 민씨 처소를 찾지도 않았다.

태종은 민씨가 그렇듯 오만한 태도를 보이는 것은 모두 민씨의 동생들이 권력을 차지하고 있기 때문이라고 생각하고 하륜, 이숙번, 이화 등과 짜고 민무구, 민무질 등의 처남들을 유배 보냈다. 그나마 그들을 죽이지 않고 유배 보낸 것도 장인 민제 때문이었다. 그대로 두면 자식들이 모두 처형될 것을 염려한 민제가 무질과 무구를 유배 보내달라고 자청한 것이다. 그대로 뒀다간 유배형이 아니라 극형에 처해질 것을 염려한 고육책이었다.

하지만 민씨 형제의 일은 그쯤에서 끝나지 않았다. 만약 민무구 형제가 살아남은 가운데 태종이 죽고 세자 제(양녕대군)가 즉위한다면, 그 뒷감당이 만만치 않았기 때문이다. 세자는 어린 시절 외가에서 자라서 외숙들과 친밀하였다. 세자가 왕위에 오르게 되면 민씨 형제가 권력을 장악할 것은 불 보듯 뻔했다. 그리되면 민씨 형제는 복수할 것이고, 그들을 탄핵한 중신들은 대거 숙청당할 처지였다. 그 점을 모르지 않는 하륜, 이숙번, 이화 등은 대간들을 통해 지속적으로 그들 형제를 극형에 처하라고 요청했다.

그런 가운데 민씨 형제 편에 서 있던 이무, 조희민, 강사덕 등은 자구책을 강구하기 위해 은밀히 민씨 형제와 연락을 취했는데, 이 일이 발각되어 사건은 걷잡을 수 없이 확대되었다.

결국 1409년에 정사공신 이무가 사형을 당하였고, 민씨 형제는 제주도로 유배지를 옮겼다. 그러자 이번에는 종친들과 세자의 장인인 김한로, 심지어 세자까지 민씨 형제를 죽여야 한다고 상소했다. 그리고 이듬해인 1410년(태종 10년) 태종은 마침내 민씨 형제에게 자진 명령을 내렸다. 장인이자 스승인 민제가 이미 죽고 없었기에 더는 눈치 볼 사람도 없었다.

민씨 집안에 대한 응징은 그것으로 끝나지 않았다. 태종은 6년 뒤인 1416년에 그들의 두 아우인 무휼과 무회에게도 자진 명령을 내리고 그들의 처자도 모두 변방으로 내쫓았다. 자신이 죽은 뒤에 있을 후환의 싹을 자르는 차원이었다. 태종은 왕비 민씨에 대한 보복으로 그녀의 집안을 처참하게 몰락시켰다. 그렇게 두 부부의 전쟁은 민씨가 죽은 1420년까지 지속되었으니 두 사람의 애증이 얼마나 대단했는지 알 만하다. 그렇게 부부의 전쟁은 칼자루를 쥔 남편 태종의 일방적인 승리로 종결되었다.

6

조선 중흥의 초석

세조 비 정희왕후 윤씨

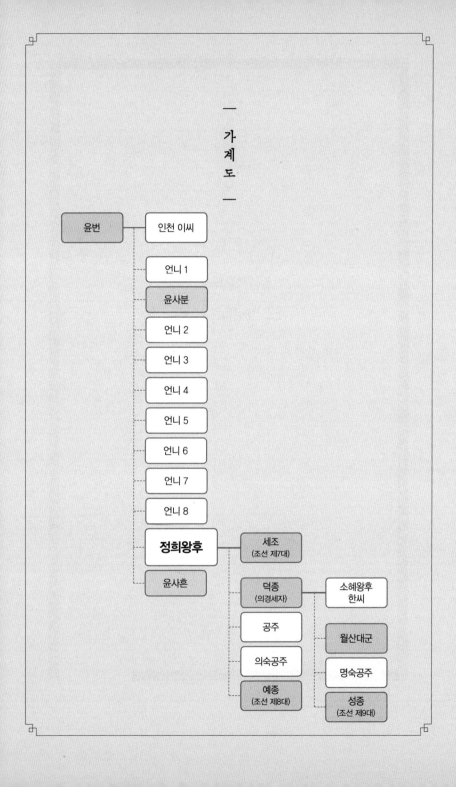

— 가
계
도 —

윤번 — 인천 이씨

언니 1

윤사분

언니 2

언니 3

언니 4

언니 5

언니 6

언니 7

언니 8

정희왕후 — 세조
(조선 제7대)

윤사흔

덕종
(의경세자) — 소혜왕후
한씨

공주

의숙공주 — 월산대군

명숙공주

예종
(조선 제8대) — 성종
(조선 제9대)

조선 최초의 섭정 왕비

조선은 개국 이후 세종 시대 30년 동안 전성기를 누리며 국력을 크게 확장했다. 하지만 세종이 죽은 후에 상당한 혼란을 겪는다. 세종의 장자 문종이 일찍 죽고, 12세의 어린 단종이 왕위에 오르자 왕권이 흔들리기 시작했다. 이를 기회로 왕숙 수양대군 이유가 계유정난을 일으켜 김종서와 황보인 등의 재상은 물론이고 정적으로 인식되던 친동생 안평대군을 제거하고 왕위를 찬탈한다. 수양대군은 거기서 만족하지 않고 사육신 사건을 조작하여 단종에게 우호적이었던 집현전 출신 젊은 신하들을 대거 죽이고, 상왕으로 밀려난 조카 단종을 유배지로 보내 죽이기에 이른다.

이후 그는 자신과 함께 반역을 도모한 한명회 등을 중심으로 철저한 측근정치를 이어갔다. 이러한 세조의 치세는 13년 동안 지속되는데, 그의 말년인 재위 13년(1467년)엔 이시애가 반란을 일으켜 한때 변방의 군영이 완전히 마비되는 지경에 이르기도 했다. 그리고 이 반란의 여파가 채 가시기도 전인 이듬해 가을에 세조는 생을 마감했다.

당시 세조에겐 왕위를 믿고 맡길 만한 든든한 후계자가 없었다. 큰아들 의경세자는 1457년에 스무 살의 나이로 요절했고, 세자 자리를 이어받은 둘째 해양대군 황은 병약한 데다 열아홉 살 어린 나이여서 정사를 돌볼 처지가 아니었다. 하지만 그 이외에 왕위를 이을 사람이 마땅하지 않았기 때문에 세자 황은 병약한 몸으로 용상에 앉았다.

그런 상황에서도 의외로 조정의 대신들은 크게 염려하지 않았다. 그들이 믿고 맡길 만한 든든한 버팀목이 있었기 때문인데, 바로 세조의 왕비 정희왕후 윤씨였다.

정희왕후는 세조의 반역에 가담했을 뿐 아니라 세조가 죽고, 병약한 예종과 어린 성종이 왕위에 오르자 수렴청정하여 왕권을 안정시키고 태평성세의 토대를 마련하여 조선의 중흥을 이끌어낸 여걸이었다.

조선 역사상 최초로 왕을 대신하여 섭정한 그녀는 예종, 성종 대를 걸쳐 무려 8년 동안 왕권을 행사하며 왕위를 지켜냈다. 이 기간에 그녀는 한명회, 신숙주 등의 노회한 권신들을 상대하며 뛰어난 정치력으로 조정을 안정시켰고, 그 덕분에 조선은 세종시대의 영화에 못지않은 중흥을 맞이할 수 있었다.

이렇듯 조선의 중흥에 주춧돌 역할을 했던 정희왕후 윤씨, 그녀는 도대체 어떤 인물이었기 여인의 몸으로 이런 일들을 해낼 수 있었을까?

언니의 혼사를 가로채다

정희왕후 윤씨의 본관은 파평이다. 파평 윤씨가 명문가가 된 것은 고려의 명신 윤관으로부터 비롯되었다. 윤관은 파평 윤씨의 시조 윤신달의 4대손으로 고려 숙종 때 여진족 정벌군의 원수가 되어 동북 9성을 쌓아 영토를 지켜내는 등 대단한 전공을 세워 가문을 일으켰다. 이후 파평 윤씨는 개성의 권문세족이 되었고, 조선 건국 당시에도 윤호 등이 역성혁명에 가담하여 공신이 된 덕에 조선에서도 명문가의 지위를 이어갔다. 파평 윤씨가 조선의 명문가였음은 태종 이방원이 17명의 딸 중에 무려 4명이나 윤씨 가문에 출가시킨 것을 봐도 알 수 있다.

가문이 조선의 명문가였던 덕에 정희왕후의 아버지 윤번은 과거에 합격하지 못했음에도 음서로 관직에 나갈 수 있었다. 음서란 조상 덕에 벼슬을 얻는 것을 말한다. 하지만 윤번의 관직 생활은 원만하지 못했다. 실록에 처음 등장한 윤번의 직위는 홍주 판관이다. 판관은 종5품직으로 지방관을 보좌하는 역할을 하는데, 윤번은 태종 18년(1418년) 1월 17일에 태장 50대를 맞았다. 당시 암행

어사 격인 사헌부 행대감찰 정길흥이 근무 태만 및 부정을 저지른 지방 관리들을 적발했는데, 윤번이 걸린 것이다. 이후 윤번은 홍주에서 판관 생활을 계속했는데, 이때 정희왕후가 태어났다.

정희왕후는 1418년 11월 18일에 윤번의 아홉째 딸로 태어났다. 그때 윤번과 부인 이씨 사이에는 1남 8녀가 있었는데, 아들을 하나 더 얻고자 한 잉태였지만 실망스럽게도 딸이었다.

이후 윤번은 황해도 신천 현감으로 발령이 났는데, 이번에도 또 암행 감찰에 걸려 매맞는 신세가 됐다. 이번에는 태장이 아니라 곤장을 80대나 맞았다. 다른 관리들과 짜고 돈을 갈취하는 부정행위에 가담했던 것이다. 그 때문에 현감자리에서도 쫓겨났다. 이때가 세종 6년 1424년이니 정희왕후는 일곱 살이었다.

부정축재자가 되어 관직에서 쫓겨난 윤번은 다시 관직에 나아갈 가망이 없었다. 이후로 집안의 재산이나 관리하면서 그럭저럭 지내고 있었는데, 그에게 뜻밖의 행운이 찾아들었다. 왕실에서 혼담을 제의한 것이다. 그것도 세종의 둘째 아들 이유의 짝이었다.

혼담이 들어왔을 때는 1428년이었고, 당시 정희왕후는 11세였다. 그리고 신랑이 될 수양대군은 12세였다. 특별한 혼담은 아니었다. 왕가에선 열 살 초반에 결혼을 시켜 15세가 되면 다시 합혼례를 거행하여 합방하는 방식으로 또 한 번의 혼례를 올리곤 했다. 이럴 경우 신랑보다 신부가 두 살쯤 많은 것이 보통이었다. 신부가 나이가 더 많아야 일찍 자손을 볼 수 있기 때문이다. 그래서 세종도 두 살 많은 소헌왕후 심씨와 결혼했다. 그런데 정희왕후는 세조보다 한 살 어렸다. 당시 풍습하곤 좀 안 맞는 혼례였다. 왜 이런 일이 벌어졌을까?

이 일의 내막엔 뜻밖의 이야기가 숨어 있다. 정희왕후가 언니의 혼사를 가로챘다는 것이다. 이희가 쓴《송와잡설》은 그 내용을 이렇게 전한다.

세조가 아직 수양대군으로 왕위에 오르기 전이었다. 수양대군이 혼인하기 전 처음에는 정희왕후의 언니와 혼담이 오갔다. 감찰각시가 정희왕후의 집에 가니 이씨 부인이 정희왕후의 언니와 함께 나와서 마주 앉았다. 그때 정희왕후는 아직 나이가 어렸다. 짧은 옷을 입고 머리를 땋은 정희왕후가 이씨 부인의 등 뒤로 다가왔다.

이씨 부인이 밀어내면서 말했다.

"네 차례는 아직 멀었다. 어찌 감히 나왔느냐?"

이렇게 나무라며 들어가게 하였다.

그때 감찰각시가 이씨 부인에게 말했다.

"그 아기의 기상이 범상치 않아 보통 사람에 비할 바가 아닙니다. 다시 보기를 청합니다."

감찰각시는 정희왕후를 보면서 끊임없이 칭찬하였다. 감찰각시가 입궐하여 왕에게 아뢰어 드디어 정희왕후가 정혼하게 되었다. 사람을 알아보는 감찰각시의 안목을 지금에도 칭찬한다.

정희왕후가 결혼할 당시만 하더라도 상궁들이 감찰각시가 되어 신붓감이나 신랑감을 택하던 시절이었다. 그래서 정희왕후는 감찰각시의 눈에 들어 왕가로 시집가게 된 것이다. 그것도 차례를 어기고 언니보다 먼저 시집갔다.

원래 감찰각시가 신붓감을 보는 자리엔 신붓감 이외에 어떤 딸도 함께해서는 안 되었다. 그런데 정희왕후는 왕가에서 감찰각시가 나왔다고 하는 소리를 듣고 그 자리에 스스로 나섰고, 결국 감찰각시의 눈에 들어 언니의 혼사를 가로채는 결과를 낳았다.

《송와잡설》이 이런 이야기를 실은 것은 정희왕후가 어릴 때부터 총명하고 대담하여 범상치 않은 구석이 있었다는 점을 강조하기 위함이다. 만약 정희왕후가 단순히 궁금증 때문이 아니라 자신도 왕가에 시집가고 싶은 생각이 있어 혼담 자리에 나섰다면 그녀는 대담한 성격의 소유자가 분명하다. 더구나 감찰각시의 눈에 수양대군의 짝으로 적합하다는 판단이 들었다는 것은 당시 정희왕후가 나이에 맞지 않게 꽤 조숙했음을 의미한다. 정희왕후의 아버지 윤번은 체격이 좋았다고 하는데, 아마도 정희왕후도 윤번을 닮아 키가 크고 체격이 좋았던 모양이다. 그래서 열한 살 어린 나이에 시집갈 수 있었을 것이다.

정희왕후는 언니의 혼사를 자기 것으로 만들어 왕자와 결혼하여 세종의 둘째 며느리가 되었고, 덕분에 윤번은 세종과 사돈지간이 되어 가문을 일으킬 기반을 마련하게 되었다. 아들을 기다리던 집안에 딸로 태어나 천덕꾸러기 취급을 받던 그녀가 가문을 일으켰으니 미운 오리새끼가 백조가 되어 날아간 격이었다.

무서운 시아버지, 기생에 빠진 남편

하지만 왕실의 며느리로 산다는 것은 매우 어려운 일이었다. 더구나 윤씨가 시집간 직후엔 무서운 일들이 벌어졌다. 그녀가 시집간 이듬해인 1429년, 시아버지 세종이 큰며느리 휘빈 김씨를 친정으로 내쫓았고, 내쫓긴 휘빈 김씨는 아버지의 손에 죽임을 당하고, 김씨의 아버지도 자살하는 사태가 벌어졌다.

휘빈 김씨가 쫓겨난 이유는 남편인 세자 향(문종)의 사랑을 얻기 위해 주술을 사용하다가 발각되었기 때문이다. 당시 세자 향은 아내 휘빈에겐 관심이 없었고, 다른 궁녀들에게만 정을 쏟았다. 이에 휘빈은 어린 마음에 세자 향의 마음을 돌리기 위해 주술을 사용했는데, 세종이 이를 용서하지 않고 친정으로 쫓아내는 바람에 이런 사달이 난 것이다.

사실, 남편으로부터 사랑을 받지 못하는 것은 윤씨도 매한가지였다. 남편 수양대군이 청소년기에 접어들면서 툭하면 기생집을 드나들었기 때문이다. 천하의 호색남이었던 양녕대군도 17세가 되어서야 기생을 찾았는데, 수양대군은 그보다 어린 14세였다. 그 내용이《오산설림》에 다음과 같이 나온다.

세조가 대군으로 있을 때인 14세 때에 어느 기생집에서 자는데, 밤중에 기생과 관계하는 자가 와서 문을 두들겼다. 세조가 놀라서 발로 뒷벽을 차서 벽이 넘어지자 곧 밖으로 나와 몇 길이나 되는 담을 뛰어넘었다. 그러자 그 사람 역시 뒤를 따라 넘으므로 세조는 또 이 중의 성을 뛰어넘었더니 그 사람 역시 뛰어넘었다.

세조가 일 리쯤 가다가 길가에 속이 텅 빈 늙은 버드나무 한 그루가 있어 그 속에 숨었더니 그 사람이 따라오다가 찾지 못하고 투덜거리면서 가버렸다.

어린놈이 기생과 동침하다가 기둥서방이 들이닥치는 바람에 버선발로 도주했다는 내용이다. 그런데 이렇게 도주한 것으로 끝이 아니었다. 이후로는 기생들을 더욱 가까이하여 집 안에 기생첩들이 차고 넘쳤다.

이와 관련하여 《세조실록》 총서에 다음과 같은 내용이 나온다.

병인년(1446년) 정월에 소헌왕후가 모든 아들에게 가르쳤다.

"첩을 대함에 있어서 정처에 견줄 수 없으며, 의복을 사치해서는 안 된다."

그리고 세조의 검소함을 칭찬하며 말했다.

"또 여색에 실덕한 바도 없다."

이때 의창군 이공이 기생과 사통하였으므로 세종이 그 수종하는 자에게 태장을 치고 말했다.

"이제 수양대군이 영리한 기생을 많이 거느리긴 하였으나 수양대군은 일부러 많이 거느리는 것이고 또 그 어진 것을 믿을 만하다."

이 기록에서 놀라운 것은 수양대군이 여러 명의 기생첩을 거느린 점을 어머니 소헌왕후가 오히려 칭찬하고 있다는 것이다. 요지는 많은 기생을 첩으로 들였음에도 여자 문제는 안 일으킨다는 것인데, 며느리 정희왕후 입장에선 황당한 일이 아닐 수 없다. 거기다 시아버지 세종까지 나서서 수양이 많은 첩을 거느리고 있음에도 잘 관리하고 있어서 문제가 없다고 거들기까지 했다.

윤씨는 이런 상황에서 왕실 며느리로 살아야 했다. 또한, 그녀는 남편의 기생놀음도 문제 삼지 않았다. 남편의 기생 놀음을 탓했다간 자칫 휘빈 꼴이 될 수도 있었기 때문이다.

❀ ❀ ❀

어설픈 남편, 과감한 아내

어쨌든 수양의 지나친 색욕을 탓하지 않은 덕에 윤씨는 남편과 큰 불화는 없었다. 대신 쉽게 아이가 생기지 않았다. 결혼한 지 10년 만에 겨우 첫아이를 얻었을 정도였다. 당시 여인들이 16세 때 첫아이를 낳았는데 21세에 첫아이를 안았으니 아주 늦은 편이었다. 부부 사이가 별로였다는 방증이기도 하다.

그녀는 첫아이로 아들을 출산한 후, 딸 둘과 아들 하나를 더 얻었다. 그나마 첫아이 출산 이후로는 남편과의 관계가 원만해졌다는 의미일 것이다. 그리고 세월이 흘러 시어머니 소헌왕후와 시아버지 세종이 죽고, 이어 왕위에 오른 문종이 죽고 12세의 어린 조카 단종이 왕위에 올랐다.

단종이 즉위한 뒤로 남편 수양대군은 은근히 야심을 품었다. 어린 조카를 내쫓고 왕위를 차지할 욕심이 있었던 것이다. 이를 실현하기 위해 그는 한명회 같은 인물들과 어울렸다.

하지만 수양은 치밀한 사람이 아니었다. 감정 기복도 컸다. 대신 행동파였다. 마음먹은 것은 어떻게든 하고 보는 성격이었다. 이는 정희왕후 윤씨를 불안하게 만드는 요소였다. 남편의 섣부른 행동이 집안을 피바다로 만들 수 있었기 때문이다. 하지만 그녀는 불안에 떨고 있지만은 않았다. 오히려 남편의 반역에 동조했다. 그리고 함께 거사를 계획했다.

그들이 거사일로 잡은 날은 단종이 왕위에 오른 지 불과 1년밖에 되지 않는 1453년 10월 10일이었다. 이날 새벽, 수양대군의 집 지게문으로 세 명의 갓 쓴 사내가 찾아들었다. 그들은 혹 누가 볼세라 주변을 경계하며 이유의 사랑방으로 들어갔다. 권람, 한명회, 홍달손이 그들이었다.

그들이 앉자마자 이유가 비장한 얼굴로 힘주어 말했다.

"오늘은 요망한 도적을 소탕하여 종사를 편안하게 하겠으니 그대들은 마땅히 약속한 대로 하라."

이유가 말한 요망한 도적 무리 중 우두머리는 김종서였다. 그는 수양이 가장 경계하는 인물이었다. 정승 중에 나이가 가장 많고, 따르는 무리도 많은 데다 병권마저 장악하고 있었기 때문이다. 그래서 김종서만 제거한다면 나머지 무리는 한 주먹 거리도 되지 않는다는 것이 수양의 생각이었다.

수양은 다시 말을 이었다.

"내가 생각해보니 간악한 무리 중에 가장 간사하고 교활한 자로는 김종서를 따를 자가 없다. 그자가 만일 우리의 계획을 안다면 대사는 그르치게 될 것이다. 그래서 내가 역사 두엇을 거느리고 곧장 그놈의 집으로 가서 선 자리에서 놈의 목을 벤 후 대궐로 달려가서 주상께 아뢰면 나머지 도적들은 한번에 쓸어버릴 수 있다. 내 생각이 어떠한가?"

세 사람이 모두 좋다고 하자 수양은 다음 계획을 말했다.

"내가 오늘 여러 무사를 불러 후원에서 과녁을 쏘고 나서 조용히 말할 터이니, 그대들은 나중에 다시 오라."

수양은 그날 수십 명의 무사를 불러 후원에서 활쏘기를 하였다. 활쏘기가 끝나자 술자리가 이어졌다. 하지만 수양은 생각보다 많은 사람이 모인 탓에 쉽사리 말을 꺼내지 못했다. 그저 후원에서 활쏘기를 구경하며 기회만 엿보았다. 그러다 저물녘이 되었을 때 후원의 정자에 모두 모아놓고 자신의 계획을 말했다.

그런데 수양이 호기롭게 반역의 속내를 드러냈지만, 의외로 반응이 좋지 않았다. 죽기를 각오하고 거사를 천명했지만, 모인 무리 중에 상당수는 그 자리에서 슬금슬금 달아나버렸다. 그리고 남아 있던 자들도 수양을 만류했다. 이에 수양은 혼자라도 거사를 결행하겠다며 자리를 박차고 일어섰다.

하지만 이미 거사 계획은 틀어졌다. 동조 세력을 규합하여 병력을 이끌고 김종서를 치려고 했는데, 완전히 어긋나버린 것이다. 하지만 그만둘 수도 없었다. 이미 그가 반역을 도모하고 있다는 사실을 아는 자들이 여럿이기에 거사를 중단하더라도 역모 고변이 있게 되면 죽는 건 매한가지였다.

그런 절망스러운 마음으로 후원을 빠져나왔다. 그리고 어떻게 해야 될지 몰라 아내 윤씨와 상의했다. 이와 관련하여 실록에는 이런 기록이 있다.

> 계유년에 세조께서 기회를 잡아 정난하였으며, 태후도 계책을 같이 해서 임금을 도와 큰일을 이루었다.(성종 14년 6월 12일, 정희왕후 애책문)

> 중문에 나오니 자성왕비(정희왕후)가 갑옷을 끌어 입히었다. 드디어 갑옷을 입고 가동 임어을운을 데리고 단기로 김종서의 집으로 갔다. (단종 1년 10월 10일)

여느 아내 같으면 이미 계획이 틀어졌으니 거사는 포기하라고 했을 법한데, 윤씨는 오히려 갑옷을 내밀며 결행을 요구했다. 남편은 치밀함이라곤 찾아볼 수 없을 만큼 어설픈 계획을 세웠지만, 아내는 오히려 남편의 그런 무모함을 비판하기보다는 목숨을 걸고 싸우라고 주문한 것이다. 그런 아내의 과감한 태도에 힘을 얻은 수양은 단지 몇 명의 수하만 데리고 김종서의 집으로 향했고,

거사를 성공시켰다.

이후 세조가 왕위에 오르면서 그녀 역시 왕비가 되었다. 계유정난 당시 그녀의 행동을 감안한다면 왕비 자리는 그녀 스스로 얻은 것이었다.

❀❀❀

어린 자을산군을 왕으로 세우다

세조가 왕위에 오른 뒤 그녀는 왕비로서 내명부를 다스리며 조용한 나날을 보냈다. 이후로 13년의 세조 치세가 이어졌다. 세조는 괴팍한 성격이었지만 조정을 장악하고 난세를 극복하는 능력은 탁월했다. 그러나 문제가 있었다. 그는 어릴 때부터 앓아오던 아토피로 고생이 이만저만이 아니었고, 설상가상으로 왕위를 계승할 장남 의경세자마저 횡사했다. 거기다 세자 자리를 이어받은 둘째 황(예종)마저 병약하여 왕실의 앞날을 어둡게 했다. 세조는 죽을 때까지 이 문제를 걱정했다. 그러나 끝내 해결하지 못하고 생을 마감했다.

1468년 9월, 세조는 13년 3개월의 치세를 끝으로 세상을 떴다. 왕위는 둘째 황이 19세의 나이로 이어받았으니 그가 곧 제8대 왕 예종이다. 예종은 나이만 어렸던 것이 아니라 건강도 좋지 않고, 성격도 예민했다. 나이로 보면 성년에 거의 이른 때라 친정해

107

도 될 만했지만, 건강하지 않고 정치를 잘 몰랐기 때문에 누군가의 도움이 절실했다. 그래서 정희왕후 윤씨가 대비로서 수렴을 내리고 옆에 앉아 섭정했다. 흔히 말하는 수렴청정이었다.

왕권을 대리한 윤씨는 원로 중신들 위주로 조정을 꾸렸다. 그녀는 정치 원로인 삼정승을 왕의 비서기관인 승정원에 출근하게 하여 모든 정사를 함께 논의했다. 비록 섭정을 맡긴 했지만, 대비가 정사를 독점한다는 비난을 피하려고 생각해낸 고육책이었다. 이것이 이른바 원상제도였다.

원상제도는 세조가 죽기 전에 이미 마련해둔 제도였다. 예종이 어리고 병약하여 정사를 제대로 처리하지 못할 것을 예상하고 세조는 정희왕후에게 왕을 대리하여 섭정할 것을 부탁하는 한편, 한명회와 신숙주, 구치관 등의 중신들이 그녀의 섭정을 보좌하게 한 것이다. 모후 정희왕후의 섭정과 원상제도 덕분에 예종은 어렵지 않게 정사를 배워나갈 수 있었다. 그러나 왕권은 미약했고, 정희왕후의 영향력은 막강했으며, 원상들의 입김도 강력했다.

그런 상황에서 예종은 왕위에 오른 지 불과 1년 3개월 만에 죽고 말았다. 그리자 왕위 계승 문제가 복잡해졌다. 계승 1순위는 당연히 예종의 아들 제안군이었다. 하지만 제안군의 나이가 네 살이었다. 조정에서는 왕실의 법도에 따라 제안군이 왕위를 이어야 한다는 목소리가 있었지만, 왕실의 최고 어른이었던 정희왕후 윤씨는 단호하게 반대했다. 정희왕후는 이참에 일찍 죽은 의경세자의 아들에게 왕위를 물려줄 심산이었다.

의경세자의 아들은 둘이었다. 장자는 월산군이었고, 차남은 자을산군이었다. 당시 월산군은 16세였고, 결혼도 하고 관례도 올린 상태였다. 그리고 자을산군도 결혼은 했지만 13세 소년이었다. 그렇다면 나이로 보나 상황으로 보나 월산군이 왕위를 계승하는 것이 자연스러웠다. 하지만 정희왕후는 월산군이 아닌 자을산군을 택했다. 이는 왕가의 법도를 어기는 행위였다. 그런데도 정희왕후는 자기 뜻을 관철시켰다.

그녀는 자신의 이런 결정은 세조의 유명에 따른 것이라고 했지만 설득력이 없었다. 세조가 죽을 당시엔 예종이 일찍 죽으리라고는 생각하지 못했기 때문이다. 그래서 늘어놓은 변명이 월산군의 건강이 좋지 않다는 말이었다. 그러나 당시 월산군은 건강했다. 그렇다면 그녀는 도대체 무엇 때문에 장손을 제치고 자을산군을 택했을까?

정희왕후가 장손 월산군이 아닌 자을산군을 택한 데에는 정치적 계산이 깔려 있었다. 우선은 한명회와의 정치적 결탁 때문이었다. 한명회는 당대 최고의 권력가였고, 예종의 장인이었으며 또한 자을산군의 장인이었다. 따라서 한명회는 당연히 월산군보다는 자을산군이 왕위를 계승하길 바랐다. 정희왕후는 이런 속내를 꿰뚫고 자을산군을 택했다. 그러나 자을산군을 택한 것이 반드시 한명회 때문만은 아니었다. 정희왕후의 입장에서 볼 때도 어린 자을산군을 택하면 자신의 섭정 기간을 더 연장할 수 있었다. 그녀는 자신의 섭정 기간이 길어야만 왕권이 안정된다고 보았다. 만약 어린 왕이 일찍 친정하면 왕권은 한명회 같은 노회한 재상들의 손안에서 놀아날 것으로 판단했던 것이다.

❀ ❀ ❀

태평성세의 기초를 다지다

그녀는 이런 결단이 종실의 반발을 불러일으킬 수 있다고 판단하고 예종이 죽은 날 곧바로 자을산군을 왕위에 앉혔으니, 그가 곧 제9대 왕 성종이다.

정희왕후는 성종이 왕위에 오른 지 얼마 되지 않아 구성군 이준을 유배 보냈다. 구성군은 세종의 아들이자 세조의 친동생인 임영대군의 아들이었는데, 세조가 몹시 총애한 인물이다. 28세의 젊은 나이인 데다 문무를 겸비했을 뿐 아니라 19세에 무과에 합격하고, 20세에 이시애의 난을 평정하였으며, 이후에는 병조판서와 영의정 자리까지 거쳤다. 거기다 예종이 병으로 누웠을 땐 세간에서 왕위를 계승할 인물이라는 소문까지 떠돌았다. 정희왕후는 그가 13세의 어린 왕에겐 매우 위협적인 인물이라고 판단했고, 한명회를 비롯한 권신들과 사헌부의 관원들을 동원하여 그를 끈질기게 탄핵한 끝에 유배 보냈다.

이후 정희왕후는 또 하나의 결단을 내렸다. 구성군을 유배 보내면서 이후로는 종친의 관료 등용을 법으로 금지했다. 이 법이 생

110

기기 전에는 종친도 과거를 통해 관료가 될 수 있었는데, 이 법으로 왕실과 16촌 이내의 종친은 아예 과거 자체를 보지 못 하게 한 것이다. 이로써 조선 초부터 신권 견제용으로 마련되었던 종친 중용 정책은 종말을 고했다.

이런 왕권 강화책 이외에도 섭정 7년 동안 그녀는 많은 일을 했다. 우선 백성들의 원망이 자자했던 호패법을 폐지하였다. 당시 백성들은 호패법을 주민을 감시하기 위한 제도로 생각했다. 호패에는 백성의 신분은 물론이고 인적 사항이 들어 있었는데, 관원들은 언제 어디서든 호패를 검사할 수 있었다. 하지만 백성 중에는 호패를 분실한 사람이 많았고, 때로는 호패를 차지 않고 외출하는 경우도 많았다. 그런데 호패를 분실하거나 몸에 지니지 않으면 처벌을 받았으니 이에 대한 불만이 커져 있었다. 정희왕후는 이런 불만을 없애기 위해 과감하게 호패법을 폐지한 것이다.

유교 문화의 정착을 위한 여러 정책도 실시했다. 숭유억불 정책의 일환으로 불교의 장례 제도인 화장 풍습을 없애는 한편, 승려의 도성 출입을 금지하고, 사대부 집안의 부녀자가 비구니가 되는 것을 금했다. 또한, 근친혼 규정을 강화하여 외촌 6촌 이내의 결혼은 금하였고, 사대부와 평민의 신분 차이를 강화하기 위해 제사 이행에 차별을 두고 4대 명절에 이를 검사하는 제도를 만들었다. 또 전국의 학생들에게 의무적으로 '삼강행실'을 배우게 하는 등 유교 문화 강화 정책을 시행했다.

민간의 경제 안정화 정책도 시행했는데 우선 고리대업을 하던 내수사의 장리소 숫자를 절반 이상 줄였으며, 각 도에 잠실을 하나씩 설치하여 농잠업을 융성시켰다. 평안도와 황해도에 목화밭을 대대적으로 조성하는 한편, 경상도와 전라도에는 뽕나무 종자를 재배하게 하여 의류업의 발달을 촉진시켰다.

이런 정책들은 모두 정희왕후 윤씨의 결단 아래 한명회, 신숙주 등의 원상들이 주도했다. 덕분에 조정은 안정되고 정치는 순탄했다. 그리고 성종이 스무 살이 되어 성년이 되자 정희왕후는 미련 없이 7년의 섭정기를 끝냈다.

그렇게 1476년에 그녀가 정치 일선에서 물러나자 성종은 친정을 하며 본격적인 개혁작업을 펼쳤다. 성종은 왕의 서무 결재에 원로대신들이 참여하였던 원상제도를 폐지하여 왕권을 되찾았다. 또한, 젊은 사림 출신 문신들을 대거 발탁하여 권신들을 견제하는 한편, 참판 이하의 모든 신하를 교체하여 권력 집중 현상을 없앴다. 이후 세조 시절의 공신 세력은 그 힘이 크게 약화하였고, 신진 사림들의 영향력이 확대되면서 공신과 외척 세력으로 이뤄진 훈척세력과 신진 사림세력 간에 권력의 균형을 이뤄나갔다. 덕분에 조선은 세종시대의 영화를 다시 한번 재현하는 중흥을 맞이하게 되었다.

이렇듯 성종이 과감한 혁신을 통해 태평성세의 기반을 조성하는 동안 정희왕후 윤씨는 그 어떤 정치적 발언도, 간섭도 하지 않았다. 손자 성종을 믿고 그를 강력하게 후원하는 데 주력했다. 그녀의 이런 태도는 1483년에 그녀가 66세의 나이로 죽을 때까지

변함이 없었다. 성종은 그런 할머니를 존경하고 따랐다. 그래서 실록은 그녀와 성종의 관계를 이렇게 표현했다.

국가에서 계속하여 큰 근심을 만나 모든 일이 어려움을 당하니, 태후는 성상을 보호하여 정무에 뜻을 두게 하였고, 일찍이 한가하게 놀지 못 하게 하였다. 자애롭고 인자하게 양육하여 만물이 봄을 만난 것처럼 하니 수년 동안 조야가 편안하였다.

우리 전하께서는 천성이 지극히 효성스러워 매일 세 번 음식을 살피고 문안하였으며, 봉양하는 데에 정성을 다하였다. 대개 국가에 큰 일이 있으면 뜻을 물어본 후에 행하였다.

(성종 14년, 1483년 6월 12일 정희왕후의 애책문에서)

2부

용상 위에 군림한 왕비들

7

백제 조정을 움켜쥔 왜국 공주

구이신왕의 모후 팔수태후

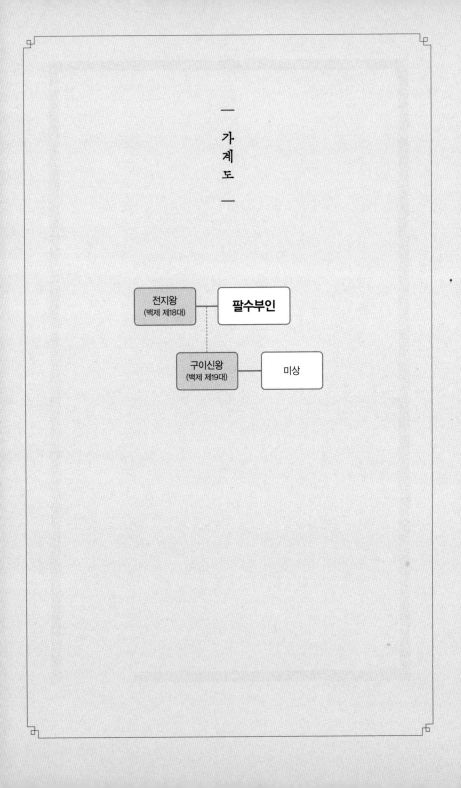

전지왕의 왕비가 된 왜국 공주

조선 세조의 왕비 정희왕후 윤씨의 이야기에서도 드러나듯 어느 나라 역사든 어린 왕이 왕위에 오르면 왕의 모후인 태후가 섭정하며 권력을 손에 쥐는 경우가 많다. 그런데 그런 태후 중에는 왕이 성인이 되어 친정한 뒤에도 권력을 놓지 않고 조정을 쥐락펴락하는 경우가 더러 있다. 백제사에도 그런 여인이 등장하는데 바로 제19대 구이신왕의 모후 팔수八須태후다. 그런데 이 팔수태후의 이야기 속에는 뜻밖의 사실이 하나 발견된다. 백제 18대 전지왕의 왕비였던 그녀가 왜국 공주 출신이라는 것이다.

도대체 왜국의 공주가 어떻게 백제의 왕비가 될 수 있었을까? 하긴 백제 왕비 중에는 신라 공주도 있었으니 왜국 공주는 없을소냐 싶기도 하다. 하지만 왜국 공주가 백제 왕비가 된 일은 결코 흔한 일은 아니다. 그 내막을 한번 살펴보자.

왜국 공주가 백제 왕비가 된 사연을 제대로 알기 위해서는 백제 역사를 살펴볼 필요가 있다. 백제는 소서노와 온조가 왕조를 세운 이래 마한 땅을 장악하여 세력을 확대하고 제5대 초고왕과 제8대 고이왕을 거치면서 강국이 되었다. 이후 제13대 근초고왕에 이르러서는 북쪽으로는 고구려를 위협할 정도로 국력을 키우는 한편, 남쪽으로는 왜와 친선관계를 맺고 신라를 압박했다. 그러나 제16대 진사왕 대에 이르면 백제는 고구려 광개토왕의 남하정책에 밀려 풍전등화의 위기 상황에 처한다. 그런 위기 속에서 아신왕이 진사왕을 죽이고 왕위에 오르니 때는 392년 11월이었다.

아신왕은 왕위에 오르는 과정에서 왜국 세력의 힘에 의존했다. 이 때문에 자신의 태자 영(제18대 전지왕)을 일본에 보내게 되는데, 이때 일본에서 8년 동안 머물렀던 태자 영은 왜국 공주 팔수와 결혼한 것으로 보인다. 팔수가 당시 왜국 어느 왕의 딸인지는 기록에 없으나 그녀의 이름으로 봐서 왜인인 게 분명해 보이고, 아신왕 재위 당시에 일본 왕이었던 응신천황의 공주 이름 중에 팔전八田이 있는 것으로 봐서 팔수는 팔전의 자매일 가능성이 높다. 말하자면 전지왕은 일본에 볼모로 갔다가 응신천황의 사위가 되어 아내와 함께 돌아온 것이다.

전지왕의 즉위

　그렇다면 아신왕은 왜 자신의 태자를 왜국에 보내야 했을까? 그 배경에는 백제의 뼈아픈 역사가 깊숙이 자리잡고 있다.

　아신왕은 즉위하자 곧 광개토왕에게 잃은 영토를 회복하기 위해 여러 차례에 걸쳐 고구려를 공격했다. 이에 광개토왕은 396년 배에 수만 명의 군사를 태우고 백제 원정에 나섰다. 이후 광개토왕은 군대를 이끌고 한강을 거슬러 올라가 백제 한성을 공략했다. 아신왕은 광개토왕에 대항했지만, 열세를 면치 못했다. 급기야 한성이 함락될 지경에 처하자 아신왕은 성문을 열고 나가 광개토왕에게 무릎을 꿇고 항복했다.

　광개토왕에게 굴복한 아신왕은 왕족과 중신 열 명을 고구려에 볼모로 보내야 하는 처지가 되었다. 그리고 고구려 군대가 돌아가자, 아신왕은 절치부심 복수를 다짐했다. 그는 잃은 영토를 되찾고 치욕을 갚아줄 방법으로 왜국과 연합전선을 계획했다. 그래서 397년 5월에 자신의 태자 영을 일본에 볼모로 보내는 조건으로 왜국과 연합전선 구축에 합의했다.

　이후 아신왕은 복수의 화신이 되어 미친 듯이 전쟁 준비에 매달렸다. 그 무렵 신라의 내물왕은 고구려에 조카(실성왕)를 볼모로 보내고 고구려와 연합하고 있었다. 이에 아신왕은 왜와 가야를 끌어들여 연합전선을 구축하고 신라를 공략했다. 그러자 신라는 급히 고구려에 구원을 요청했고, 고구려의 광개토왕은 400년에 병력 5만을 동원하여 신라 구출에 나섰다.

결국 백제 · 왜 · 가야 연맹군은 고구려군의 기세에 밀려 신라에서 퇴각했고, 왜는 본국으로 돌아갔다. 이후 아신왕은 402년에 또다시 왜에 사신을 보내 고구려 본토 공략에 나서자고 제의했고, 404년에 왜 · 백제 · 가야 연맹군이 해상로를 타고 올라가 고구려를 공격했다.

당시 고구려는 후연과 영토를 다투다가 신성과 남소성을 빼앗긴 뒤 영토 회복을 위해 후연의 평주를 공격하여 함락시켰다. 백제 · 왜 · 가야 삼국연맹군이 공격해온 것이 이 무렵이었다. 고구려가 후연과 싸우는 틈을 노려 곧장 평양으로 쳐들어간 것이다. 삼국연맹군의 기습은 고구려에 치명타를 안겼다. 기세를 잡고 있던 고구려군은 평양의 안위를 염려하여 뒤로 물러나야 했는데(그 기회를 놓치지 않고 후연군이 반격했다), 광개토왕은 직접 친위부대를 이끌고 달려와 연맹군에게 맹공을 가했다. 광개토왕의 기세에 눌린 연맹군은 결국 평양 공략을 중지하고 퇴각했다.

이렇듯 영토 회복에 집착했던 아신왕은 별다른 성과를 거두지 못했을 뿐 아니라 왜국에 너무 의존한 나머지 국가의 주권마저 크게 훼손하는 결과를 남기고, 405년 9월에 생을 마감하였다.

아신왕이 죽자 왕위 계승권을 두고 내란이 일어났다. 당시 아신왕의 동생 훈해가 왜국에서 돌아온 태자 영을 대신하여 정사를 처리하고 있었는데, 아신왕의 막내아들 혈례가 삼촌 훈해를 죽이고 왕위에 올랐다. 이 사건으로 조정은 한차례 피바람을 일으키며 내분에 휩싸였다.

왜국에 인질로 가 있던 전지왕이 백제로 돌아온 것은 이 무렵이었다. 《삼국사기》는 당시 상황을 이렇게 기록하고 있다.

전지왕의 이름은 《양서梁書》에서는 영이라고 하였다. 그는 아신왕의 맏아들로, 아신왕 재위 3년에 태자가 되었고, 6년에 왜국에 인질로 가 있었다. 14년에 아신왕이 죽자 왕의 둘째 동생 훈해가 정사를 대리하며 태자의 귀국을 기다렸는데, 왕의 막냇동생 혈례가 훈해를 죽이고 자기가 왕이 되었다. 이때 전지가 왜국에서 부고를 듣고 울면서 귀국을 요청하니 왜왕은 100명의 군사가 그를 호위하여 귀국하게 하였다.

그가 국경에 이르자, 한성 사람 해충이 와서 고했다.

"대왕이 죽은 후에 왕의 동생 혈례가 형을 죽이고 자기가 왕위에 올랐으니 태자께서는 경솔히 들어오지 마십시오."

전지가 왜인을 체류시켜 자신을 호위하게 하면서 바다 가운데의 섬에서 대기하고 있는데, 백성들이 혈례를 죽이고 전지를 맞이하여 왕위에 오르게 하였다.

팔수의 섭정과 목만치의 권력 장악

전지왕이 백제에 왔을 때 그의 아이를 잉태한 팔수도 함께 왔다. 그리고 전지왕이 혈례의 반란으로 섬에서 머물고 있던 405년에 아들 구이신을 낳았다. 이후 전지왕의 치세는 15년 동안 이어지다 420년에 그의 죽음과 함께 종결되었다. 그리고 전지왕이 죽자 팔수의 아들 구이신왕이 16세 나이로 왕위에 올랐다.

왕이 어린 나이에 즉위하자 왕권은 자연히 태후 팔수가 장악했다. 왕권을 쥐게 된 팔수는 자신의 최측근인 목만치라는 인물을 불러들였다. 목만치는 팔수의 측근일 뿐 아니라 내연관계에 있던 남자였다. 이에 대하여《삼국사기》엔 어떠한 기록도 없으나《일본서기》엔 다음과 같은 기록이 있다.

(응신천황) 25년에 백제의 직지왕(전지왕)이 죽었다. 즉시 그의 아들 구이신왕이 왕위에 올랐다. 왕은 연소하였으므로 목만치가 국정을 잡았다. 왕의 어머니와 밀통하여 무례한 행동이 많았다. 천황은 이 말을 듣고 불러들였다.

그렇다면 팔수태후와 내연관계에 있으면서 백제 국정을 장악했던 목만치는 어떤 인물이었을까? 목만치에 대해《일본서기》는 현재 전하지 않는 〈백제기〉를 인용하며 다음과 같이 적고 있다.

〈백제기〉에 이른 바에 의하면, 목만치는 목라근자(木羅斤資[모구라곤시])가 신라를 토벌할 때 그 나라의 부인을 취하여 낳은 자이다. 그 아버지의 공에 의지하여 임나를 오로지 마음대로 하였다. 우리나라(백제)에 와서 귀국(왜)에 오가고 하였다. 천조(왜)의 제도를 계승하여 우리나라 정치를 장악하였다. 권세는 당할 자가 없었다. 그런 까닭에 천조(왜)에서는 그의 폭정을 듣고 소환하였다.

이 기록에 따른다면 목만치는 임나의 권력자였다. 임나는 당시 여러 가야 중에 백제, 일본과 긴밀한 관계를 형성하고 있던 세력이었다. 목만치는 임나의 권력자로 백제 왕실과 친근하였고, 그 과정에서 팔수와 내연관계를 형성했을 수 있다. 물론 목만치와 팔수가 밀애를 시작한 것은 전지왕이 살아있던 기간이었을 것이다. 그러다 전지왕이 죽자 두 사람은 백제의 왕권을 장악하고 노골적으로 부부 행세를 한 것으로 보인다.

팔수와 목만치의 권력 농단은 구이신왕이 재위했던 8년 내내 지속되었다. 《일본서기》에는 천황이 목만치의 폭정 소식을 듣고 왜국으로 소환했다고 기록하고 있지만, 실상은 달랐을 것이다.

그가 왜국을 오가며 백제 정치에 관여하고, 왜의 제도를 수용했다는 것은 왜가 그를 지지하고 있었다는 뜻이다. 따라서 그의 폭정에 관한 소식을 듣고 왜국 왕이 그를 소환했다는 것은 왜곡된 기록으로 보인다. 오히려 그는 왜국의 지원을 받으며 권력을 독점하다가 백제인들의 큰 반발에 부딪혔고, 그래서 목숨이 위태로워지자 왜로 도주했다고 봐야 할 것이다.

그가 왜국으로 도망갈 무렵 구이신왕은 23세 어린 나이로 죽었는데, 구이신왕의 죽음은 그의 도주와 무관하지 않을 것이다. 혈기왕성한 때인 23세의 죽음이라니 뭔가 타살의 냄새가 짙다. 구이신왕을 죽인 세력이 목만치인지 또는 뒤이어 왕위에 오르는 비유왕 세력인지는 분명치 않지만, 당시 정황으로 볼 때 두 세력 중 한쪽이 구이신왕을 살해했을 가능성이 크다. 어쨌든 목만치는 구이신왕의 죽음과 함께 백제에서 달아났다.

그렇다면 팔수태후는 어떻게 되었을까? 이후 팔수의 행적에 대해서는 《삼국사기》와 《일본서기》 모두 어떤 기록도 남기고 있지 않다. 그런데 당시 왜국에서 목만치를 소환했거나 혹은 도주했다면 팔수태후도 함께하지 않았을까 싶다. 팔수태후는 부분적으로만 겨우 남아 있는 백제의 역사 속에서 여인으로서 왕권을 장악하고 국정을 뒤흔들었던 유일한 인물로 기록되어 있다. 다만 안타까운 것은 그녀의 권력 행사에 대한 자세한 내막을 알 수 있는 더 이상의 기록이 없다는 점이다.

8

신라의 황금기를 이끈 여제

진흥왕의 모후 지소태후

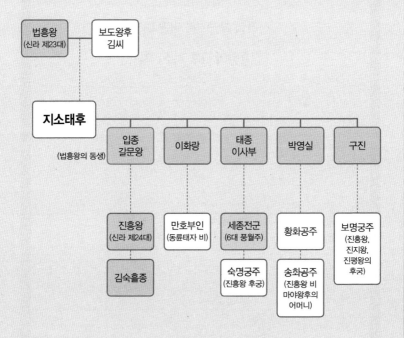

가
계
도

법흥왕
(신라 제23대)

보도왕후
김씨

지소태후

(법흥왕의 동생)

입종
갈문왕

이화랑

태종
이사부

박영실

구진

진흥왕
(신라 제24대)

만호부인
(동륜태자 비)

세종전군
(6대 풍월주)

황화공주

보명궁주
(진흥왕,
진지왕,
진평왕의
후궁)

김숙흘종

숙명궁주
(진흥왕 후궁)

송화공주
(진흥왕 비
마야왕후의
어머니)

아들의 섭정이 되어 여왕으로 군림하다

백제사에서 어린 왕 대신에 섭정이 되어 국정을 농단한 대표적인 여인이 팔수태후라면 신라사에서는 국정을 좌우하는 수준이 아니라 거의 여왕처럼 군림한 인물이 있었다. 바로 법흥왕의 딸이자 진흥왕의 모후인 지소태후다. 지소태후에 대해서는 앞의 사도왕후 편에서 언급한 적이 있다. 이 장에서는 그녀 위주로 면밀히 살펴보려 한다.

흔히 신라사에서 가장 위대한 왕으로 진흥왕을 꼽는다. 진흥왕은 36년을 왕위에 있으면서 많은 치적을 남겼기 때문이다. 신라 통일의 주역으로 일컬어지는 화랑도를 설치하고, 불교를 크게 일으켜 황룡사와 같은 거대 사찰을 건설하며 이른바 호국불교를 일궈냈으며, 가야를 병합하고 나제연합군을 형성하여 고구려 땅을 잠식하는 한편, 실리 정책을 통해 백제 땅까지 잠식하여 영토를 크게 확대했다. 또한 이에 대한 증거로 진흥왕 순수비를 남김으로써 역사에 확실히 각인되었다.

하지만 이런 진흥왕의 업적을 실질적으로 주도한 인물은 따로 있었다. 바로 그의 모후 지소태후였다.

진흥왕은 540년 7세의 어린 나이로 왕위에 올랐고, 이후 성년이 될 때까지 지소태후가 섭정이 되어 정무를 총괄했다. 비록 아들을 대신한 섭정이었지만, 실질적으로 그녀는 여왕이나 다름없었다. 사실, 그녀는 여성이 아니었다면 왕위에 올랐을 인물이다. 이는 당시 왕위 계승권자들의 면면을 살펴보면 쉽게 드러난다.

지소는 법흥왕과 정비 보도왕후 사이에서 태어난 유일한 핏줄이다. 법흥왕은 보도왕후에게서는 아들을 얻지 못했고, 나머지 세 명의 후궁 중에 옥진궁주와 보과부인에게서 각각 비대와 모랑을 얻었다. 그런데 모랑은 어머니 보과부인이 백제 동성왕의 딸이었기 때문에 일찌감치 왕위 계승권에서는 제외되었고, 비대는 어머니 옥진궁주의 신분이 미천하여 왕위를 계승하기 힘들었다. 그런데도 법흥왕은 죽기 전에 비대에게 왕위를 계승하려 했다. 이는 왕실의 반대가 심하여 성사되지 않았는데 특히 유일한 적녀였던 지소의 반대가 가장 심했다.

지소는 딸이었지만, 여러모로 유력한 왕위 계승 후보였다. 그녀는 법흥왕과 정비 보도왕후의 유일한 혈육이었고 또한 그녀의 남편 입종은 법흥왕의 동복아우였다. 따라서 설사 지소가 여성이라는 이유로 왕위를 계승하지 못한다고 하더라도 그녀와 입종 사이에서 태어난 삼맥종에게 왕위를 잇게 할 명분은 충분했다. 신분을 중시하는 신라 사회에서는 부모의 혈통이 왕위 계승에 있어 가장 중요한 요소였기 때문이다. 지소는 그런 명분을 바탕으로 왕실 세력을 충동질했고, 결국 왕위는 그녀의 아들 삼맥종이 잇게 되었는데, 그가 신라 제24대 진흥왕이다.

이렇듯 진흥왕이 왕위에 오른 것은 순전히 모후 지소태후의 힘에 의한 것이었다. 그것도 당시 진흥왕이 일곱 살 어린아이였으니 그가 왕위에 오른 것은 지소태후가 여왕이 된 것이나 다름없었다. 그녀는 어린 아들을 대신하여 섭정이 되었고, 조정은 모두 그녀의 세력으로 채워졌다. 또한, 모든 정사는 그녀가 결정했다. 따라서 진흥왕 시대는 엄밀히 말해서 지소태후의 시대라고 해도 과언이 아니다. 말만 섭정이었을 뿐 여왕으로 군림했다.

❋ ❋ ❋

화랑도의 창설과 국력 성장

섭정에 오른 지소는 즉위와 동시에 대사면령을 내리고 각 문무 관들의 작위를 한 등급씩 올려 주는 선심책을 구사했다. 그리고 곧장 실시한 정책이 인재양성책이었다. 당시 신라 사회에서는 명망 있는 귀족 출신의 남녀들이 휘하에 여러 젊은 남자들을 거느리는 사조직이 유행했다. 지소태후는 이런 형태의 조직을 공인하여 인재 양성을 위한 공적인 국가 조직으로 변모시키고자 했다. 그래서 마련한 것이 선화와 원화 제도였다.

선화제도는 왕족 출신의 남자를 선화로 삼아 그 아래에 여러 낭도를 거느리게 하는 것이고, 원화제도는 왕족 출신의 여자를 원화로 삼아 그 아래에 여러 낭도를 거느리게 하는 것이었다. 여기에 속한 낭도들은 대개 귀족의 자제들이었는데, 지소태후는 이들 낭도들을 키워 조정의 재목으로 삼고자 했다.

하지만 원화제도 내부에서 알력이 생겨 살인 사건이 발생하는 바람에 폐지되었고, 그 아래 있던 낭도들은 흩어지거나 선화에 합쳐졌는데, 이것이 화랑제도의 시초이다. 화랑의 원래 이름은 풍월이었고, 그 우두머리를 풍월주라고 했다. 그러다 초대 풍월주인 위화랑의 이름을 따서 화랑도로 부르게 되었다.

이렇듯 화랑도는 다분히 사교 집단의 성향이 강했다. 화랑도의 성립 시기에 대해《삼국사기》는 진흥왕 37년(576년)이라고 기록하고 있으나《삼국사절요》,《화랑세기》,《동국통감》등에서는 진흥왕 원년에 창립한 것으로 적고 있다. 진흥왕의 모후 지소태후가 이 난체의 형성에 깊숙이 관여한 사실을 감안하면, 그녀가 살아 있을 때 창립된 것이므로 진흥왕 원년설이 옳을 것이다.

화랑도의 조직(화랑, 낭두, 낭도)에는 모두 낭계郎階가 있었다. 상층인 화랑은 풍월주를 우두머리로 삼고, 그 아래 부제 1인이 있었다. 그 밑으로 내려가면서 좌우전방 대화랑 각 1인씩 3명, 좌우전 화랑 2인씩 6명, 소우전 화랑 12명, 묘화랑 84명이 있고, 화랑 밑으로 중간층인 낭두가 있었다. 낭두는 가장 아래 계급인 망두에서 노두까지 총 9계급으로 나뉘며, 그들의 계급에 따라 아내와 자녀의 계급도 결정되었다. 대개 화랑은 왕족 또는 주요 귀족의 자제들이며, 낭두는 일반 귀족 출신들이다. 낭두 아래에 있는 낭도는 소귀족이나 서민으로 구성되며, 숫자상으로 가장 많았다. 천민이나 노비 계층은 낭도가 될 수 없었다.

낭도의 딸들을 '봉화'라고 하였는데, 이들은 모두 풍월주가 머무는 선문에 들어가 교육을 받아야 했다. 봉화 중에서 풍월주의 총애를 받는 여성을 봉로화라고 했으며, 봉로화가 되어야 낭두의 처가 될 수 있었다. 낭두의 처가 되어 아들을 낳은 여성을 봉옥화라고 했다. 화랑도에 속한 서민의 딸들은 모두 유화라고 했는데, 이들은 낭두나 화랑의 총애를 얻고자 화랑도에 들어갔다. 주로 화랑이나 낭두들의 시중을 들었고, 때론 육체관계를 맺기도 했다.

이렇듯 화랑도는 상선(풍월주를 지낸 후에 오르는 자리)과 풍월주에서부터 가장 아래인 낭도에 이르기까지 매우 친밀하게 형성된 조직이어서 충성도가 남달랐다. 김대문은 《화랑세기》에서 "어진 재상과 충성스러운 신하가 화랑도에서 나왔고, 훌륭한 장수와 용감한 병사가 또한 이에서 생겼다"라고 했다. 그만큼 화랑도는 신라 사회의 모든 분야에서 중추적인 역할을 하는 집단이었다.

지소태후는 이런 화랑도 조직을 만들기 위해 지원과 투자를 아끼지 않았고, 덕분에 신라는 화랑도를 기반으로 진흥왕 시대의 국력 성장을 이끌어낼 수 있었다.

병권을 장악하고 왕권을 강화하다

지소태후는 왕권을 잡자마자 곧바로 병권부터 장악했다. 최측
근이자 연인이었던 박이사부를 병부령으로 임명하고 중앙과 지방
의 군대를 총괄하게 했다.

이사부는 지증왕 6년에 주의 장관을 군주로 삼을 때 최초로 실
직주 군주가 된 인물로 지증왕 13년에는 하슬라주의 군주가 되어
우산국을 정벌하면서 능력을 인정받았다(이 사실은 '독도는 우리 땅'이
라는 노래 가사에도 들어 있다). 하지만 그가 정계의 거두로 등장한 것
은 541년에 병부령에 오르면서였다. 어린 진흥왕이 왕위에 오르
자 섭정 지소태후가 왕권을 장악했고, 지소태후는 자신이 총애하
던 이사부에게 병권을 맡겼다.

사실, 지소태후와 이사부의 관계는 주인과 신하 이상이었다. 서
로 정을 통하는 사이였을 뿐 아니라 둘 사이에 자식도 있었다. 말
하자면 이사부는 지소태후의 연인이자 진흥왕의 양부였다.

그런데 지소태후가 이사부를 병부령으로 임명하여 병권을 총괄
하게 한 것은 당시로선 매우 획기적이고 도전적인 조치였다. 신라
는 전통적으로 귀족 협의체인 화백회의를 통해서 정책을 결정해
왔다. 그런데 병권을 병부에 일임하고 병부령에게 그 권한을 맡겼
다는 것은 왕이 화백회의를 거치지 않고 군대를 직접 지휘할 수
있다는 뜻이었다.

이런 의도는 이미 법흥왕이 재위 4년(517년)에 병부를 설치하면서 드러낸 것이었다. 하지만 법흥왕은 병부만 설치했을 뿐 그 장관인 병부령을 임명하지는 못했다. 말하자면 병부에 병사에 관한 업무를 맡기긴 했으나 그것은 일종의 행정상의 편의를 위한 조치에 지나지 않았다. 따라서 비록 병부가 설치되었다고는 해도 여전히 병력 운영에 관한 권한은 화백회의의 의장이자 조정 재상인 상대등이 쥐고 있었다.

그러나 지소태후가 병부령을 임명하고 그에게 중앙과 지방의 군대에 관한 업무를 일임함으로써 병권은 상대등과 화백회의의 영향력에서 벗어나게 되었다. 이는 병부령을 직접 부리는 왕의 권한을 대폭 강화하는 결과로 이어졌다.

＊ ＊ ＊

불교를 일으키다

지소태후는 국력 강화의 일환으로 불교를 크게 융성시켰다. 신앙의 힘을 빌려 국가를 효율적으로 지배하려는 방책이었다. 544년 2월에는 흥륜사를 준공하여 신라 불교의 중심지로 삼았고, 3월에는 출가하여 승려가 되는 것을 합법화하였다. 또한, 중국 남조에 부처님의 사리를 요청하였는데, 549년 봄에 양나라에서 사신과 유학승 각덕을 보내 불사리를 가져왔다. 지소태후는 진흥왕과 함께 백관들을 이끌고 나가 그들을 흥륜사 앞길에서 맞이하였다. 또 565년 9월에는 남조의 진陳나라에서 사신 유사와 승려 명관을 보내왔는데, 그때 불경 1,700여 권이 유입되었다.

이후, 신라 불교는 날로 성장하여 566년에는 지원사와 실제사 두 절을 추가로 지었고, 황룡사도 준공하였다. 진흥왕은 553년에 월성 동쪽에 새 궁궐을 짓게 했는데 그 터에서 황룡이 나타나자 이를 기이하게 여겨 궁궐을 고쳐 절을 짓게 하였다. 이 절이 바로 황룡사이다. 이후 13년 동안 공사를 지속하여 566년에 준공했다.

573년에는 전쟁에 나가 전사한 사졸들을 위하여 지방에 있는 모든 절에서 7일 동안 팔관회를 열었다. 그리고 574년에는 황룡사에 장륙상을 주조했는데, 거기에 소요된 구리의 중량이 무려 3만 5,000근이고, 도금한 중량이 1만 198푼이나 되었다. 576년에는 안홍법사가 중국에 들어가 불교를 공부하고, 서역 승려 비마라 등 두 명의 승려와 함께 돌아와 《능가승만경》과 석가의 진신사리를 바치기도 했다.

진흥왕 대에 이르러 신라 불교의 발전은 이렇게 급속도로 진행되었다. 여기엔 지소대후의 각별한 노력이 있었고, 진흥왕이 그녀를 이어 심혈을 기울인 결과였다. 진흥왕은 어릴 때부터 지소태후와 더불어 불교를 가까이했고, 자라면서 독실한 불자가 되었다. 심지어 그는 재위 만년에 몸소 머리를 깎고 가사를 입었으며, 법운이라는 법명을 사용했다. 그의 왕비 사도부인도 승려가 되어 영흥사에서 지낼 정도였으니 신라 왕실에서 불교가 얼마나 큰 비중을 차지했는지 알 만하다.

이렇듯 신라 불교는 왕실이 주축이 되어 왕을 정점으로 삼아 발전시켰기 때문에 이른바 '호국불교' 형태로 발전하게 된다. 다시 말해 부처에 대한 신앙이 국가 수호 의지와 결합하여 신라 백성들에게 다른 나라에서는 찾아보기 힘든 단결력과 애국심을 부여했던 것이다. 이런 호국불교 정신은 화랑도 정신과 결합하여 훗날 신라가 삼한통일을 이룩하는 밑거름이 된다.

❋ ❋ ❋

며느리를 쫓아내기 위하여

지소태후는 이렇듯 신라 중흥의 초석을 다지는 역할도 했지만, 한편으론 왕실 내부 권력 암투의 중심에 서 있었다. 진흥왕을 왕위에 올리는 과정에서도 권력에 대한 심한 집착을 보여줬던 그녀는 이후에도 자신의 권력을 위협하는 세력들은 가차 없이 제거했다. 이를 위해 심지어 진흥왕의 성생활까지 자신이 챙겼다.

어쩌면 그녀 입장에선 아들의 성생활을 챙기는 것은 당연한 일이었다. 왕조 사회, 특히 신라 왕실에선 왕의 성생활이 권력관계에 끼치는 영향이 막대했기 때문이다. 왕이 어느 여인에게 정을 주고, 어떤 여인이 왕의 아이를 낳느냐에 따라 권력의 향배가 결정되었고, 그 때문에 왕의 사랑은 단순한 남녀 간의 애정 차원을 넘어서는 일이었다. 그런 의미에서 보면 지소태후가 진흥왕의 여자관계를 살피는 것은 가장 기본적인 정치 행위였다.

어쨌든 지소태후는 진흥왕의 여자관계에 신경을 곤두세웠다. 특히 당시 왕비였던 사도왕후를 내쫓는 일에 혈안이 되어 있었다. 앞의 사도왕후 편에서 이미 밝혔지만, 지소태후는 근본적으로 사도왕후를 미워할 수밖에 없었다. 사도왕후는 다름 아닌 자신의 남편이 외도로 얻은 딸이었기 때문이다.

지소는 어린 시절에 삼촌 입종에게 시집가서 진흥왕을 낳았다. 이후 입종이 죽자 부왕 법흥왕은 그녀를 자신이 총애하던 신하 박영실과 재혼시켰다. 그런데 정작 지소와 영실은 서로를 좋아하지 않았다. 법흥왕의 명령이라 어쩔 수 없이 결혼하긴 했지만, 따로 좋아하는 연인이 있었다. 지소는 이사부를 마음에 두고 있었고, 영실은 오도라는 여인을 좋아했다. 그래서 그들은 따로 내연관계를 맺고 자식까지 얻었다. 지소는 이사부에게서 딸 숙명궁주를, 영실은 오도에게서 사도를 얻었다. 그런데 왕실에서는 진흥왕을 영실과 오도 사이에서 난 딸인 사도와 결혼시켰으니 지소태후가 사도를 배격하는 것은 당연한 일이었다.

이후 지소는 사도를 너무 미워한 나머지 진흥왕을 강압하여 이사부와 자신 사이에서 낳은 딸 숙명과 결혼시켰다. 그리고 사도를 궁궐에서 내치려 했지만 진흥왕이 완강하게 거부하는 바람에 성사시키지 못했다. 진흥왕은 비록 모후의 강압에 못 이겨 여동생 숙명과 혼례를 올렸지만 마음은 사도에게 있었다.

이렇듯 지소태후는 온갖 수단을 동원하여 며느리를 쫓아내기에 혈안이 되었지만, 결국 사랑의 힘에 밀려 뜻을 이루지 못했다.

❊ ❊ ❊

왕위 계승권을 두고 벌인 고부간의 암투

이후 사도는 동륜과 구륜 두 아들을 낳았고, 덕분에 더는 궁궐에서 쫓겨날 염려 없이 지냈다. 그리고 숙명도 아들 금륜을 낳으며 궁궐 생활을 이어갔다.

하지만 지소태후와 사도왕후의 암투는 거기서 끝나지 않았다. 진흥왕의 왕위를 이을 태자를 책봉하는 과정에서 두 여인은 다시 한번 부딪쳤다. 지소태후는 자신의 딸 숙명이 낳은 손자 금륜을 태자로 삼으려 했고, 사도왕후는 자신이 낳은 아들 동륜을 태자로 세우려 했기 때문이다.

물론 진흥왕은 당연히 자신이 사랑하는 사도가 낳은 동륜을 태자로 세우려 했다. 하지만 지소태후의 강한 반대에 부딪혀 뜻을 이룰 수 없었다. 지소태후는 왕권은 물론이고 조정까지 장악하고 있었고, 진흥왕은 그런 모후의 뜻을 꺾을 힘이 없었다. 그래서 별 수 없이 금륜을 태자로 세워야 할 형국이었다.

그런데 예기치 못한 사태가 발생했다. 금륜의 어머니 숙명이 화랑의 제1대 풍월주 위화랑의 아들 이화랑과 야반도주를 감행한 것이다. 사실, 숙명은 처음부터 이화랑을 사랑하고 있었다. 그래서 오빠 진흥왕과 결혼한 뒤에도 몰래 이화랑을 만나고 있었다. 그러면서 아들 금륜을 낳고 궁궐 생활을 이어가고 있었는데, 이번에는 이화랑의 아이를 잉태한 것이다. 이 사실이 탄로 날 것을 염려한 그녀는 이화랑과 달아나버린 것이다.

이후, 금륜을 태자로 세우려던 지소태후의 계획은 난관에 부딪쳤다. 금륜이 진흥왕의 아들이 아니라 이화랑의 아들이라는 소문이 돌았기 때문이다. 결국, 지소태후는 이 일로 금륜을 태자로 세우는 것을 포기했고, 덕분에 사도의 아들 동륜이 태자에 책봉되었다.

지소태후가 왕위 계승권 다툼에서 패배함으로써 왕실의 권력은 며느리 사도왕후에게로 넘어가고 말았다. 또한, 그때 지소태후는 이미 늙은 몸이었다. 이후로 더는 그녀가 권좌를 되찾았다는 기록은 없다. 물론 그녀의 죽음에 관한 기록도 없다. 아마도 그녀는 사도왕후와의 왕위 계승 다툼에서 패배한 이후 조용히 뒷방으로 물러난 듯하다. 진흥왕 시대의 황금기를 이끈 여제의 삶은 그렇게 씁쓸한 뒷모습을 남기고 막을 내렸다.

9

10년 동안 고려 국정을 농단한 여인

목종의 모후 천추태후

가
계
도

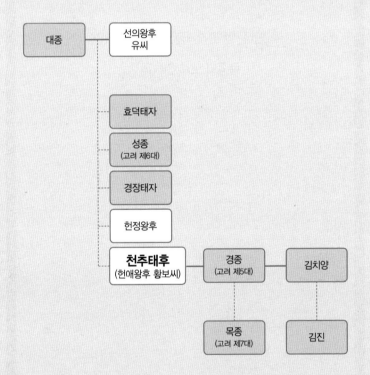

대종 — 선의왕후
유씨

효덕태자

성종
(고려 제6대)

경장태자

헌정왕후

천추태후
(헌애왕후 황보씨) — 경종
(고려 제5대) — 김치양

목종
(고려 제7대)

김진

왕건의 손녀로 태어나 왕비가 된 헌애왕후

백제와 신라에서 어린 아들을 대신하여 섭정이 되어 왕 노릇을 했던 대표적인 여인이 팔수태후와 지소태후라면 고려시대엔 천추태후가 있었다.

천추태후는 고려 제5대 왕 경종의 세 번째 왕비인 헌애왕후 황보씨다. 헌애왕후는 고려 태조 왕건의 친손녀이자 외손녀다. 그렇다면 그녀의 아버지는 남매라는 뜻인데, 어떻게 이런 일이 벌어질 수 있을까 하고 의아해하는 사람들이 많을 것이다. 그러나 고려 초기 왕실에서는 이복 남매 사이의 결혼은 흔한 일이었다. 고려 왕실의 이런 전통은 신라 왕실의 풍습에 따른 것이었다. 신라 왕실에서는 이복 남매 간의 결혼이 일상화되어 있었다. 이 때문에 고려 왕실의 족보와 성씨는 다소 복잡하다.

고려 왕실의 족보가 복잡해진 것은 태조 왕건이 무려 29명의 부인을 둔 데서 비롯됐다. 왕건은 고려를 세운 뒤에 지방 호족들을 안심시키기 위해 정략적으로 결혼정책을 실시했고, 그 결과가 29명의 부인과 25남 9녀의 자녀였다.

왕건은 신라 왕실의 풍습을 본받아 자신의 자녀끼리 결혼시켰다. 물론 딸이 많지 않았기 때문에 모든 아들을 자기 딸과 결혼시킬 수는 없었지만, 적어도 유력한 가문 출신의 부인에게서 얻은 자녀들은 대부분 근친혼을 했다. 이러한 근친혼은 제4대 광종부터 뚜렷하게 나타난다.

광종은 태조의 제3비 신명순성왕후 유씨의 둘째 아들로 태어났다. 그는 두 명의 부인을 뒀는데, 왕비 대목왕후 황보씨는 태조의 제4비 신정왕후 황보씨의 딸이며, 후궁 경화궁 부인 임씨는 광종의 이복형인 혜종의 큰딸이었다. 말하자면 왕비와는 이복 남매 사이이고, 후궁은 조카였다.

제5대 경종의 부인 다섯은 모두 사촌 관계였다. 그들 다섯 명 중에 네 명은 왕비였고, 한 명은 후궁이었다. 그 네 명의 왕비 중에 세 번째 헌애왕후 황보씨와 헌정왕후 황보씨는 같은 어머니에게서 태어난 자매였다. 말하자면 자매 둘이 한꺼번에 한 남자에게 시집온 셈이다. 이 두 자매 중에 언니인 헌애왕후 황보씨가 바로 이 단락의 주인공인 천추태후다.

천추태후, 즉 헌애왕후의 아버지는 태조 왕건과 제4비 신정왕후 황보씨 사이에서 태어난 대종 왕욱이었다. 신정왕후 황보씨는 1남 1녀를 낳았는데, 아들은 대종 왕욱이었고, 딸은 제4대 광종의 왕비 대목왕후 황보씨였다. 여기서 또 하나의 재미있는 사실을 발견할 수 있는데, 왕건의 딸들이 어머니 성을 따르고 있다는 점이다. 그렇다고 모든 딸이 어머니의 성을 따른 것은 아니었다. 헌애왕후와 헌정왕후는 할머니 성을 따르기도 했다.

헌애왕후의 어머니는 왕건의 제6비 정덕왕후 유씨가 낳은 4남 3녀 중 둘째 딸인 선의왕후 유씨였다. 선의왕후는 대종 왕욱과 결혼하여 2남 2녀를 낳았는데, 그녀의 둘째 아들이 제6대 성종이다. 그리고 두 딸은 모두 제5대 경종에게 시집간 헌애왕후 황보씨와 헌정왕후 황보씨 자매다. 따라서 이들 두 딸은 어머니 성씨인 유씨를 따르지 않고 할머니 성씨인 황보씨를 따랐음을 알 수 있다.

이렇듯 고려 왕실의 성씨는 매우 복잡하다. 같은 핏줄인데도 남매 사이에 성씨가 다르기도 하고, 부모의 성씨가 아닌 할머니의 성씨를 따르기도 했다. 어쨌든 분명한 것은 천추태후가 왕건의 손녀로 태어나 사촌 오빠인 경종과 결혼하여 왕비가 됐다는 사실이다.

❋ ❋ ❋

그녀는 어떻게 왕권을 손에 쥐었을까?

경종의 왕비였던 그녀가 어떻게 태후가 됐을까? 그녀가 태후가 됐다는 것은 그녀의 아들이 왕이 되었다는 의미인데, 사실 그녀의 아들, 즉 제7대 목종이 왕이 되는 과정은 결코 순탄하지 않았다.

그녀는 경종에게 시집가서 유일하게 경종의 아이를 낳은 여인이었다. 경종은 다섯 명의 부인을 뒀지만, 그들 중에 자식을 낳은 유일한 여인이 바로 그녀였다.

경종은 955년에 태어났고, 21세에 왕위에 올랐다. 그리고 6년 동안 용상에 있다가 981년에 죽었다. 한편, 천추태후는 979년에 동생 헌정왕후와 함께 경종과 결혼하여 궁궐에 들어왔다. 이때 경종의 나이는 스물다섯이었고, 천추태후는 열여섯 살이었다.

그들 자매가 동시에 경종과 결혼한 것은 경종에게 자식이 없었기 때문이었다. 경종의 첫 왕비와 둘째 왕비는 모두 자식을 남기지 못하고 일찍 죽었다. 이에 왕실에서는 어떻게 해서든 왕자를 생산하길 바랐고 그래서 자매를 한꺼번에 경종의 아내로 들인 것이다. 왕실은 애타는 마음에 이들 자매 외에도 또 한 명의 후궁인 대명궁 부인 유씨도 함께 입궁시켰다.

이렇듯 세 명의 부인을 동시에 들인 끝에 마침내 결실을 보게 되었다. 천추태후가 입궁한 지 얼마 되지 않아 아이를 잉태한 것이다. 나머지 두 여인은 아이를 갖지 못했다.

친추태후는 이듬해인 980년에 아이를 낳았는데, 아들이었다. 왕위를 이을 왕자의 생산은 왕실엔 큰 경사였다. 그런데 불행히도 경종은 그 아이가 태어난 지 불과 1년 남짓 되었을 때, 27세의 나이로 요절하고 말았다.

경종은 임종을 앞두고 왕위를 아들이 아닌 사촌 동생 왕치에게 넘겼다. 이제 갓 돌 지난 어린 아들에게 왕위를 넘길 상황이 아니었다. 그렇게 해서 왕위에 오른 왕치가 바로 제6대 왕 성종이었다. 그런데 성종은 경종의 사촌 동생이었을 뿐 아니라 천추태후의 친오빠이기도 했다. 거기다 성종은 딸만 둘 뒀을 뿐 아들을 얻지 못했다. 덕분에 성종이 16년의 치적을 남기고 997년에 죽자 경종의 태자이자 그녀의 아들인 왕송이 왕위를 이었다. 그가 제7대 왕 목종이다.

목종이 왕위에 올랐을 때가 18세로 미성년이었다. 그 때문에 모후인 그녀가 섭정이 되어 왕권을 장악했다.

❈ ❈ ❈

정부 김치양의 권력 독점과 동성애에 빠진 목종

정권을 거머쥔 그녀는 곧 자신과 내연관계에 있던 김치양을 불러들였다. 김치양은 외척 집안 출신으로 경종이 죽자 승려 행세를 하며 내전을 드나들다 그녀와 정을 통한 사이였다. 그런데 성종에게 이 일이 발각되어 장형을 당하고 귀양 중이었는데, 그녀의 부름을 받고 달려왔다.

김치양을 불러들인 그녀는 자신을 천추태후라 부르게 하고 국정을 장악하는 한편, 김치양과 버젓이 부부행세를 했다.

김치양은 등용된 지 몇 년 되지 않아 우복야 겸 삼사사에 오르고, 인사권을 장악하여 백관의 임명권을 손아귀에 넣었다. 이렇게 되자 전국에서 벼슬을 원하는 자들이 뇌물을 가지고 그의 집으로 몰려들었으며, 그는 거둬들인 뇌물로 300여 칸이나 되는 집을 짓고 정원에 정자와 연못을 꾸미며 밤낮으로 천추태후와 놀아났다. 김치양은 자신의 사당을 짓기 위해 백성들을 부역에 동원하기도 했는데, 이 때문에 백성들의 원성이 날로 높아갔다.

그 무렵 김치양과 부부로 살고 있던 천추태후는 아들을 출산했다. 이때부터 그녀는 김치양과 함께 자기 아들을 차기 왕으로 앉히기 위해 갖은 음모를 꾸미기 시작한다. 목종은 여자에게 관심이 없었고, 그 바람에 자식이 없었다. 그래서 천추태후는 김치양과의 사이에서 태어난 아들을 목종의 후계자로 삼으려 한 것이다.

한편, 목종은 김치양의 권력 독점으로 조정이 엉망이 되자 그를 내쫓기 위해 여러 가지 방책을 강구하지만 천추태후의 방해로 번번이 실패했다. 왕권을 완전히 빼앗긴 목종은 절망한 나머지 정사를 소홀히 하고 엉뚱하게도 동성애에 빠졌다. 그의 동성애 대상은 유행간이라는 인물이었다. 유행간은 용모가 남달리 아름다웠는데, 목종은 그의 용모에 반하여 남색을 즐기게 되었다.

목종의 사랑을 독차지하게 된 유행간은 곧 합문사인의 벼슬에 오르게 되고, 항상 목종 곁에서 정사를 농단했다. 목종은 정사에 관한 한 유행간에게 묻지 않는 것이 없었고, 이에 따라 유행간은 마음먹은 일이면 언제든지 왕을 조종하여 이룰 수 있었다. 이런 유행간 역시 김치양과 마찬가지로 오만하고 방자한 행동을 일삼았다. 심지어는 백관들을 경멸하여 그들에게 턱과 눈빛으로 지시를 하기도 하였다. 이렇게 되자 왕의 측근 신하들은 마치 유행간을 왕처럼 떠받들었다.

유행간은 힘이 강해지면서 유충정이라는 또 한 명의 인물을 목종에게 소개했다. 발해 출신인 유충정 역시 외모가 미려하고 신체가 뛰어난 덕택에 목종의 사랑을 받게 되었고, 조정은 점차 유행간과 유충정에 의해 좌지우지되었다. 그들 두 사람은 항상 목종 곁에서 왕명을 핑계하여 인사를 좌우하였으며, 때로는 자신들이 마치 왕인 것처럼 많은 궁인을 이끌고 다니기도 하였다.

❊ ❊ ❊

왕위를 차지하려는 천추태후의 음모

이렇듯 목종이 자신의 본분을 잊고 동성애에 빠져있는 동안 천추태후와 김치양은 자기 자식에게 왕위를 잇게 하려고 혈안이 되었다. 그래서 어떻게 해서든 왕건의 유일한 혈통인 대량원군을 암살하려 했다.

당시 태조의 유일한 혈통은 왕건과 제5비 신성왕후 김씨 사이에서 태어난 안종 왕욱과 헌정왕후가 불륜으로 낳은 대량원군뿐이었다. 헌애왕후의 친동생 헌정왕후는 경종이 죽은 후에 사가에 머물다가 왕욱과 눈이 맞아 아이를 낳았고, 이를 알게 된 성종은 왕욱을 귀양 보냈다. 그 후 헌정왕후는 혼자 아이를 낳다가 산

욕으로 죽고 아이는 성종이 대궐에서 양육했는데, 이 아이가 바로 대량원군이었다.

헌애왕후는 자신의 이종 조카인 대량원군을 없애면 김치양과의 사이에서 태어난 자기 자식을 세자로 책봉할 수 있으리라 판단하고, 대량원군을 강제로 숭교사로 출가시킨 뒤 다시 양주로 내쫓아 삼각산 신혈사에 머물게 했다. 그리고 누차에 걸쳐 자객을 보내 죽이려 하였다. 하지만 그때마다 대량원군은 목숨을 건졌다. 신혈사의 노승이 방 안에 굴을 파고 그 위에 침대를 놓는 방책으로 그를 숨겨주었기 때문이다.

김치양과 헌애왕후의 왕위를 차지하기 위한 음모가 치열하게 전개되는 가운데 목종은 병을 얻었다. 원래부터 겁이 많던 그는 1009년 봄에 숭교사를 다녀오다가 폭풍을 만난 다음부터 마음이 더욱 약해졌다. 그리고 며칠 뒤 연등회 도중에 기름 창고에 불이 붙어 천추전이 불타고, 궁궐 일부와 창고마저 소실되자 슬픔에 잠겨 정사를 돌보지 않고 드러누웠다.

목종이 병으로 눕자 천추태후와 김치양은 대량원군 죽이기에 더 혈안이 되었고, 조정은 엉망진창으로 변해갔다. 왕 곁에는 항상 유행간과 유충정이 그림자처럼 붙어 있었으며, 그들의 측근을 제외한 다른 신하들은 왕의 얼굴조차 볼 수 없었다. 병으로 누운 목종은 좀처럼 편전에 나가지 않았으며, 만나기를 청하는 신하가 있어도 만나주지 않았다. 따라서 유행간과 유충정의 입에서 흘러나오는 말은 모두 왕명이라는 이름을 달았다.

그러는 사이 목종의 병세는 더욱 나빠졌다. 그는 스스로 임종이 가까웠음을 알고 한시바삐 후계자를 결정하고자 하였다. 후계자 자격을 갖춘 유일한 혈통은 대량원군 왕순뿐이었다. 그래서 왕순을 궁궐로 데려와 왕위를 물려줄 계획이었지만 이 일은 쉬운 일이 아니었다.

그 무렵 천추태후는 갖은 수단을 동원하여 대량원군을 죽이려 했다. 자객을 보내는 것은 기본이고, 심복을 시켜 억지로 독이 든 술과 음식을 먹게 하기도 했다. 하지만 그때마다 대량원군은 구사일생으로 목숨을 건졌다. 마침내 그는 죽음의 공포에 떨며 목종에게 편지를 써서 자신을 구해달라고 했다.

✳ ✳ ✳

강조의 난과 천추태후의 몰락

하지만 대량원군의 편지는 중간에서 사라졌다. 유행간이 편지가 오는 족족 없애버렸던 것이다. 그런데 목종이 총애하던 또 한 명의 남자, 유충정은 생각이 달랐다. 그는 대량원군의 편지를 은밀히 목종에게 전달했고, 덕분에 목종은 유행간의 눈을 피해 대량원군을 몰래 궁궐로 데려올 방책을 마련했다.

목종은 이때 김치양이 왕위를 노리고 있다는 것도 유충정을 통해서 전해 들었다. 그래서 충주부사로 있던 채충순을 은밀히 불러 왕순의 편지를 보여주며 한시바삐 신혈사로 가서 그를 대궐로 데려오도록 하는 한편, 서경 도순검사로 있던 강조를 도성으로 불러들여 병권을 안정시키고자 했다.

강조가 왕명을 받고 서경을 출발하여 동주 용천역에 도착했을 때 내사주서 위종정과 안북도호장서기 최창이 찾아왔다. 그들은 왕의 병세가 위독한 상태이기 때문에 헌애왕후와 김치양이 왕명을 날조하여 북방의 군사권을 쥐고 있는 강조를 소환하는 것이라고 주장했다. 이미 백성들 사이에선 왕이 김치양 일파에게 살해당했을 것이라는 소문이 무성했기 때문에 강조는 그들의 말을 사실로 믿고 다시 서경 본영으로 돌아갔다.

이때 천추태후는 강조가 개경으로 돌아오면 자신들의 계획에 차질이 생길 것으로 예상했다. 이에 도중에서 그를 생포하기로 하고 군사를 매복해두었다. 그 사실은 곧 강조의 아버지에게 전해졌고, 그는 아들이 염려되어 급히 사람을 시켜 "왕이 이미 죽고 없으니 병사를 거느리고 와서 국난을 평정하라"라는 내용의 서신을 보냈다.

아버지의 서신을 받아본 강조는 5,000의 병력을 인솔하고 개경으로 진출했는데, 평주(평산)에 도착해서야 왕이 살아 있다는 것을 알게 되었다. 강조는 병사를 이끌고 온 것을 후회했지만 이미 때는 늦었고 돌이킬 수 없었다. 결국 부하 장수들의 건의에 따라 목종을 폐위하기로 마음먹었다.

폐위를 결정한 강조는 사람을 시켜 왕이 잠시만 귀법사로 몸을 피했으면 한다는 내용의 서찰을 궁궐로 보냈다. 왕이 귀법사로 피해 있으면 김치양 일파를 제거한 다음 다시 데리러 가겠다는 뜻이었다. 강조는 그렇게 목종을 안심시킨 다음 군대를 몰아 왕성으로 진군했다. 병사들이 궁 안으로 밀려들자 목종은 폐위를 면하지 못할 것을 알고 스스로 천추태후와 함께 궁인들과 유충정을 데리고 법왕사로 몸을 피했다.

목종이 궁궐을 빠져나가자 강조는 목종을 폐위시키고 대량원군을 왕으로 세우니 그가 곧 제8대 왕 현종이다. 그리고 김치양 부자와 유행간 등 7명을 죽이고 그 도당과 천추태후의 친족 이주정 등 30명을 귀양 보냈다.

한편, 법왕사로 떠난 목종은 최항을 시켜 강조에게 말을 내어줄 것을 부탁했고, 이에 강조가 말 한 필을 보내주자 충주로 말을 몰았다. 하지만 강조는 뒷일을 염려하여 목종을 죽이기로 하고는 사람을 시켜 사약을 먹이게 했는데, 목종이 이를 거부하자 결국 강조의 수하들이 목종을 살해하고 자살한 것처럼 꾸몄다. 목종은 결국 객지에서 비명횡사하고 말았다. 목종이 죽자 강조의 수하들은 문짝으로 관을 삼아 시체를 보관하고 강조에게 보고하니 강조는 적성현 창고에서 쌀을 내어 제사를 지내게 하였다.

1009년 2월에 일어난 이 강조의 역모 사건으로 11년 4개월 동안의 목종 시대는 끝이 났고, 동시에 천추태후의 영화도 막을 내렸다. 또한, 이 사건은 현종 즉위 후 거란이 고려를 침입하는 빌미가 되기도 한다.

9장. 10년 동안 고려 국정을 농단한 여인 _ 목종의 모후 천추태후 그렇다면 이때 천추태후는 어떻게 됐을까? 정부 김치양은 물론이고 그에게서 얻은 아들까지 죽고 없는 상태로 그녀는 황주로 쫓겨 간다. 하지만 그녀의 명은 길었다. 황주에서 그녀는 1029년까지 20년을 더 살다가 66세에 죽었다.

10

용상 위에 군림한 원나라 공주

홀도로게리미실

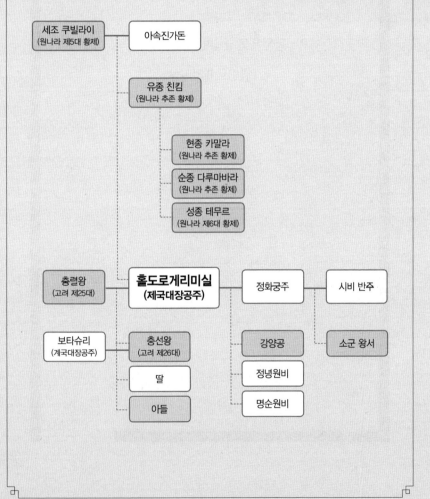

— 가
계
도 —

세조 쿠빌라이
(원나라 제5대 황제)

아속진가돈

유종 친킴
(원나라 추존 황제)

현종 카말라
(원나라 추존 황제)

순종 다루마바라
(원나라 추존 황제)

성종 테무르
(원나라 제6대 황제)

충렬왕
(고려 제25대)

훌도로게리미실
(제국대장공주)

정화궁주

시비 반주

보타슈리
(계국대장공주)

충선왕
(고려 제26대)

딸

아들

강양공

소군 왕서

정녕원비

명순원비

본부인을 종처럼 부리다

고려 역사에서 정치적으로 가장 강한 힘을 행사한 여인들은 역시 원나라 시절에 고려왕에게 시집온 공주들이다. 천추태후가 섭정으로서 왕을 대신하여 왕권을 행사했다면, 원나라 공주들은 왕의 즉위와 폐위를 결정할 정도로 막강한 힘을 휘둘렀다. 특히 원나라 공주들 중에서 처음으로 고려의 왕비가 되었던 홀도로게리미실의 권력은 타의 추종을 불허했다. 그도 그럴 것이 그녀는 원나라 황제 세조 쿠빌라이의 친딸이었기 때문이다.

홀도로게리미실은 흔히 제국대장공주로 불리었는데, 1259년에 원 세조 쿠빌라이의 딸로 태어나 1274년에 고려 태자 신분으로 원나라에 볼모로 가 있던 충렬왕과 혼인했다. 충렬왕은 고려 태자로서는 처음으로 원 황실의 부마가 된 것이다. 그리고 이 해에 부왕 원종이 죽자 귀국하여 왕위에 올랐는데, 이때 홀도로게리미실도 함께 고려에 왔다.

홀도로게리미실은 충렬왕의 첫 부인이 아니었다. 그녀가 개경에 왔을 때 충렬왕에겐 이미 정화궁주(정신부주 왕씨)와 그녀의 소생 1남 2녀 그리고 시비 반주의 소생인 소군 왕서가 있었다.

하지만 홀도로게리미실은 원 세조의 딸이라는 이유로 왕비의 자리를 차지하였으며, 정화궁주는 졸지에 후궁으로 밀려났다. 심지어 정화궁주는 홀도로게리미실을 대할 때마다 아랫자리에서 무릎을 꿇고 앉아야 했다. 원나라 황제의 공주는 고려왕보다도 신분이 높았기 때문에 홀도로게리미실에게 정화궁주는 한낱 시종이나 진배없었다. 그녀는 질투심도 매우 강했는데, 심지어 본부인인 정화궁주를 감옥에 가두고 충렬왕을 만나지도 못 하게 할 정도였다.

※ ※ ※

종친의 재산을 빼앗아 자기 소유로

홀도로게리미실은 고려에 온 이후 지배국의 공주 신분임을 앞세워 국왕보다 더 강한 정치적 영향력을 행사했다. 그녀는 조정의 정사를 마음대로 주물렀고, 마음에 들지 않으면 충렬왕을 위협하고 압박하여 자기 뜻을 관철시켰다.

또한, 그녀는 원종의 셋째 아들인 순안공 왕종을 역모로 몰아 재산을 전부 빼앗아 자기가 소유하고는 그를 유배 보냈다. 그의 모후 경창궁주도 서인으로 전락시켜 궁궐에서 내쫓았다. 그녀가 왕종을 역적으로 몬 배경에는 원종 시절에 일어난 국왕 폐위 사건 이 있었다.

원종 시절은 원나라의 영향력 아래 있으면서도 아직 무신정권 세력이 고려 조정을 지배하고 있었다. 그런데 무신정권의 마지막 권력자였던 임연은 원종이 원나라를 이용하여 무신들을 제거하려 한다고 생각하고 재상들을 모아 원종을 폐위하기로 했다. 그래서 왕의 친서 형식을 빌려 원종의 병이 위독하여 안경공 창에게 선위 한다는 내용의 서신을 원나라에 보냈다. 그리고 1269년 6월 22일 에 원종을 폐위하고 안경공 창을 왕으로 세웠다. 이때 태자 심(충 렬왕)은 볼모가 되어 원나라에 머물고 있었다.

왕위에서 쫓겨난 원종은 태상왕으로 불리며 대궐 바깥에서 지 내게 되었는데, 그 무렵 태자 심은 원종이 물러났다는 소리를 듣 고 급히 귀국길에 올랐다. 그런데 그가 개성 근처에 다다랐을 무 렵 정주의 관노 정오부가 임연이 왕을 폐립한 사실을 고해 바쳤 다. 이에 태자는 원나라에 선위서신을 가지고 갔던 곽여필을 붙잡 아 사실 여부를 확인한 뒤 연경으로 되돌아가 쿠빌라이에게 도움 을 요청하였다.

태자 심의 요청을 받은 쿠빌라이는 즉시 알탈아불화를 보내 국 왕 폐립사건에 대해 추궁하였으나 임연은 원종이 병으로 선위하 였다고 대답했다. 이에 원나라는 병부시랑 흑적을 파견하여 원종 과 안경공 창, 임연 등을 연경으로 호출한다. 사태가 이렇게 번지자 임연은 그해 11월에 중신들과 의논한 뒤 안경공을 폐위하고 원종의 왕위를 회복시켰다. 이렇게 원종은 원나라의 도움으로 쫓겨난 지 5개월 만에 왕위를 회복하였다.

그 며칠 뒤에 원종은 왕창과 함께 쿠빌라이의 호출에 호응하여 원나라로 떠났고, 임연은 원나라의 추궁을 두려워한 나머지 병을 핑계 삼아 자기 아들 임유간과 심복들을 보냈다.

원종이 자리를 비웠을 때 왕권을 대리한 사람이 바로 왕종이었다. 이후 원종이 돌아오자 왕종은 원나라를 방문하여 세조 쿠빌라이를 만났는데, 쿠빌라이가 그를 태자 심보다 더욱 극진하게 대접했다. 이 일로 충렬왕은 왕위에 오른 뒤에도 왕종을 미워하게 되었다. 하지만 이때까지만 해도 홀도로게리미실은 왕종을 미워하지 않았다.

그런 가운데 충렬왕 재위 3년인 1277년에 왕종을 무고하는 사건이 발생했다. 그 내용을 살펴보면 이렇다.

왕종은 평소에 잔병이 많았는데, 그의 어머니 경창궁주가 그의 병을 치료하기 위해 맹인 승려 종동을 불러 액운을 쫓는 기도장을 차렸다. 그런데 이것이 무고의 빌미가 되었다. 경창궁주는 기도를 한 후 남은 음식을 땅에 묻었는데 내수 양선, 대수장 등이 이를 보고 이렇게 무고했다.

"경창궁주가 그의 아들 왕종과 더불어 소경 종동을 시켜 임금을 저주하며 왕종이 공주에게 장가들고 왕이 되게 해달라고 기도하였다."

이 내용을 전해 들은 홀도로게리미실은 노발대발하며 왕종 모자를 궁에서 내쫓고 그들의 재산을 몰수해야 한다고 주장했다. 이에 충렬왕은 이습, 인공수, 이지저, 인후, 장순룡, 차신 등에게 명하여 승려 종동을 국문케 하고 중찬 김방경과 밀직사 허공, 감찰시승 조인규 등에게는 경창궁주와 왕종을 국문케 하였다. 하지만 이들이 죄를 시인하지 않자 충렬왕은 자신이 직접 왕종을 불러 국문하였으나 여전히 죄를 시인하지 않았다.

이렇게 되자 재상들이 궁문 앞에 엎드려 왕종 모자를 석방할 것을 청원하였다. 하지만 충렬왕은 홀도로게리미실 공주의 주장대로 왕종 부자의 재산을 몰수하려 하였다. 이에 찬성 유경이 원나라에 보고하여 승인을 받은 후 재산을 몰수하는 것이 옳다고 상소하였다. 그래서 충렬왕은 조인규를 원에 파견하여 왕종의 재산을 몰수할 것을 청했는데, 이때 홀도로게리미실이 강력하게 재산 몰수를 주장하는 바람에 조인규가 원에 가기도 전에 왕종의 재산은 몰수되었다.

왕종은 원종의 총애를 많이 받았고, 원 세조로부터도 많은 선물을 받았기 때문에 재산과 재물이 많았다. 홀도로게리미실은 기회를 놓치지 않고 그 재산을 모두 빼앗아 자기가 가졌던 것이다.

남편의 여인 때문에 울화증으로 죽다

이후로도 홀도로게리미실이 막강한 권력을 행사하며 왕권을 쥐고 흔들자 충렬왕은 사냥과 여색에 빠져 정사를 돌보지 않았다. 이 때문에 홀도로게리미실과 충렬왕 사이에는 갈등이 점점 커졌고, 이것이 확대되어 나중에는 세자 원(충선왕)과 충렬왕의 왕권 다툼으로 비화했다.

홀도로게리미실과 충렬왕의 관계가 극도로 악화된 가장 큰 원인은 여자 문제였다. 당시 충렬왕은 궁인 무비를 총애했고, 무비는 충렬왕의 총애를 기반으로 주변에 많은 측근을 형성하고 있었다. 그런데 그 세력이 결코 만만치 않았다. 그러자 위협을 느낀 홀도로게리미실은 갖은 방법을 동원하여 무비를 죽이려 했지만, 충렬왕이 무비를 감싸고 도는 바람에 성사시키지 못했다. 이에 무비는 점점 세력을 키웠고, 급기야 홀도로게리미실조차도 그녀 세력에 밀리는 형국이 되었다. 이 때문에 분을 삭이지 못하고 지내던 홀도로게리미실은 울회증까지 걸려 고생하다가 1297년 5월에 39세의 나이로 죽고 말았다.

이 소식을 듣고 원나라에 볼모로 가 있던 세자 원(충선왕)이 입국했다. 그는 충렬왕과 홀도로게리미실 사이에서 태어난 유일한 아들이었다. 세자 원은 1287년에 13세의 나이로 원나라로 갔는데, 1296년에는 원나라 황실 여자인 부다시리와 결혼한 상태였다. 그런데 고려에서 모후가 죽었다는 소식이 전해지자 급히 귀국한 것이다. 그는 귀국 후 모후의 죽음이 궁인 무비와 그 주변 무리 때문이라고 단정하고 무비를 비롯한 그 측근들을 죽이고 도당 40여 명을 유배보내 버렸다. 모후 홀도로게리미실이 충렬왕 때문에 하지 못한 일을 아들이 대신한 것이었다.

❊ ❊ ❊

부부의 전쟁은 부자간의 왕위 다툼으로

이후 세자 원은 다시 원나라로 돌아갔는데, 이 일로 조정은 세자파와 충렬왕파로 갈라졌다. 그런데 원나라 황실이 세자 원을 지지하자 충렬왕은 스스로 왕위를 내놓고 물러났다. 이후 충선왕이 즉위했지만, 그것으로 충렬왕과 충선왕의 싸움은 끝나지 않았다. 부부 사이의 싸움이 부자간의 다툼으로 이어졌고, 이것은 다시 왕위 다툼으로 이어졌다.

왕위에 오른 충선왕은 원나라 공주 부다시리를 좋아하지 않았고, 이것이 화근이 되어 부다시리는 남편 충선왕을 원나라 황실에 무고하여 내쫓았다. 이후 충렬왕이 다시 고려왕으로 복위하여 아들 충선왕을 제거하려는 음모를 꾸몄다. 그는 왕위를 10촌 동생인 서흥후 왕전에게 계승시키고 동시에 며느리 부다시리를 꼬드겨 충선왕과 이혼하고 왕전에게 개가하도록 종용했다. 충렬왕은 이 일을 성사시키기 위해 자신이 직접 연경으로 가서 2년 동안이나 머물기까지 했다. 하지만 1307년에 원나라 성종이 죽고 충선왕이 무종의 옹립에 공을 세우는 바람에 모든 계획이 수포로 돌아갔다.

충선왕은 충렬왕의 측근들을 대거 제거하고 정권을 장악하였고, 충렬왕은 허수아비 왕으로 전락하고 정사는 모두 태자였던 충선왕이 주관하게 되었다. 이후 충렬왕은 비참한 몰골을 하고 고려로 돌아와 지내다가 이듬해인 1308년에 생을 마감했고, 충선왕은 고려왕에 복위했다.

이렇듯 충렬왕과 홀도로게리미실의 싸움은 아들 충선왕이 왕위를 차지하는 것으로 종결됐다. 부부 사이의 사랑싸움이 결국, 일국을 뒤흔드는 부자간의 왕위 다툼으로 이어졌고, 무려 10년 동안이나 지속되던 부자간의 싸움은 마침내 아들의 승리로 끝났다.

11

여왕으로 불린 조선 왕비

명종의 모후 문정왕후

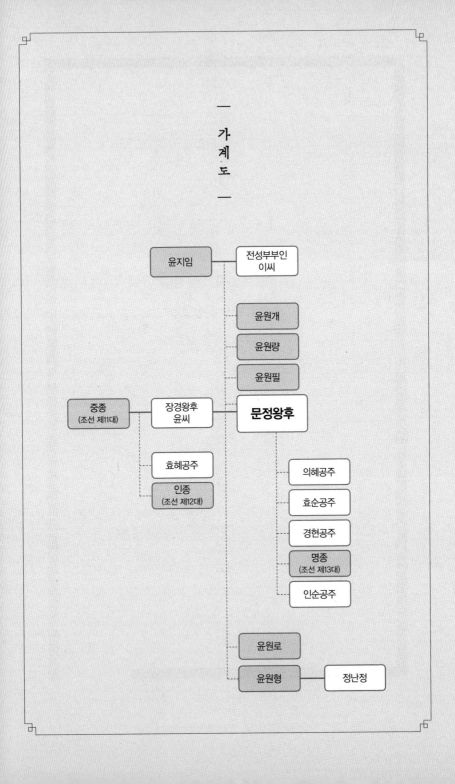

가
계
도

윤지임 — 전성부부인 이씨

윤원개

윤원량

윤원필

중종 (조선 제11대) — 장경왕후 윤씨 — 문정왕후

효혜공주

인종 (조선 제12대)

의혜공주

효순공주

경현공주

명종 (조선 제13대)

인순공주

윤원로

윤원형 — 정난정

※ ※ ※

가문의 후원으로 왕비가 된 가난한 집안의 딸

삼국, 고려에 이어 조선에서도 어린 왕의 섭정이 되어 국정을 농단하며 권력의 화신으로 불린 여인이 있었다. 바로 조선 제13대 왕 명종의 모후 문정왕후 윤씨다.

문정왕후는 중종의 세 번째 왕비다. 중종은 1506년에 박원종의 반정에 따라 연산군이 폐위된 뒤 용상에 올랐는데, 당시엔 단경왕후 신씨와 혼인한 상태였다. 그러나 그녀의 아버지가 연산군의 매부이자 당시의 권세가였던 신수근이고, 고모가 연산군의 왕비였기 때문에 중종이 왕위에 오른 직후 그녀는 반정 세력에 의해 폐위되었다. 그래서 중종은 1507년에 장경왕후 윤씨를 둘째 왕비로 맞아들였는데, 그녀는 1515년에 인종을 낳고 산후병으로 죽었다. 이후 1517년에 중종은 세 번째 왕비를 맞아들이게 되었는데, 그녀가 바로 문정왕후 윤씨였다.

문정왕후는 1501년 파평 윤씨 지임의 딸로 태어났다. 윤지임은 세조의 장인 윤번의 5대손이었기 때문에 왕실과는 이미 인연이 있었다. 세조의 왕비 정희왕후가 고대고모였고, 성종의 계비 정현왕후 또한 윤번의 사촌인 윤곤의 증손녀였기 때문에 역시 친척 관계였다. 또한, 중종의 계비 장경왕후도 그와 8촌 관계였다.

이렇듯 파평 윤씨 가문은 이미 세 명의 왕비를 배출했고, 그들과 윤지임이 친척 관계였기 때문에 문정왕후도 왕비로 간택될 수 있었다.

문정왕후는 윤지임과 전의 이씨의 5남 1녀 중 유일한 딸로 태어났다. 그녀 위로 원개와 원량, 원필 등 세 명의 오빠가 있었고, 아래로는 원로와 원형 두 남동생이 있었다. 그리고 그녀가 11세 되던 해인 1511년에 어머니 전의 이씨가 사망했다.

그녀가 성장하는 동안 가정 형편은 넉넉하지 못했다. 윤지임의 조부 위로는 정승과 판서를 지낸 덕에 잘 살았지만, 그의 아버지 시절부터 벼슬에 나가지 못해 가세는 기울었다. 그래서 윤지임에 이르러서는 사는 형편이 몰락한 양반일 뿐이었다. 그러다 장경왕후 윤씨가 죽자 파평 윤씨 가문 출신인 정현왕후와 장경왕후의 오빠 윤임의 뜻에 따라 같은 가문 출신인 문정왕후가 왕비로 간택되었고, 덕분에 윤지임 일가는 졸지에 명문가의 반열에 올랐다.

세자 호의 보호자를 자처하다

입궁했을 때 문정왕후는 17세의 앳된 처녀였다. 그런데 그녀 앞에는 만만치 않은 난관들이 버티고 있었다. 그녀보다 일찍 입궁한 후궁들이 여럿 있었던 것이다. 그들 중에 경빈 박씨는 연산군 시대의 흥청 출신으로 중종이 용상에 앉자마자 미모에 이끌려 후궁으로 앉힌 여인이었고, 희빈 홍씨와 창빈 안씨는 반정 공신들의 딸들이었다. 더구나 경빈 박씨에게는 아홉 살 된 아들도 있었다. 그녀의 아들 복성군은 비록 서자였지만 중종의 장자였기 때문에 왕위 계승을 노리는 상황이었다. 법도에 따른다면 죽은 장경왕후가 남긴 원자 호(제12대 인종)가 세자 자리에 앉는 것이 순서였지만, 궁궐 내에서 모후가 없는 원자를 보호해줄 마땅한 인물이 없었다. 그래서 문정왕후는 자처해서 원자 호를 보호했고, 이는 그녀가 중전의 입지를 다지는 데 큰 도움이 되었다.

그러나 원자 호의 보호자가 된다는 것은 필연적으로 경빈 박씨와의 갈등을 유발할 수밖에 없었다. 경빈 박씨는 장경왕후가 죽은 이후로 한때 왕비로 책봉될 뻔했다. 왕의 장자를 낳은 데다 왕의 총애를 한몸에 받고 있었기 때문이다. 하지만 그녀가 흥청 출신이라는 것이 문제였다. 경빈은 경상도 상주 출신의 가난한 선비 집안에서 태어났고, 연산군 시절에 미모 덕분에 채홍사에 의해 흥청으로 뽑혀 궁에 들어왔다. 그런데 박원종이 반정을 일으킨 후 그

167

녀를 아깝게 여겨 양녀로 삼았다가 중종에게 바친 여인이었다. 이러한 경빈의 전력은 결국 그녀가 중전이 되는데 큰 걸림돌이 되었고, 중종은 결국 그녀를 정1품 빈에 봉하고 새로운 왕비를 들이기로 했던 것이다. 하지만 문정왕후가 중전이 되어 입궐한 이후에도 경빈은 자기 아들 복성군을 세자에 앉힐 야망을 버리지 않았다. 그런데 문정왕후가 원자 호를 감싸며 복성군의 앞길을 가로막자 경빈은 문정왕후를 적대시했다.

이렇듯 경빈이 복성군을 세자로 만들려는 야망을 품은 배경엔 문정왕후가 왕자를 출산하지 못한 사실도 한몫했다. 문정왕후는 중전이 된 뒤에도 3년 동안 임신하지 못했다. 그래서 1520년에 원자 호가 세자에 책봉되었는데, 경빈은 세자의 친모가 없다는 이유로 지속적으로 세자 호를 밀어내고 복성군을 세자로 앉힐 음모를 꾸몄다. 그때마다 문정왕후는 세자 호를 적극적으로 보호하며 경빈의 음모를 막아냈다.

문정왕후를 공격한 후궁은 비단 경빈만이 아니었다. 희빈 홍씨도 그녀를 지속적으로 공격했다. 그녀는 당시의 권신 홍경주의 딸로 궁에서 상당한 영향력을 행사하고 있었다. 사림의 거두로서 중종의 개혁 정치를 이끌고 있던 조광조와 사림 세력이 일거에 제거된 것도 그녀의 모략에 의한 것이었다. 조광조와 사림 세력이 대거 쫓겨난 1519년의 기묘사화 당시 그녀는 베갯머리송사를 통해 "온 나라의 인심이 조광조에게 돌아갔다"라는 말로 중종의 불안을 부추겼다. 이어 궁녀를 통해 '조광조가 왕이 된다'라는 의미인

'주초위왕走肖爲王'이 새겨진 나뭇잎을 중종에게 올리게 함으로써 기묘사화를 유발했다. 희빈 홍씨가 이런 모략을 꾸민 것 역시 자기 아들 금원군에게 왕위를 계승하려는 목적이었다.

하지만 희빈 홍씨는 1521년에 아버지 홍경주가 죽으면서 영향력이 크게 약해졌고, 결국 금원군을 세자로 삼으려는 야심을 버렸다. 하지만 경빈 박씨는 여전히 야망을 버리지 않았다. 경빈 박씨는 당대의 권신인 남곤과 심정 두 사람과 손잡고 복성군을 세자에 앉힐 방도를 강구하고 있었다. 이에 문정왕후는 세자 호의 외숙 윤임과 힘을 합쳐 그들과 대치했다. 덕분에 세자 호의 자리는 유지될 수 있었다.

✻ ✻ ✻
작서의 변과 경빈의 죽음

그런 가운데 문정왕후는 임신하여 아이를 낳았으나 연속으로 딸만 둘을 낳았다. 1521년에는 의혜공주를, 1522년에는 효순공주를 낳았다. 그 바람에 경빈 박씨는 여전히 복성군을 세자로 앉힐 꿈을 포기하지 않았다. 그러던 중에 '작서의 변'이 터졌다. 사건의 전말은 이렇다.

1527년 2월 26일에 동궁의 해방亥方(24방위의 하나로 북북서쪽)에 불태운 쥐, 즉 작서灼鼠 한 마리가 걸려 있고, 물통의 나뭇조각으로

169

만든 방서榜書(방술을 적은 글)가 함께 발견되어 조정이 발칵 뒤집혔다. 당시 동궁엔 세자 호(인종)가 기거했다. 인종은 돼지띠로 해亥년생이며, 그 사건 3일 뒤인 2월 29일이 생일이었다. 세자의 생일에 앞서 세자를 저주하는 일이 발생한 것이다. 쥐는 돼지와 비슷한 데가 있어 쥐를 태워 걸어놓은 것은 곧 세자를 저주한 것이기 때문에 중종과 조정 대신들이 매우 민감한 반응을 보일 수밖에 없었다.

중종은 이 일에 대해 철저히 조사하라는 엄명을 내렸고, 수사가 시작되어 범인으로 지목된 사람은 바로 경빈 박씨였다. 당시 중종이 매우 신임하던 인물인 김안로가 방서의 글씨가 경빈 박씨의 사위 홍려의 것이라고 주장한 것이 결정타였다. 이후 홍려는 의금부에서 심한 매질을 당하다 고통을 이기지 못하고 자기 글씨라고 시인했고, 이후 모든 것이 경빈이 꾸민 짓이라는 결론에 도달했다.

이 일로 경빈의 시녀 여러 명이 매맞아 죽고, 그녀의 사위 홍려도 매맞아 죽었다. 또 좌의정 심정이 경빈과 결탁했다고 하여 사사되었으며, 그 외에도 많은 사람이 연루되어 죽었다. 또한, 경빈 박씨와 그녀의 아들 복성군도 서인으로 전락하여 유배되었다가 사약을 받고 죽었다.

그런데 이 사건의 진범은 경빈 박씨나 그녀의 사위 홍려가 아니었다. 그녀가 죽은 뒤인 1533년에 같은 서체의 방서가 발견되었는데, 지난번 작서의 변 사건에서 발견된 방서의 글씨와 같은 것

이었다. 이는 작서의 변 당시의 글씨가 경빈의 사위 홍려의 것이
아니라는 증거였다.

이 일로 조정은 다시 한번 발칵 뒤집혔다. 당시 방서의 글씨가
홍려의 것이라고 주장했던 김안로는 이번 방서의 글씨와 지난번
글씨는 다르다고 주장했지만, 대사간 상진은 같은 글씨라고 주장
했다. 상진이 이런 주장을 한 이유는 경빈과 복성군이 작서의 변
과 무관함을 밝히려는 의도였다.

이렇듯 상진과 김안로가 방서의 주인을 놓고 옥신각신하자 중
종은 방서가 적힌 나무를 태워서 없애게 하고, 이 일을 종결해버
렸다. 그런데 훗날 밝혀진 사실로는 작서의 변 당시의 방서 글씨
는 김안로의 아들 김희의 글씨로 판명되었다. 말하자면 작서의 변
을 획책한 인물이 바로 김안로였다는 뜻이었다.

하지만 이것이 김안로의 행각이든 아니든 작서의 변으로 가장
큰 이득을 본 세력은 세자를 호위하던 문정왕후와 윤임이었다.

＊ ＊ ＊

아들을 낳은 후

어쨌든 작서의 변은 세자를 위협하는 세력들을 모두 일거에 제
거해버렸다. 덕분에 문정왕후는 더 이상 왕위 계승 문제로 싸울
필요가 없게 되었고 중전으로서 입지도 확실해졌다. 이후 그녀는

171

세자 호를 친아들처럼 보호했고, 덕분에 그녀와 세자의 관계는 친모자 못지않게 좋았다.

그런데 그로부터 7년 뒤인 1534년에 변수가 생겼다. 두 명의 공주를 낳고 세 번째도 공주를 낳았던 문정왕후가 드디어 아들(환)을 낳은 것이다. 막상 아들을 낳자 문정왕후의 태도는 이전과 완전히 달라졌다. 자신이 무려 17년 동안이나 보호해왔던 세자 호를 미워하기 시작했다. 아들 환을 왕위 계승자로 만들고 싶은 속내를 드러낸 것이다.

이렇게 되자 세자 호를 보호하던 윤임과 그녀는 순식간에 적대적인 관계가 되고 말았다. 이후 윤임은 중종의 큰딸이자 인종의 누나인 효혜공주의 시아버지 김안로와 손을 잡고 문정왕후를 내쫓기 위해 혈안이 되었고, 문정왕후는 자신과 왕자 환을 지키기 위해 그들과 목숨 건 투쟁을 계속했다. 그리고 결국, 그녀는 자신을 궁궐에서 쫓아내기 위해 계략을 꾸미고 있던 김안로를 숙청하는 데 성공한다. 김안로는 1537년에 문정왕후 폐위를 도모했는데, 이를 눈치챈 문정왕후는 친척 윤안임과 대사헌 양연을 시켜 김안로에게 역공을 가하였디. 이에 중종이 진노하여 윤안임과 양연을 시켜 김안로를 체포하였고, 결국 김안로는 유배되어 사약을 받고 죽었다.

하지만 그녀 앞에는 여전히 윤임이라는 강력한 정적이 버티고 있었다. 그녀는 다시 윤임과 건곤일척의 싸움을 벌였다. 윤임을 죽이지 않으면 자신이 죽어야만 한다는 절박한 심정으로 그녀는 동생 윤원로와 윤원형을 앞세워 윤임을 상대했다. 그래서 세간에서는 윤임을 대윤이라고 하고, 윤원형 형제를 소윤이라고 불렀다. 대윤의 힘은 모두 세자로부터 비롯되었고, 소윤의 힘은 모두 왕비인 그녀로부터 비롯되었다. 그 때문에 그녀는 세자를 제거해야만 윤임을 제거할 수 있다고 판단하였다.

그런 상황에서 누군가가 의도적으로 낸 화재로 인해 동궁전이 소실되는 사태가 벌어지기도 했다. 누가 범인인지는 밝혀지지 않았지만, 문정왕후가 시켜서 생긴 일이라고 보는 시각이 다수였다. 하지만 그녀가 방화범이라는 명백한 증거가 없었던 터라 그녀는 무사했다.

이렇게 그녀와 윤임의 대립이 극에 달해 있을 때, 오랫동안 지병을 앓고 있던 중종이 사망했다. 중종의 죽음은 곧 그녀의 방패막이가 사라졌음을 의미했고, 동시에 세자 원이 용상에 앉는다는 뜻이었다. 말하자면 원을 밀어내고 친아들 환을 세자로 세우려던 그의 계획이 물거품이 되었다.

❈ ❈ ❈

친아들을 왕위에 앉히다

1544년 11월, 마침내 세자 원이 즉위했다. 인종이 즉위하자, 윤임의 세력은 극대화되었다. 그러자 윤임은 어떻게 해서든 그녀와 경원대군 환을 제거하려 했다. 그때마다 그녀는 인종에게 달려가 "언제 우리 모자를 죽일 것이냐"라고 악다구니를 쓰곤 했다. 다행히 인종은 매우 어질고 효심이 지극한 인물이었다. 그녀는 인종의 그런 성정을 파고들어 자신과 아들의 안전을 지키고자 했다. 인종은 악다구니를 쓰는 계모를 안심시키기 위해 별별 노력을 다했는데, 그 내용의 일부가 《유분록》에 전한다.

어느 날 자전 대비가 홀로된 자신과 약한 아들이 보전하기 어렵다는 말로 미안한 말을 내리니 임금이 그 말을 듣고 미안함을 이기지 못하여 아침 처마에 더운 햇볕이 쬐는데 땅에 오랫동안 엎드려서 대비를 위안했다. 그리하여 성의로 감동하게 한 연후에야 대비가 약간 안색을 풀었다. 이런 뒤로 임금이 많이 근심하여 이로써 점점 병을 이루어 조정이 황황하여 어찌할 바를 알지 못했다.

인종의 건강이 나빠지자 대비 윤씨는 경원대군 환을 왕위에 앉힐 욕심을 노골적으로 드러냈다. 인종은 서른 살에 왕위에 올랐는데 자식이 없었다. 그래서 만약 인종이 그대로 죽게 된다면 왕위는 환의 차지가 될 수 있었다. 윤씨는 그 점에 희망을 걸고 자기 아들을 왕위에 앉히기 위해 혈안이 되었다.

당시 인종은 건강이 매우 좋지 않았다. 중종의 병구완과 삼년상에 온 힘을 다한 탓이었다. 그는 부왕이 서거했을 때, 무려 6일 동안이나 물 한 모금도 입에 대지 않았다. 그리고 닷새 동안 계속해서 울음을 멈추지 않아 주변을 걱정하게 하였다. 또한 초상 때부터 졸곡(삼우를 지내고 석 달이 지난 뒤 첫 강일에 지내는 제사) 때까지 무려 3개월 동안 죽만 먹었고, 소금과 간장조차 입에 대지 않았다. 이 때문에 인종의 건강이 극도로 나빠졌다. 그런 와중에도 인종은 계모 문정왕후에게 효성을 다했다.《동각잡기》는 인조의 효성에 대해 다음과 같은 기록을 남기고 있다.

임금이 장례 치르는 일에 예를 다하고 자전대비를 지극히 효성스럽게 받드니 여러 신하가 임금에게 애통함을 억제하여 몸을 보전하기를 청했으나 듣지 않고 점점 병이 되었다. 을사년 6월 27일에 벼락이 경회루 기둥을 때려서 기둥을 둘러싼 쇠가 부서지기까지 하니 인종이 위독한 중에도 이렇게 말했다.

"벼락이 어디를 때렸느냐? 대비전께서 놀라셨을까 걱정이구나."

그러면서 곧 내관을 보내 문안했다.

이 일은 1545년 6월 27일에 있었던 사건이다. 이때 인종은 병이 깊어져 사경을 헤매는 중이었다. 그런 상황에서도 계모를 챙겼으니 그의 효성은 정말 지극하다 못해 너무 지나쳤다고 하는 표현이 맞을 것이다. 그리고 이틀 뒤인 6월 29일에 인종은 경원대군에게 왕위를 넘기고 다음 날인 7월 1일에 숨을 거뒀다.

이렇듯 문정왕후는 자기 아들을 왕으로 만들겠다는 집념을 포기하지 않고 기어코 현실로 만들어냈다. 이는 단순히 친아들을 왕위에 올려놓고 모후로서의 부귀영화를 누리려는 단순한 의도 때문이 아니었다. 아들 뒤에서 실제 권력을 휘두르는 숨은 왕이 되려는 속내가 깔려 있었다.

✳ ✳ ✳

섭정이 되어 여왕으로 군림하다

인종을 이어 왕위에 오른 경원대군 환이 바로 제13대 명종인데, 그때 나이 겨우 열두 살이었다. 그 나이에 왕위에 올랐으니 아는 것이 있을 리 없었다. 그러니 모든 왕권은 문정왕후 윤씨의 차지가 되었다. 그녀는 편전에 수렴을 내리고 섭정을 시작했다.

명종은 나이는 어렸지만, 어머니 윤씨와 달리 성정이 착하고 순했다. 마음이 여리고 효심이 극진해 어머니 문정왕후의 의견에 어떤 토도 달지 못 했다. 심지어 궁궐 내부에 자그마한 시설 하나도 모두 모후의 허락을 받고 만들었다. 이에 대해 실록은 이렇게 쓰고 있다.

윤비(문정왕후)는 천성이 엄하고 강하여 비록 주상을 대하는 때라도 말과 얼굴을 부드럽게 하지 않았고 수렴청정한 이래로 무릇 뭐라도 하나 만드는 것도 모두 상이 마음대로 하지 못하였다.

한마디로 명종은 모후 문정왕후의 허락 없이는 어떤 것도 결정할 수 없는 마마보이였다. 이러한 그의 성정은 재위 내내 문정왕후의 손아귀에서 벗어날 수 없게 만들었다.

한편, 그녀는 왕권을 잡자마자 한바탕 피바람을 일으켰다. 윤임 세력을 제거하기 시작했던 것이다. 당시 윤임은 사림 세력과 가까웠는데, 문정왕후는 윤임을 제거하면서 사림 세력도 대거 숙청했다. 윤임을 위시한 대윤 세력의 숙청에 앞장선 인물은 그녀의 동생 윤원형이었다. 문정왕후를 등에 업은 윤원형은 대윤 세력을 역적으로 몰아 100여 명을 죽음으로 몰아넣었는데, 이것이 1545년에 벌어진 '을사사화'였다.

하지만 윤원형은 거기서 그치지 않았다. 2년 뒤인 1547년에 양재역에 벽서 하나가 붙었는데, 그곳에는 "위로는 여왕, 아래로는 간신 이기가 권력을 휘두르니 나라가 곧 망할 것"이라는 내용이 적혀 있었다. 윤원형은 이 일을 확대하여 윤임의 잔당들을 제거하는 기회로 삼았다. 이것이 곧 '정미사화'였다.

조정 내에서 견제 세력이 모두 사라지자 윤원형은 권력을 독식하며 애첩 정난정과 함께 엄청난 뇌물을 받아 챙겨 부를 축적하기에 혈안이 되었다. 하지만 어린 명종은 어떤 조치도 취할 수 없었다. 그 때문에 왕권과 조정은 완전히 문정왕후의 손안에 있었다. 세간에서는 그녀를 여왕으로 불렀다.

※ ※ ※

죽을 때까지 왕권을 쥐고 흔들다

명종이 그나마 윤원형을 견제하기 시작한 것은 1553년에 문정왕후의 섭정이 끝난 뒤였다. 명종이 스무 살이 되자 문정왕후의 수렴청정은 종결되었고, 명종은 비로소 친정을 시작했다. 친정을 시작한 후 명종은 윤원형을 견제하기 위해 왕비인 인순왕후 심씨의 외삼촌 이량을 이조판서로 기용했다. 하지만 이량 역시 윤원형과 크게 다를 바 없는 인물이었다. 그 바람에 여전히 국정은 혼란스러웠고 조정은 권신들의 손아귀에서 놀아났다. 하지만 명종은 어떤 뚜렷한 대응책도 내놓지 못 했다.

명종은 친정을 시작한 이후에도 모후 문정왕후의 그늘에서 벗어나지 못했다. 명종이 나름대로 자신의 의지로 정치를 이끌고자 하면 그녀는 여지없이 그를 불러 무섭게 다그쳤다.

"너를 왕으로 만든 사람이 바로 나다. 그런데 네가 내 말을 듣지 않으니 그것이 자식의 도리라 할 수 있느냐?"

명종은 이 말 한마디에 꼼짝없이 무너졌다. 문정왕후는 1565년에 죽을 때까지 왕권을 쥐고 흔들었다.

이에 대해 《축수편》은 이런 기록을 남기고 있다.

임금이 이미 나이 장성하였으므로 대비가 비로소 정권을 돌렸다. 따라서 마음대로 권력을 부리지 못하게 되었으므로 만일 하고 싶은 일이 있으면, 곧 국문으로 조목을 나열하여 중관을 시켜 내전에 내보냈다. 임금이 보고 나서 일이 행할 만한 것은 행하고, 행하지 못할 것이면 곧 얼굴에 수심을 드러내며 그 쪽지를 말아서 소매 속에 넣었다. 이로써 매양 문정왕후에게 거슬렸으므로 왕후는 불시에 임금을 불러들여 이렇게 말했다.

"무엇 무엇은 어째서 해주지 않느냐?"

이렇게 따지면 임금은 온순한 태도로 그 합당성 여부를 진술하였다. 그러면 문정왕후는 버럭 화를 내며 말했다.

"네가 임금이 된 것은 모두 우리 오라비와 나의 힘이다. 지금 네가 편히 앉아서 복을 누리면서 도리어 나의 명을 거역한단 말이냐?"

어떤 때에는 때리기까지 하여 임금의 얼굴에 기운이 없어지고 눈물 자국까지 보일 적이 있었다.

이렇듯 문정왕후가 살아있는 동안 명종은 자신의 소신대로 정사를 펼친 적이 한순간도 없었다. 무서운 어머니 밑에서 자란 명종은 눈물만 보일 뿐 한 번도 제대로 자신의 소신을 펼친 적이 없었다. 그 때문에 심한 스트레스에 시달린 나머지 병을 얻었다. 이에 대해 실록은 이렇게 적고 있다.

문정왕후는 스스로 명종을 세운 공이 있다 하여 때로 주상에게 "너는 내가 아니면 어떻게 이 자리를 소유할 수 있었으랴" 하고, 조금만 여의치 않으면 곧 꾸짖고 호통을 쳐 마치 민가의 어머니가 어린

179

아들 대하듯 함이 있었다. 상의 천성이 지극히 효성스러워서 어김 없이 받들었으나 때로 후원의 외진 곳에서 눈물을 흘리었고 더욱 목 놓아 울기까지 하였으니 상이 심열증을 얻은 것이 또한 이 때문이다.

심열증이란 곧 화병을 의미하는 것이니 명종은 악독한 엄마 때문에 마음의 병을 얻었고, 이것이 심해져서 죽음에 이르렀다.

명종이 그나마 자신의 소신을 펼치기 시작한 것은 문정왕후가 죽은 뒤부터였다. 권력을 독식하던 외삼촌 윤원형과 그의 첩이자 악녀였던 정난정을 내쫓고 유배지에서 선비들을 불러들여 조정을 겨우 정상으로 돌려놓았다. 하지만 문정왕후가 죽고 불과 2년 뒤에 명종도 죽었다. 명종이 죽은 원인은 어머니 때문에 생긴 심병 탓도 있었지만, 삼년상을 지나치게 치른 탓도 컸다. 이에 대해 실록은 이런 기록을 남기고 있다.

상은 천성이 순하고 고와 매사에 예법을 준수하였다. 문정왕후의 삼년상에는 그 효성스러운 마음을 다하였고, 제사의 의례를 모두 지성으로 하지 않음이 없었다. 이때는 상이 편치 않은 때였는데 묘당을 모시는 예가 임박하자 몸소 제사를 올리려 하므로 대신들이 그만두기를 청했으나 상이 따르지 않고 무더위를 무릅쓰고 질병을 참으며 행례를 하다 그길로 크게 병세가 나빠져 마침내는 구하지 못하게 되었으니 온 나라가 울부짖는 슬픔이 어찌 끝이 있겠는가.

명종은 모후가 죽자 인종처럼 지극 정성으로 상을 치렀는데, 이것이 화근이 되어 건강이 극도로 나빠졌고, 급기야 삼년상을 마치자마자 죽음에 이르렀으니 그 어미가 곧 아들에겐 죽음에 이르는 병이었다.

3부

사랑과 권력의 승부사들

12

목숨 건 승부수

고구려 중천왕 비 연왕후와 관나부인

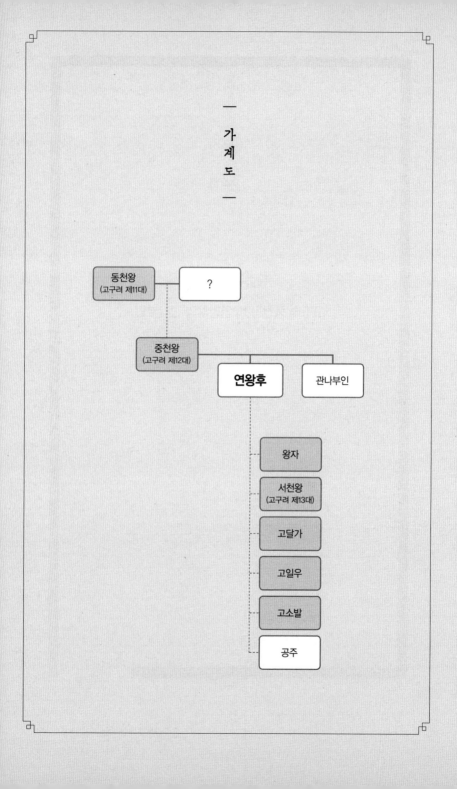

가
계
도

동천왕
(고구려 제11대)

?

중천왕
(고구려 제12대)

연왕후

관나부인

왕자

서천왕
(고구려 제13대)

고달가

고일우

고소발

공주

고구려 왕실의 애정 전쟁

왕조시대에는 어느 나라를 막론하고 궁중 여인들이 왕의 사랑을 독차지하기 위해 암투를 벌이는 일이 허다했다. 이들의 애정 다툼은 단순히 한 남자의 사랑을 차지하기 위한 감정적인 행위만은 아니었다. 왕과 궁중 여인들의 애정 행위는 두 사람의 사랑을 넘어선 정치 행위였다. 그래서 때로는 그 애정 행위의 결과로 왕위 계승권이 결정되기도 했고, 정치 세력의 판도를 바꾸기도 했으며, 한 가문의 운명을 결정짓기도 했다.

그들의 싸움은 그 어떤 전투보다도 치열했기에 책략과 음모와 협잡이 난무했다. 사랑싸움에서 패배하면 당사자는 물론이고, 부모와 형제 그리고 자식과 그들에게 줄을 대고 있던 정치 세력까지 모두 패배자가 되어 공멸했다. 그런 과정에서 숱한 사람들이 목숨을 잃기도 했으니 궁중의 애정 싸움은 한마디로 전쟁이었다. 단지 전쟁의 도구가 칼과 창, 방패가 아니라 애정이었을 따름이다. 그런 의미에서 그들의 사랑 다툼은 곧 애정 전쟁이었고, 그들 모두는 이 전투에 뛰어든 전사들이었다.

우리 역사 속에서 이들 전사를 대표하는 첫 번째 인물은 고구려의 제12대 중천왕의 왕비 연왕후였다.

고구려사는 남아있는 사료가 많지 않아 왕족들의 궁중 생활을 자세히 알지 못한다. 그래서 왕비들의 애정 다툼에 대한 기록이 극히 적은 편이다. 제2대 유리왕이 남긴 황조가를 통해 궁중 여인들의 암투가 있었음을 짐작할 수는 있지만, 구체적인 내용이 기록되지 않아 그 내막을 알 수 없고, 3대 대무신왕의 아들 호동왕자가 왕비의 모략으로 죽은 사건을 통해 왕위 계승을 두고 벌인 암투의 그림자를 짐작할 수 있는 정도다. 그래도 그나마 남아있는 것은 중천왕의 왕비 연왕후와 후궁 관나부인에 관한 이야기가 전부라고 할 수 있다. 이에 이 두 사람의 애정 전쟁과 그 배경에 대해 알아본다.

전란 직후의 결혼과 반란

중천왕과 이 두 여인 사이에 어떤 일이 있었을까? 이들의 애정 문제에 앞서 우선 당시 세 사람이 처해있던 상황부터 살펴보자.

중천왕은 248년에 고구려 제12대 왕으로 즉위했다. 동천왕의 장남으로 이름은 연불이고, 재위 기간은 22년이다. 기록상으로는 연왕후와 관나부인 두 명의 부인만 두었다.

중천왕이 왕위에 오를 당시 고구려는 전쟁 후유증으로 몹시 힘든 시기를 보내고 있었다. 중천왕의 아버지 동천왕의 재위 시절은 중원 땅에서 조조, 유비, 손권의 위, 촉, 오 삼국이 서로 경쟁하던 시기였다. 중원은 혼란에 휩싸여 있었는데 동천왕은 이 상황을 영토 확장의 기회라고 판단하여 서진 정책을 펼쳤다.

조조의 위나라가 고구려의 야욕을 눈치채고 246년에 유주 자사 관구검에게 군사를 주어 고구려를 공격하게 했다. 하지만 관구검은 두 번에 걸친 전투에서 모두 패배하여 쫓겨 갔다. 이때 호기를 잡았다고 생각한 동천왕은 직접 군대를 이끌고 위나라 군대를 뒤쫓았는데 그만 복병에 걸려 크게 패하고 말았다.

이어 위나라 군대는 고구려 도성에 들어가 궁궐과 민가에 불을 지르고 파괴했으며, 사람을 보내 동천왕을 추격하게 했다. 동천왕은 가까스로 목숨을 건져 달아났다. 다행히 고구려의 맹장 유유의 결사 항전 덕분에 위나라 군대는 물러갔지만, 고구려의 피해는 매우 컸다. 도성인 환도성은 잿더미가 되었고, 백성들은 뿔뿔이 흩어졌다. 그 바람에 동천왕은 별수 없이 도읍을 평양으로 옮겼다. 그리고 얼마 뒤에 병을 얻어 죽고 말았다.

중천왕은 이런 상황에서 248년 9월, 왕위에 올랐다. 그리고 10월에 왕후 연씨와 결혼했다. 《삼국사기》는 그녀의 출신에 대한 기

록을 남기지 않고 있지만, 성씨로 봐서는 연나부의 귀족 가문일
것으로 판단된다.

중천왕이 연나부에서 연씨를 간택하여 왕후로 맞아들인 지 채
1개월도 안 되어 중천왕의 동생들인 예물과 사구가 반란을 일으
켰다. 당시는 중천왕이 왕위에 오른 지도 2개월밖에 되지 않았을
때였다.

예물과 사구는 평양성이 아직 안정되지 못했다는 사실과 중천
왕의 즉위식, 연씨와의 혼례 등으로 조정이 어수선하게 돌아가고
있는 상황을 포착하여 반란을 도모했다. 이들의 반란 사건은 매우
치밀하게 계획된 일이었을 것이다.

반란 세력에는 연나부에 반대하는 나머지 나부 세력의 지원도
있었을 것이다. 그들은 연나부 중심의 정권으로 인해 전쟁이 계속
되고 환도성이 불타는 등 국가의 혼란이 야기되었다는 여론을 형
성하고 그것을 기반으로 반역을 도모했을 것이다. 그리고 중천왕
의 즉위에 불만을 품고 있던 예물과 사구가 이에 동조함으로써 반
란을 현실화했던 것이다.

관나부인을 총애하는 중천왕

하지만 예물과 사구의 반란은 실패했다. 오랫동안 정권을 장악

하고 있던 연나부 세력에게 굴복한 것이다. 반란사건 진압 후 연나부의 힘은 더욱 강화되었다. 그래서 중천왕은 250년 2월에 연나부 출신의 국상 명림어수에게 행정부뿐 아니라 내외의 군권까지 넘겼다. 이로써 명림어수는 명림답부 이후 가장 강력한 힘을 행사하는 국상이 되었다.

그러나 254년 4월에 명림어수가 사망하자 중천왕은 독자적인 힘을 형성하기 위해 국상을 비류나부에서 선택하였다. 즉위 후 약 6년 동안 명림어수와 연나부의 압력을 받아야 했던 중천왕은 비류나부의 패자 음우를 국상으로 임명하면서 왕권을 회복하였다.

이 무렵 평양성은 신도읍지로 자리잡았고, 국토복구사업도 많은 진척을 보였다. 이에 중천왕은 자신감을 가지고 스스로 행정권과 군권을 장악하여 왕의 위상을 높이려 했고, 그 방편으로 비류나부 패자 음우를 국상으로 삼았다.

하지만 이에 대해 연나부의 반발이 거세게 일었다. 중천왕은 이를 무마하기 위해 자신의 딸을 연나부의 명림홀도에게 시집보냈다. 명림홀도는 명림어수의 손자 정도로 판단되는데, 그를 부마도위로 삼은 것은 비류나부에서 국상을 뽑은 것에 대한 반발을 무마하려는 타협책으로 보아야 할 것이다.

이후 중천왕은 고구려 조정을 안정시켰고, 덕분에 고구려는 동천왕 시절의 위상을 회복해 갔다. 그런 가운데 관나부에서 후궁을 하나 들였는데, 바로 관나부인이었다. 그녀는 얼굴이 매우 아름다웠고, 머리카락을 9척이나 길러 자신의 자태를 더욱 빛나게 했다.

중천왕은 이런 그녀를 매우 총애했는데, 그 때문에 왕비 연씨는 불안감을 감추지 못하고 그녀를 몹시 질투했다.

바다에 던져지는 관나부인

관나부인에 대한 중천왕의 애정이 깊어질수록 왕비 연씨의 불안감은 커졌다. 급기야 연씨는 무슨 수를 써서라도 관나부인을 내쫓아야겠다고 마음먹고 방도를 강구했다. 연씨는 어느 날 중천왕에게 이렇게 말했다.

"제가 알기로는 서쪽 위나라에서는 긴 머리카락을 천금을 주고 산다고 합니다. 한때 우리 선조께서는 중국에 예물을 보내지 않아 병란을 당하여 쫓겨 다니기도 했다는데, 위나라에 머리카락이 긴 미인을 진상하면 그들은 흔쾌히 받아들일 것입니다. 그렇게 되면 우리나라를 침범하는 일도 없어질 것이고, 혹 우리가 도망 다닐 일도 없지 않겠습니까?"

연씨의 말을 들은 중천왕은 그녀가 관나부인을 질투하여 내쫓으려 한다는 것을 알았지만 아무런 반응도 보이지 않았다. 이 소식을 들은 관나부인은 이참에 왕후를 궁지로 몰아넣어야겠다고 생각했다. 그래서 사냥을 나가려는 중천왕에게 달려가 왕후를 비방했다.

"왕후께서 저에게 욕을 하시면서 '시골 계집이 어찌하여 이곳에 있느냐? 만약 스스로 돌아가지 않으면 반드시 후회하게 해주겠다'라고 했습니다. 마마께서 출타하시는 기회가 있으면 왕후께서 저를 죽이려 할 터인데 이를 어찌하면 좋겠습니까?"

그런데 중천왕은 관나부인의 하소연을 듣고도 아무런 반응을 보이지 않았다. 그러고는 사냥터로 떠났다.

중천왕이 사냥터에서 돌아오자 관나부인은 가죽주머니를 들고 울먹이며 말했다.

"왕후께서 저를 여기에 담아 바다에 버리려 합니다. 폐하, 저의 미천한 목숨을 돌보아주시려 한다면 어서 빨리 집으로 보내주십시오. 어찌 이런 상황에서 마마를 모실 수가 있겠습니까?"

관나부인은 이 정도 하면 중천왕이 자신을 불쌍하게 여겨 어떤 조치라도 취해줄 것으로 믿었다. 중천왕은 그런 그녀의 생각을 잘 읽고 있었다. 그래서 냉기 어린 음성으로 되물었다.

"네가 정녕 바다에 들어가고 싶으냐? 그렇다면 들어가게 해주겠다."

중천왕은 그렇게 말한 다음 명령을 내려 관나부인을 가죽주머니에 담아 바다에 던지게 하였다. 왕비를 궁지로 몰려고 하다가 되레 자신이 목숨을 잃은 것이다. 비정한 애정 전쟁에서 왕비 연씨가 승리하는 순간이었다.

기록은 없지만, 중천왕이 관나부인을 죽일 수밖에 없었던 이유가 따로 있었던 듯하다. 당시 조정은 연나부가 장악해 있는 상황이었고, 왕비 연씨는 연나부 출신이었다. 그러니 중천왕으로서는 힘없는 관나부 출신 후궁의 편을 들어 줄 수 없었을 것이다. 중천 왕이 관나부인을 죽인 것은 전형적인 정치적 선택의 예로 볼 수 있다.

13

끝까지 살아남는 자가 이긴다

충숙왕 비 공원왕후와 원나라 공주들

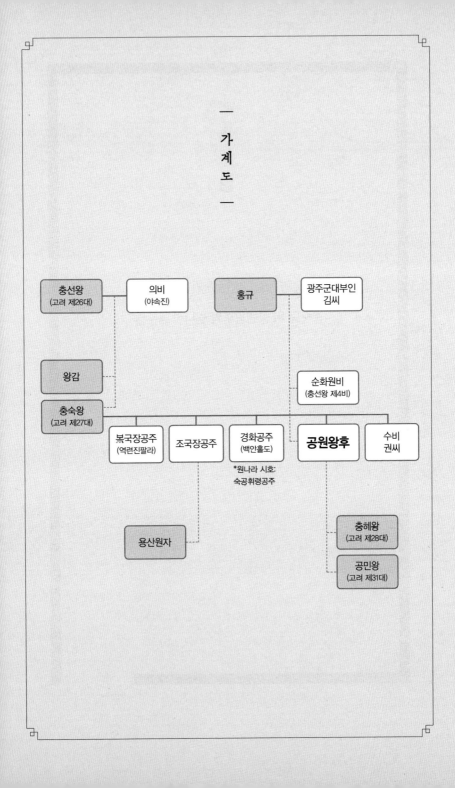

가
계
도

충선왕
(고려 제26대)

의비
(야속진)

홍규

광주군대부인
김씨

왕감

순화원비
(충선왕 제4비)

충숙왕
(고려 제27대)

복국장공주
(역련진팔라)

조국장공주

경화공주
(백안홀도)

공원왕후

수비
권씨

*원나라 시호:
숙공휘령공주

용산원자

충혜왕
(고려 제28대)

공민왕
(고려 제31대)

3년 만에 끝난 호시절

고려시대 궁중 여인들 사이에 가장 치열한 싸움이 전개된 시기는 원나라 복속 시대였다. 이들의 싸움에서 물론 유리한 입장에 있던 쪽은 원나라 공주들이었다. 하지만 싸움이란 끝까지 해봐야 아는 것이다. 최종 승리는 항상 마지막까지 살아남는 자의 몫이기 때문이다. 충숙왕의 왕비 공원왕후의 삶이 이를 증명한다.

공원왕후 홍씨는 1298년생으로 홍규의 둘째 딸이다. 홍규는 그녀를 왕가에 시집보내기 전에 이미 왕실과 인연이 있었다. 첫딸이 충선왕의 후궁 순화원비였다. 그리고 둘째 딸을 충숙왕에게 시집보냄으로써 왕실과 겹사돈이 되었다.

공원왕후가 충숙왕에게 시집간 것은 열여섯 살 때인 1313년 8월이었다. 당시 그녀와 결혼한 충숙왕의 나이는 네 살 많은 스무 살이었다.

결혼할 당시 충숙왕은 고려 말을 잘하지 못했다. 충숙왕은 충선왕의 둘째 아들인데, 어머니는 원나라 여인 야속진이었다. 흔히 의비로 불리는 그녀는 충선왕과 결혼하여 감과 만 두 아들을 낳았고, 둘째 아들 만이 충숙왕이었다. 의비의 두 아들은 어린 시절을 대부분 원나라 연경에서 보냈기 때문에 고려 말에 익숙하지 않았다. 그래서 결혼 당시에 충숙왕은 고려 말뿐 아니라 고려의 풍속도 낯설어했다.

충숙왕은 왕위에 오를 당시에도 원나라에 있었는데, 그의 왕위 계승은 급작스럽게 결정된 것이었다. 충선왕은 왕위에 오른 뒤에 큰아들 감을 세자로 책봉했는데, 그는 부왕 충선왕에 의해 목숨을 잃었다. 그 내막은 이렇다.

충선왕은 즉위 후 단 2개월을 제외한 재위 기간 전부를 원나라 연경에서 보냈고, 이로 인해 고려 조정은 항상 불안한 나날을 보내야 했다. 조정 중신들은 누차에 걸쳐 원나라에 왕의 환국을 청원했지만 받아들여지지 않았고, 이에 몇몇 조신들이 세자 왕감을 중심으로 세력을 구축하려 하였다. 이에 충렬왕과 부자간의 세력 다툼 경험이 있던 충선왕은 1310년에 세자 왕감과 그 주변 인물들을 모두 죽여 버렸다.

이 바람에 충숙왕은 냉혹한 정치적 결단의 희생자가 된 동복형 왕감을 대신하여 얼떨결에 왕이 되었다. 이후 고려에 와서 즉위식을 가졌고, 즉위 후 5개월 뒤에 공원왕후와 결혼했다. 어쩌다 왕위에 오르긴 했지만, 충숙왕은 상왕인 충선왕이 건재한 상태여서 왕권을 완전히 장악할 수 없었다. 더군다나 충선왕은 조카인 왕고를 총애하여 그를 세자로 세운 상태였다. 이 때문에 왕고는 지속적으로 왕위찬탈 음모를 꾸며 충숙왕을 곤경에 빠뜨렸다.

홍씨는 이런 상황에서 어렵게 왕비 자리를 지켰다. 그나마 다행인 것은 충숙왕이 그녀를 매우 사랑했고, 아들도 얻었다. 부부는 아주 사이가 좋았다. 하지만 호시절은 불과 3년 만에 끝이 났다. 1316년 7월에 원나라 영왕 야선첩목아의 딸 복국장공주(역련진팔라)가 고려 왕비가 되어 개경으로 왔기 때문이다.

역련진팔라가 오면서 홍씨는 졸지에 후비로 밀려났다. 거기다 역련진팔라가 홍씨를 심하게 질투하여 그녀를 궁 밖으로 내쫓아 버렸다.

역련진팔라의 의문사

이후 홍씨는 궁 밖에서 생활했지만, 그렇다고 남편 충숙왕을 못 본 것은 아니었다. 그녀는 대궐에서 쫓겨나 종실 정안공의 집에 머물렀는데, 충숙왕은 그녀를 잊지 못해 밤마다 찾아왔다. 그러자 충숙왕을 애처롭게 여긴 윤석, 손기 등의 신하들이 왕에게 거처를 정안공의 집으로 옮길 것을 권고하였다. 이에 따라 충숙왕은 정안공의 사저로 거처를 옮겼고, 홍씨는 그 이웃집에 머무르며 충숙왕을 만났다.

홍씨에 대한 충숙왕의 사랑은 극진하였다. 충숙왕은 기회가 나면 역련진팔라의 눈을 피해 홍씨와 함께 나들이를 즐기기도 하였다. 이런 상황을 눈치챈 역련진팔라는 홍씨를 무척 미워했다. 그래서 갖은 수단을 동원하여 홍씨를 괴롭혔고, 심지어 충숙왕이 홍씨에게 가지 못하게 막아서기도 했다.

그렇게 3년의 세월이 흐른 1319년 9월, 역련진팔라가 갑자기 죽었다. 당시 고려는 제주도에서 민란이 일어나 어수선한 분위기였다. 하지만 충숙왕은 정사를 뒷전으로 하고 사냥과 주색을 즐기고 있었다. 또한 미행을 나갔다가 백성들을 만나면 그들을 구타하는 등 폭력적인 경향을 드러내고 있었다. 그런 상황에서 역련진팔라의 부고가 전해지자 원나라 중서성은 사인을 규명하기 위해 선사 이상지를 개경으로 보내 수사하게 하였다.

이상지는 역련진팔라의 궁녀와 요리사 한만복을 가두고 심문하였다. 한만복은 심문을 당하자 1318년 8월에 왕이 연경궁에서 덕비 홍씨와 노는 것을 목격한 공주가 질투하다가 왕에게 얻어맞아 코피가 난 일과 그다음 달에 다시 유련사에서 왕에게 심하게 구타당한 일을 실토했다.

이렇게 되자 이상지는 호라적 출신 궁녀 한 명과 한만복을 원나라로 압송하였고, 다급해진 충숙왕은 백원항, 박효수 등을 통해 중서성에 공문을 보내 한만복이 거짓 진술을 하였다고 항변하여 가까스로 위기를 모면하였다.

계속되는 충숙왕의 수난

역련진팔라 사망 사건 이후 충숙왕은 원 황실로부터 완전히 신임을 잃었다. 그런 가운데 1320년 원에서는 영종이 새롭게 즉위하였고, 충숙왕을 위협하던 왕고는 충선왕이 가지고 있던 심양왕(원나라는 고려 왕실을 견제하기 위하여 고려인이 많이 살고 있던 심양의 지배권을 고려 왕에게 주었는데, 충선왕이 시초였다) 자리를 이어받은 뒤 영종의 신임까지 등에 업고 충숙왕을 강하게 비토하기 시작했다. 당시 충선왕은 고려로 돌아가라는 영종의 명령을 듣지 않다가 유배된 상태였다.

그 무렵 충숙왕은 밤마다 연회를 열고 술에 절어 살았으며, 기생들에게 지나치게 많은 돈을 주는 바람에 국고가 탕진되고 있었다. 국고가 바닥났다는 보고를 받은 그는 내서사인 안균을 경상도에 파견, 돈을 거두게 하여 향락생활을 지속하였다. 이렇게 되자 대신들의 불만이 커졌지만 왕은 불만 섞인 상소를 하는 대신들을 마구잡이로 구타하여 조정이 파탄날 지경이었다.

충숙왕의 이 같은 행패는 왕고를 통하여 원 황실에 보고되었고, 그 와중에 백응구 사건이 발생하여 1321년 3월 원나라의 입조 명령을 받아 충숙왕은 왕유에게 서무를 대리하게 하고 연경으로 떠났다.

백응구는 원나라에서 충선왕을 수행하던 자였는데, 벼슬은 사복정이었다. 그는 재산을 증식하는 일에 능하여 심왕부瀋王府의 사무를 주관하였는데, 어느 날 일을 팽개치고 고려로 도망해버렸다. 백응구는 심왕부의 돈을 횡령하였던 모양이다.

심왕부 재산을 관리하던 백응구가 고려로 도망쳤다는 소리를 들은 왕고는 이 일을 영종에게 보고했다. 이에 영종은 사람을 고려로 보내 백응구를 호경으로 잡아올 것을 명령하고, 충숙왕에게는 이 일에 협조해줄 것을 통고했다. 그러나 고려 조정에서 백응구를 쉽사리 잡아들이지 못했다.

이렇게 되자 왕고는 충숙왕이 협조 조서를 찢어버렸다고 영종에게 보고했고, 이 때문에 화가 난 영종은 1321년 3월 충숙왕의 옥새를 회수하고 호경으로 호송토록 하였다. 또 한림대제 사적을 파견하여 고려 백관들을 심문하여 진상을 캐게 하였다. 이때 왕고는 자신의 심복 박구를 고려 조정에 파견하여 재상들에게 편지를 전했는데, 그것은 충숙왕이 매일같이 주색잡기에 빠져 정사를 돌보지 않다가 급기야 영종의 조서조차 무시했다는 점을 사적이 도착하는 날 명백하게 밝히라는 내용이었다.

고려에 도착한 사적은 식목도감 녹사 이윤함 등을 국문하고 조서를 넘겨받은 것으로 판명된 안규와 서윤공을 함께 체포하여 연경으로 압송하였다. 연경에 압송된 이윤함, 안규, 서윤공 등은 심한 고문을 받았지만, 충숙왕이 조서를 찢었다는 진술은 하지 않았다. 그러나 충숙왕이 자기변명을 뚜렷하게 하지 못하는 바람에 국문은 계속되었다.

이처럼 충숙왕이 왕위를 박탈당하고 갇히는 신세가 되자 왕고가 국왕의 권한을 대신하였다. 그는 조정에 사람을 파견하여 충숙왕의 측근인 환윤전, 김성만, 이공, 강려 등에게 장형을 가하고 유배보냈으며, 충숙왕의 여비를 더는 보내지 말 것을 강권하였다.

그러자 고려 조정에서는 사태의 심각성을 인식하고 경사만 등이 중심이 되어 충숙왕의 복위를 건의하는 서신을 원나라 중서성에 보냈으나 왕고 세력의 방해로 일을 성사시키지 못했다. 오히려 왕고는 10여 명의 수하를 고려 조정에 보내 충숙왕이 폐위되고 왕고가 이미 국왕에 올랐다고 말하게 하였다. 그리고 조신들을 모아 폐위된 충숙왕의 그릇된 행동을 일일이 기록하여 원 황실에 올리라고 강압하였다. 이에 권한공 등의 왕고파가 백관들을 자운사에 모아놓고 충숙왕을 비토하는 글을 작성하여 서명을 받았다. 하지만 윤선좌, 민종유, 김륜 등이 강력하게 반대하여 뜻을 이루지 못했다.

권한공은 여기서 포기하지 않고 채하중 등과 의논하여 (왕고의 명령으로) 경사만, 김인윤, 김지경 등 중신들을 순군(관아)에 가두고 다시 충숙왕 폐위작업에 박차를 가했다. 그는 충숙왕을 비방하는 내용의 글월을 작성하여 일부 중신들의 서명을 받아 마침내 원나라 중서성과 한림원에 제출하였다. 그러나 이는 받아들여지지 않았다. 다시 왕고파는 유청신, 오잠 등이 중심이 되어 고려의 국호를 폐하고 원나라에서 직접 고려국을 통치해줄 것을 청원하였지만 이 또한 원 황실의 거부로 성사되지 않았다.

이처럼 위태로운 상황이 전개되어 충숙왕이 거의 폐위 직전에 이르렀을 때 뜻밖에도 행운이 찾아들었다. 충선왕을 귀양 보내고 충숙왕을 불러들였던 영종이 죽고 태정제가 즉위한 것이다. 덕분에 충선왕이 먼저 풀려나고 1324년 2월에 충숙왕도 개경으로 돌아올 수 있었다.

또 한 명의 원나라 공주가 죽다

충숙왕은 우여곡절 끝에 3년 만에 고려로 돌아올 수 있었지만, 혼자 온 것이 아니었다. 왕고가 여전히 왕위를 노리고 있었기 때문에 그의 자리는 위태로웠다. 그런 상황에서 원나라 황실의 지원은 너무도 절실했다. 지원을 얻어낼 방법은 원나라 황녀와 결혼하는 길뿐이었다.

충숙왕과 결혼한 원나라 황녀는 조국장공주 금동이었다. 그녀는 원나라 순종의 아들 위왕 아목가의 딸이었다. 1324년 시집올 당시 그녀는 17세였다. 이때 충숙왕이 31세였으니 14세 어린 신부였다.

어쨌든 충숙왕은 금동을 방패막이로 삼아 고려로 돌아왔다. 물론 그가 사랑하는 여인은 부인 홍씨였다. 하지만 조국장공주가 고려 왕비로 오는 까닭에 홍씨의 앞날은 암울했다. 충숙왕은 자신의 왕위를 지키기 위해서라도 금동에게 정성을 쏟아야 할 처지였고, 홍씨는 자연히 찬밥 신세가 될 수밖에 없었다.

조국장공주 금동은 고려에 오자마자 임신했다. 그리고 1325년 10월에 아들 용산원자를 낳았다. 덕분에 충숙왕의 입지는 한층 강화되는 듯했다. 원나라 황실의 부마에다 황실의 손자까지 얻었으니 이제 쫓겨날 염려는 없으리라고 생각했다. 하지만 18세 어린 나이로 아들을 낳은 조국장공주가 산욕을 이기지 못하고 죽고 말았다.

조국장공주의 죽음은 홍씨에게도 결코 반가운 일이 아니었다. 충숙왕의 운명이 바람 앞의 등불 같은 신세가 되었고, 이로써 홍씨의 앞날도 어찌될지 알 수 없었다.

아니나 다를까. 충숙왕의 입지가 약해진 틈을 타 왕고의 왕위 찬탈 시도가 다시 시작되었다. 왕고는 태정제의 신임을 얻은 후, 태정제가 진상 파악을 위해 평장정사平章政事 매려와 사인舍人 역특미실불화를 고려에 보낼 때 박중인, 조유, 조운경, 고자영 등 자신의 측근을 딸려 보냈다.

당시 왕고파인 유청신과 오잠이 원나라 중서성에 가서 충숙왕은 눈멀고 귀먹은 벙어리라 친히 정사를 돌볼 수 없다고 거짓말하였고, 충숙왕은 공원왕후 소생인 왕자 정을 세자로 책봉하여 원에 입조케 하였다. 이에 태정제는 매려에게 유청신과 오잠의 말에 대한 사실 여부를 확인하고 충숙왕이 왕고가 가지고 있던 고려 세자인世子印(세자의 인장)을 가져간 이유를 캐내게 했다.

충숙왕을 접한 매려는 충숙왕이 장애를 가지지 않았음을 파악하자 곧 유청신과 오잠 등이 거짓말하였다는 사실을 알게 되었다. 또 왕고가 심양왕 직에 있기 때문에 고려 세자를 겸할 수 없다는 충숙왕의 설명을 듣고 모든 것이 왕고파의 무고라는 사실도 알게 되었다. 이후 입지가 강화된 충숙왕은 왕고의 도당인 조식, 김온, 권하, 전굉 등을 순군옥에 가두어 귀양 보내는 등 왕권 회복에 박차를 가한다. 그러나 몸이 약해져 1330년 2월 세자 정에게 선위하고 상왕으로 물러앉았다.

아들에게 내쫓겨 낙향하다

충숙왕이 상왕으로 물러난 뒤 왕위에 오른 세자 정은 곧 공원왕후 홍씨의 장남 충혜왕이었다. 이때 충혜왕의 나이는 열여섯 살이었다.

충혜왕이 왕위에 올랐을 때, 홍씨는 임신 중이었다. 충숙왕은 조국장공주가 임신 중일 때 몰래 홍씨 처소를 찾았고 그녀는 아주 오랜만에 임신했다. 그리고 큰아들 정이 왕위에 오른 지 3개월 되던 1330년 5월에 출산했다. 아이는 아들이었다. 충혜왕을 낳은 지 무려 15년이 지난 뒤에 얻은 귀한 아들이었다. 이름은 기라고 하였는데, 그가 훗날의 공민왕이다.

충숙왕은 아들이 태어난 것을 확인한 후에 원나라 연경으로 떠났다. 자신의 입지를 다지기 위해서는 또 한 번의 결혼이 필요했다. 부왕 충선왕도 이미 죽고 없던 터였고, 어렵사리 왕비로 삼아 데려온 조국장공주도 죽은 터라 원나라 황실과 그를 이어줄 끈이 모두 사라진 상황이었다. 그러니 충숙왕은 무슨 수를 써서라도 황실의 여자와 다시 결혼해야만 했다. 그것만이 자신과 아들의 왕위도 지키고 목숨도 지키는 일이었다.

그렇듯 절박한 심정으로 충숙왕이 떠나자 왕권은 충혜왕의 차지가 되었다. 하지만 충혜왕은 한마디로 개망나니였다. 한 나라를 통치할 만한 인격을 갖추지 못했을 뿐 아니라 성격마저 포악하여 정사를 뒷전으로 미루고 향락에 빠져 지냈다. 즉위 후 6일 동안 정사를 돌보지 않고 사냥을 즐기는가 하면 날마다 내시들과 씨름을 하며 놀았다. 국가의 중책은 배전, 주주 등에게 일임하여 관료들의 권력 남용이 극에 달했다. 그뿐만 아니라 자신의 행적을 기록한다는 이유로 사관들을 몹시 싫어하여 근처에 오지도 못하게 하였다.

이에 홍씨는 충혜왕을 불러 여러 차례 타이르며 국정을 돌볼 것을 강권했지만, 충혜왕은 되레 모후 홍씨를 배척하였다. 심지어 간신들의 말만 듣고 홍씨를 고향 남양으로 추방해버렸다. 이 바람에 홍씨는 충혜왕을 만날 수도 없는 처지가 되었다.

돌아온 개망나니 아들

충혜왕의 폐정이 2년 동안이나 지속되자 원 황실은 충혜왕을 연경으로 소환하여 근신 명령을 내리고 충숙왕을 복위시켰다. 이 때 충숙왕은 연경에서 경화공주(시호: 숙공휘령공주, 이름: 백안홀도)와 결혼한 상태였다. 충숙왕은 그녀를 대동하고 1334년에 고려로 돌아왔다.

충숙왕은 개경에 도착하자 곧 남양에 머물고 있던 홍씨를 개경으로 불러들였다. 비록 새 왕비를 데려오긴 했지만, 그의 조강지처는 홍씨였던 것이다.

다행히 백안홀도는 이전의 원나라 공주들처럼 홍씨를 함부로 대하지 않았다. 덕분에 홍씨는 비교적 평안한 날들을 보내고 있었다. 그러나 그녀의 불행은 거기서 끝나지 않았다. 남편 충숙왕이 시름시름 앓더니 고려에 돌아와 생활한 지 5년 만인 1339년 46세의 나이로 죽고 말았다.

그때 충혜왕은 고려에 돌아와 있었다. 원 황실은 갖은 수단으로 충혜왕의 행실을 고쳐보려 했지만, 개선되지 않자 연경으로 소환한 지 3년 만인 1336년에 고려로 돌려보냈다.

충숙왕은 죽음을 앞두고 왕위를 충혜왕에게 계승하는 문제로 고민이 많았다. 충숙왕은 아들 충혜왕을 날건달이라고 부르며 무척 못마땅해했다. 하지만 다른 아들이 마땅치 않아 어쩔 수 없이 충혜왕에게 왕위를 넘겨주고 죽었다. 이때 원나라 승상 백안은 충혜왕이 제왕감이 아니라며 고려 왕위를 심양왕 왕고에게 줘야 한다고 상소했다. 이 때문에 한동안 원 황실은 충혜왕에게 책봉문을 보내지 않았다.

하지만 충혜왕은 그런 것에는 관심이 없었다. 그는 그저 왕위에 오르자 닥치는 대로 음탕한 짓을 일삼기 시작했는데, 1339년 5월에는 부왕의 후비인 수비 권씨를 강간하였고, 8월에는 역시 부왕의 후비인 숙공휘령공주를 강간하였다.

술자리를 마련한 왕은 연회가 끝나자 술에 취한 척하고 궁궐로 돌아가지 않고 있다가 숙공휘령공주의 침실을 덮쳤는데, 이때 공주가 완강하게 저항하자 수하들을 시켜 양팔과 다리를 잡게 한 다음 입을 틀어막고 강간을 자행했다. 그리고 수비 권씨 역시 그런 방법으로 강간하였다.

이 사건 이후 숙공휘령공주는 수치심으로 식음을 전폐하고 분을 이기지 못해 원 황실에 충혜왕을 고발하려 하였다. 그래서 직접 원나라로 떠날 요량으로 수하를 시켜 말을 사들이게 했는데, 이를 눈치챈 충혜왕이 말 시장을 열지 못 하게 하여 실패했다.

하지만 이 일은 나중에 원 황실에 알려져 충혜왕 폐위의 결정적인 원인이 되었다. 또한 수비 권씨는 강간당한 뒤 수치심을 이기지 못하고 괴로워하다가 이듬해 죽었는데, 자살한 듯하다.

이처럼 자신의 서모까지도 서슴없이 강간하던 충혜왕이었기에 일반 민가의 아녀자에 대한 강간 행위는 이루 헤아릴 수 없을 만큼 많았다.

내시 유성의 처 인씨가 아름답다고 하여 수하 구천우와 강윤충을 데리고 가서 유성에게 술을 먹이고 그 아내를 겁탈하였으며, 자신의 장인 홍탁의 후처 황씨와도 간음하였다. 그런데 충혜왕은 항상 정력이 강해지는 열약을 복용했기 때문에 그와 관계를 가지는 여인들은 임질에 걸리는 일이 많았다. 홍탁의 후처 황씨도 임질에 걸렸는데, 충혜왕은 승려 복산을 시켜 그녀의 임질을 치료하게 하였다.

충혜왕이 이 같은 패륜 행위를 벌이고 있을 때는 아직 원나라로부터 그의 복위가 승인된 시기도 아니었다. 그런데도 그는 자중은커녕 매일같이 여인들과 어울려 난잡한 행동을 일삼고 있었다. 한때 충숙왕이 어느 선비 가문의 며느리로 있던 남씨라는 여인을 강간하고 노영서라는 심복에게 주었는데, 충혜왕 역시 그녀를 강간하고 노영서에게 돌려주었다.

이 같은 충혜왕의 패륜 행위에 대한 소문이 삽시간에 전국으로 퍼져 나갔다. 의주와 정주 고을 사람들은 나라가 소란하다며 짐을 꾸려 압록강을 건너 중국으로 이주하는 사태까지 벌어졌다. 그런 가운데 원나라 조정은 그해 11월에 중서성 단사관 두린과 직성사인 구통을 개경에 파견하여 충혜왕에게 국새를 내려 복위를 인정하였다.

두린 일행은 개경에 당도하자 숙공휘령공주를 찾아 원나라 왕이 보낸 술을 건넸는데, 이때 공주는 은밀히 충혜왕이 자신을 강간한 일을 고하였다. 그러자 두린 일행은 수하들을 시켜 충혜왕을 비롯하여 홍빈, 한첩목아불화, 조운경, 황겸, 백문거, 왕백, 주주, 조영휘, 이안, 한승, 장거재, 배성경 등을 포박하여 연경으로 압송하였다.

충혜왕이 원나라로 압송되자 정권은 숙공휘령공주에게 넘어갔다. 그녀는 충혜왕이 자신을 강간하도록 방조한 찬성사 정천기를 정동성에 가두고 정동성의 관리들을 대폭 교체하였다. 한편 원나라로 압송된 충혜왕은 1340년 3월에 형부에 갇혔고, 이때 김인, 김륜, 한종유, 홍빈, 이몽가, 이엄, 노영서, 안천길, 손수경, 윤원우, 남궁신 등의 폐신들도 함께 갇혀 심문을 당하였다.

그러나 충혜왕은 탈탈대부의 도움으로 그해 3월에 풀려나 4월에 개경으로 돌아왔다. 이후에도 충혜왕은 이전과 다름없이 음행을 일삼으며 정사를 어지럽혔다. 1341년에는 왕이 예천군 권한공의 둘째 처 강씨가 아름답다는 말을 듣고 호군 박이라적을 시켜 궁으로 데려오게 하였는데, 이라적이 데려오던 중에 그녀와 먼저 간통한 사실을 알고 왕이 직접 두 사람을 때려죽였다. 또 그해 11월에는 내시 전자유의 집에 갔다가 그의 처 이씨를 강간하였으며, 그 며칠 뒤에는 자기가 때려죽인 박이라적의 처를 찾아가 강간하였다.

이외에도 충혜왕은 임홍보의 시비와 간음했으며, 재상 배전이 원나라 사신으로 가고 없는 사이에 배전의 처와 그의 동생 금오의 처를 강간하였다. 또 만호전찬 이포공의 처를 강간하고 귀양 보냈다. 이렇게 되자 거리의 불량배 세 명이 스스로 왕이라 칭하고는 주부 공보의 처를 강간하는 사건까지 벌어지기도 하였다. 《고려사》에 기록된 강간 사건만 살펴봐도 이와 같은데 기록되지 않은 일을 합한다면 충혜왕의 음행은 실로 헤아릴 수 없을 정도였을 것이다.

충혜왕의 행동은 단순히 이처럼 음탕한 행위에만 그치지 않았다. 매일같이 연회를 열고 사냥과 수박희를 즐기는가 하면, 민가의 재물을 갈취하고 백성들을 강제부역에 동원하는 바람에 원성이 끊일 날이 없었다.

1343년 3월의 어느 날 밤에는 민천사 누각에 올라 비둘기를 잡으려다가 횃불이 옮겨붙어 누각을 태운 일이 있었고, 그다음 날에는 연회장을 만들기 위해 민가 100여 채를 철거하고 토지와 재산을 강탈하기도 하였다. 또한, 그해 4월에는 개경에 이상한 소문이 돌기 시작했는데, 그 내용은 다음과 같다.

개경 사람들 사이에 근거 없는 소문이 유포되기를 왕이 민가의 어린아이 수십 명을 잡아다가 새로 짓는 대궐의 주춧돌 밑에 파묻으려 한다고 하였기에 집집이 놀라 어린아이들을 안고 도망치는 자가 있었으며, 못된 소년들이 이 틈을 타서 마음대로 강탈하고 절취하였다.

이 기록에서처럼 충혜왕은 새 궁궐을 짓기로 하고 백성들을 강제부역에 동원하여 민생을 어지럽게 하였다. 그는 직접 공사장 담장에 올라가 감독하였으며, 궁궐이 준공되자 각 도에서 칠을 거둬들여 단청을 하였다. 이때 단청의 안료를 수송하는데 기한을 늦추면 그 벌로 몇 곱의 값에 해당하는 베를 징수하였다.

충혜왕의 학정이 계속되자 이를 참지 못한 현효도가 왕에게 독약을 먹이려다 실패하여 사형당하는 사건이 발생하고, 기황후의 오빠 기철 등은 원나라 조정에 고하여 충혜왕의 폐정이 극에 달했다며 그를 소환하여 폐위시킬 것을 건의하였다.

이에 아랑곳하지 않고 충혜왕은 1343년 10월 백성들의 고혈을 짜서 신축한 신궁으로 옮겨갔다. 그러나 그의 신궁 생활은 채 한 달도 가지 못했다. 충혜왕의 악행을 보고받은 원나라 조정은 협의 끝에 그를 소환하기로 하고 대경 타적과 낭중 별실가 등 여섯 명을 보냈다.

이들은 하늘에 제사할 것과 대사령을 반포하라는 원나라 순제의 조서를 가지고 왔다는 핑계를 댔고, 충혜왕은 그들을 마중하기 위해 정동성으로 갔다. 왕이 나타나자 타적이 발로 왕을 걷어차 포박하여 원으로 압송하였다. 이때 왕과 함께 있던 백관들은 대부분 도주하였고, 왕을 호위하고 있던 좌우사 낭장 김영후, 만호 강호례, 밀직부사 최안우, 응양군 김선장 등은 창에 맞았으며, 지평 노준경과 용사 두 명이 피살되었다.

타적이 왕을 포박하여 말에 태워 원나라로 달려가자 충혜왕은 천천히 갈 것을 요구하였다. 이에 타적은 칼을 빼들고 위협하며 그를 급히 압송하였다. 충혜왕이 압송된 뒤 기철, 홍빈, 채하중 등이 정사를 처결하며 은천옹주를 비롯한 충혜왕의 애첩과 궁인 126명을 궁궐에서 추방하였다.

이때 원으로 압송된 충혜왕은 원나라 조정의 결정에 따라 게양현으로 유배되고 있었다. 그의 유배에 앞서 내려진 순제의 유고 내용은 다음과 같다.

그대 왕정은 남의 윗사람으로서 백성들의 고혈을 긁어먹은 것이 너무 심하였으니 비록 그대의 피를 온 천하의 개에게 먹인다 해도 오히려 부족하다. 그러나 내가 사람 죽이기를 즐겨하지 않아 게양으로 귀양 보내는 것이니 그대는 나를 원망하지 말라.

게양은 연경에서 2만 리쯤 떨어진 곳이었다. 충혜왕은 이곳을 향해 가던 중 악양현에서 1344년 정월 30세를 일기로 죽었는데, 독살된 것으로 보인다. 그가 죽었다는 소식이 고려에 전해지자 백성 중에 아무도 슬퍼하는 사람이 없었고, 심지어는 기뻐서 날뛰며 이제 다시 갱생할 날이 왔다는 사람까지 있었다고 한다. 이 무렵, 공교롭게도 고려 왕권을 행사하고 있던 숙공휘령공주도 죽었다.

왕권을 두고 다투는 며느리들

홍씨는 아들 충혜왕의 온갖 만행을 지켜보면서 고통을 나날을 보냈다. 그리고 충혜왕이 죽자 이번에는 충혜왕의 아들이자 그녀의 손자인 충목왕이 여덟 살의 어린 나이로 왕위에 올랐다.

1344년 2월 고려 출신 원나라 환관 고룡보가 여덟 살 먹은 세자 흔(충목왕)을 안고 원나라 순제를 찾아갔더니 순제가 흔에게 이렇게 물었다.

"너는 아비를 본받으려 하느냐? 어미를 본받으려 하느냐?"

이에 흔이 어미를 본받으려 한다고 말하자 순제는 영특하다고 칭찬을 아끼지 않으며 교지를 내려 그를 고려 제29대 왕으로 책봉했다.

어린 충목왕이 즉위하자, 모후 덕녕공주가 섭정이 되어 왕권을 행사했다. 덕녕공주는 원나라 진서 무정왕 초팔의 딸이며 이름은 역력진반이었다. 1330년에 충혜왕과 결혼했으며, 충혜왕의 패륜 행각 때문에 마음고생을 많이 하였다. 충목왕이 왕위에 올라 섭정이 되면서 권력욕을 강하게 드러냈다. 하지만 그녀의 섭정 생활은 오래가지는 못했다. 아들 충목왕이 왕위에 오른 지 얼마 되지 않아 병상에 누웠고, 즉위한 지 불과 4년여 만에 12세의 나이로 죽고 말았기 때문이다.

충목왕이 죽은 뒤에는 충혜왕의 후궁 희비 윤씨의 아들 충정왕이 12세의 나이로 왕위에 올랐다. 희비의 아들이 왕위에 올랐지만, 왕권은 여전히 덕녕공주가 행사했다. 이에 충정왕의 친모 희비는 불만이 많았고, 결국 두 사람 사이에 치열한 세력 다툼이 전개되었다. 덕녕공주는 정동행성을 기반으로 세력을 확장하였고, 희비 윤씨는 왕과 그 측근들을 중심으로 세력을 펼쳤다.

이처럼 이들 두 사람의 세력 다툼으로 정국이 어수선한 가운데 1350년부터 경상도 일원을 중심으로 왜구가 기승을 부렸다. 1350년 2월에는 왜구가 고성, 죽말, 거제 등지에 나타나 노략질을 일삼자 고려 조정은 합포천호 최선과 도령 양관 등에게 군사를 내주어 300여 명의 왜구를 죽였다.

그러나 그때부터 왜구의 침입이 더욱 잦아져 3월에는 연성군 이권을 경상·전라도 도지휘사로, 첨의참리 유탁을 전라·양광도 도순문사로 보내서 왜구를 막게 하였다. 이에 왜구들은 4월에 순천부에 침입하여 남원, 구례, 영광, 장흥 등지에 있는 운수선을 약탈하는 등 민심을 흉흉하게 하였다. 또 6월에는 왜선 20척이 합포에 침입하여 그곳의 병영 및 고성, 회원 등의 민가에 불을 지르고 약탈하였다.

왜구의 만행은 여기서 그치지 않고 11월에는 동래군을 침입하였고, 이듬해 8월에는 130여 척의 배를 거느리고 자연도와 삼목도에 침입하여 인가를 거의 불사르고 백성들을 잡아갔다. 하지만 고려 조정은 속수무책이었다. 관리들은 출전 명령을 내려도 듣지 않고 오히려 왜구를 피해 피난을 떠났기 때문이다.

이렇게 전국이 왜구로 인해 뒤숭숭한 가운데 원나라 순제는 고려 조정을 안정시키기 위해 충정왕을 폐위시키고 강릉대군 왕기를 왕으로 세웠다. 충정왕은 강화도에 유배되고 왕기는 1351년 10월에 원의 책봉을 받아 왕위에 올랐으니 그가 공민왕이다. 강화도에 유배된 충정왕은 몇 개월을 그곳에서 지내다가 이듬해 3월 공민왕에 의해 15세의 나이로 독살되었다.

태후로 산 만년 30년

공민왕은 공원왕후 홍씨의 둘째 아들이다. 공민왕이 왕위에 오르자 이때부터 홍씨를 대비라고 부르기 시작했다. 왕의 본처였지만, 제대로 왕비 대접을 받아본 적이 없는 그녀는 둘째 아들 덕에 마침내 태후의 반열에 올랐다.

공민왕은 왕위에 오를 당시 22세의 청년이었고, 홍씨는 53세였다. 그녀는 갖은 고초를 겪으며 둘째 아들 공민왕을 길렀다. 그리고 공민왕이 12세가 되었을 때, 원 황실의 입조 요구에 따라 연경으로 보냈다. 이후 공민왕이 줄곧 연경에서 생활했기 때문에 그녀는 아들이 청년으로 자라는 모습을 거의 보지 못했다. 1348년에 충목왕이 죽었을 때, 고려 조정에선 당시 강릉대군이던 공민왕을 즉위시켜야 한다고 주장했다. 하지만 원 황실은 어린 충정왕을 왕으로 세웠다. 그러다 충정왕이 나이가 어려 정사를 제대로 처리하지 못하는 데다 왜구 때문에 혼란이 지속되자 원 황제 순제는 충정왕을 폐하고 공민왕을 세웠던 것이다.

그런데 공민왕과 모후 홍씨는 관계가 좋지 않았다. 공민왕은 빠른 개혁을 추진하여 원나라에서 벗어나려고 했지만, 홍씨는 급진 개혁은 위험하다는 입장을 고수했다. 그래서 사사건건 아들과 대립했다.

공민왕이 고려에 돌아온 것은 1351년 12월이었다. 그리고 두 달 뒤인 이듬해 2월부터 그는 전격적으로 개혁 작업에 돌입해 2월 초하루에는 무신정권의 최이가 설치하여 인사행정을 맡아오던 정방을 폐지하였다. 그리고 그다음 날에는 개혁 교서를 발표하여 토지와 노비에 관한 제반 문제를 해결할 것을 명령하였다. 이 정책은 지속적으로 실시되었는데, 1366년에는 신돈의 주도로 전민변정도감을 설치하여 귀족들이 불법으로 겸병한 토지를 원소유자에게 돌려주고 억울하게 노비로 전락한 사람들을 해방시켰다.

그러나 모후 홍씨는 공민왕의 급진적인 개혁정책에 반대하고, 공민왕에게 누차에 걸쳐 신돈과 어울리지 말 것을 당부했다. 이때문에 신돈은 그녀와 대립하였고, 신돈을 통해 개혁을 이루고자 하던 공민왕도 그녀를 멀리하였다. 그녀는 또 공민왕이 개혁작업의 일환으로 신하들의 목숨을 빼앗는 일이 잦아지자 이를 강력하게 비판하여 공민왕과 더욱 멀어지게 되었다.

1371년 공민왕이 신돈 일파를 제거할 때 유탁을 그의 도당으로 간주하고 죽이려 하자 홍씨는 사람을 시켜 유탁을 놓아주라고 요청한다. 이에 공민왕은 홍씨가 보낸 하인을 하옥하고 한동안 홍씨에 대한 문안을 중지하기도 했다. 하지만 공민왕은 1372년에 홍씨가 병이 들자 그녀를 위로하기 위해 숭경왕태후라는 존호를 올리고 화해하려 했다. 이때 홍씨가 머물던 거처를 문예부에서 숭경부로 개칭하였다.

그런데 이듬해 공민왕이 아들 우를 세자로 삼으려 하자 모자간의 갈등은 증폭됐다. 홍씨는 우가 신돈의 자식이라고 생각하고 있었기 때문에 그를 세자로 세우는 것을 반대했다. 또 공민왕이 벌이던 궁궐 확장 공사도 마찰을 일으키는 원인이 되었다. 공민왕은 궁궐을 확충하여 왕실의 권위를 되살리고자 하였으나 홍씨는 백성을 괴롭히고 국가 재정을 소비하는 큰 공사는 제왕으로서 할 바가 아니라고 반대하고 나섰다.

이렇듯 공민왕과 모후 홍씨의 첨예한 대립이 지속되는 가운데 1374년 9월 공민왕이 피살되었다. 이때 홍씨는 종실에서 적당한 인물을 선택하여 왕위를 잇고자 했지만, 시중 이인임 등이 백관들을 앞세워 우를 왕으로 세우는 바람에 뜻을 이루지 못했다. 이 때문에 그녀는 우왕과도 자주 마찰을 일으키다가 1380년 정월 83세를 일기로 생을 마감했다. 능은 영릉이며 시호는 공원이라 했으며 후에 명덕태후로 추존되었다.

그녀는 원나라 복속 시대에 무려 세 명의 공주에게 연달아 본처의 자리를 빼앗기며 산 유일한 여인이다. 그런데도 어두운 시대의 무거운 운명을 극복하고 갖은 고초를 겪으면서도 고려 여인의 절개와 자존심을 지키며 끝까지 살아남았다. 그리고는 마침내 왕후의 자리를 되찾았고 태후로 살다가 생을 마감할 수 있었다.

14

집단 괴롭힘을 이겨낼 개인은 없다

인수대비와 폐비 윤씨

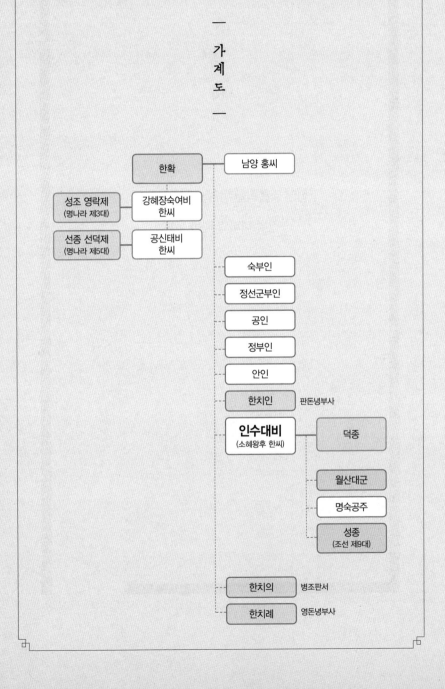

가
계
도

한확 ── 남양 홍씨

성조 영락제 ── 강혜장숙여비
(명나라 제3대) 　　한씨

선종 선덕제 ── 공신태비
(명나라 제5대) 　　한씨

숙부인

정선군부인

공인

정부인

안인

한치인　판돈녕부사

인수대비 ── 덕종
(소혜왕후 한씨)

월산대군

명숙공주

성종
(조선 제9대)

한치의　병조판서

한치례　영돈녕부사

파평 윤씨와 청주 한씨의 결락

우리 역사에서 폭군이라고 하면 흔히 조선 왕조의 연산군을 떠올린다. 그만큼 연산군은 폭군의 대명사로 굳어져 있다. 그가 폭군이 된 이유는 억울하게 죽은 어머니에 대한 원한 때문이라는 게 일반적인 해석이다. 그렇다면 연산군은 왜 어머니가 억울하게 죽었다고 생각했을까? 사실, 연산군이 자기 어머니가 억울하게 희생되었다고 생각할 근거가 있기는 하다. 흔히 알려져 있듯이 연산군의 생모 폐비 윤씨가 질투를 심하게 하다가 죽임을 당한 것은 아니라는 이야기다.

실제로 그녀의 죽음 뒤에는 당시 조선 왕실 내부의 치열한 권력 다툼이 있었다. 그것도 단순히 애정 싸움을 넘어선 가문과 가문 사이의 생존 전쟁이었다. 그러니 연산군이 폐비 윤씨의 죽음을 억울하게 생각하는 것은 어쩌면 당연한 일이었는지도 모른다. 한마

14장. 집단 괴롭힘을 이겨낼 개인은 없다 _ 인수대비와 폐비 윤씨

디로 폐비 윤씨와 그녀의 집안(함안 윤씨 가문)은 당시 왕실에서 왕따 집안이었다. 말하자면 그녀의 죽음은 힘 있는 여러 가문이 힘 없는 한 집안을 집단으로 공격한 결과라는 것이다.

그렇다면 폐비 윤씨는 어쩌다가 왕따 신세가 되었을까? 그 이야기의 시초는 조선 제9대 왕 성종의 결혼 문제로 거슬러 올라간다.

앞에서 이미 밝혔지만, 성종이 왕위에 오른 것은 당시의 권신 한명회와 세조의 왕비 정희왕후 윤씨의 정치적 결탁에 의한 것이다. 13세의 나이에 왕위에 오를 당시 성종은 한명회의 딸에게 장가든 상태였다. 그래서 성종이 왕위에 오르면 한명회는 국구가 되어 권력을 장악할 수 있는 상황이었고, 정희왕후는 그런 한명회를 통해 성종의 안전을 보장받으려 했다. 이는 파평 윤씨 가문과 청주 한씨 가문의 결탁이기도 했다. 즉, 단순히 두 사람만의 결탁이 아니라 가문 사이의 거래였다.

두 집안의 이런 결탁은 이미 예종 시절에도 두 번이나 있었다. 예종의 첫 왕비 장순왕후 한씨가 한명회의 딸이었고, 둘째 왕비 안순왕후 한씨 역시 청주 한씨 출신이었기 때문이다. 안순왕후 한씨의 아비지 한백륜은 한명회와 10촌 관계였다. 그런데 예종을 사이에 둔 파평 윤씨와 청주 한씨의 결탁은 예종이 일찍 죽는 바람에 난관에 봉착했다. 하지만 그들 두 사람은 성종을 즉위시키면서 이런 결탁을 이어갈 수 있었다.

어쩌다 왕비?

하지만 두 사람의 이런 구상은 성종이 왕위에 오른 지 5년 만에 또다시 난관에 부딪혔다. 한명회의 딸, 즉 성종의 왕비 공혜왕후 한씨가 소생 없이 1474년에 19세의 나이로 죽었기 때문이다. 만약 한씨가 세자라도 남기고 죽었다면 정희왕후와 한명회의 결탁은 유지될 수 있었다. 하지만 공혜왕후는 어떤 자녀도 남기지 못했다. 그런데 더 큰 문제는 공혜왕후가 죽을 당시 이미 성종에겐 여러 명의 후궁이 있었다는 것이다. 심지어 당시 18세이던 성종은 한 여인에게 푹 빠져 있었다.

성종은 왕위에 오른 후 공혜왕후 한씨가 아이를 낳지 못하자 1473년에 여러 명의 정식 후궁을 한꺼번에 들였다. 성종은 그 후궁 중에 윤기견의 딸이자 연산군의 생모인 윤씨를 매우 좋아했다. 그래서 공혜왕후 한씨가 죽자 그녀를 왕비로 삼았다. 이 때문에 정희왕후와 한명회, 파평 윤씨 가문과 청주 한씨 가문의 정치적 결탁은 순식간에 물거품이 되고 말았다.

윤씨가 왕비가 된 것은 1476년 7월이었다. 조선 왕가에서는 새로운 왕비를 간택하기 위해서는 죽은 왕비의 삼년상이 지나야 가능했는데, 이때가 바로 삼년상이 끝난 직후였다. 물론 정희왕후 윤씨는 그녀를 왕비로 간택하는 것을 썩 내켜 하지 않았다. 그런데 문제는 성종이 그녀를 아주 사랑한다는 것과 당시 그녀가 임신하고 있다는 사실이었다. 왕의 총애도 받고 임신도 했으니 굳이 새로운 왕비를 간택할 필요 없이 후궁이었던 그녀를 왕비로 책봉하게 된 것이다. 워낙 손이 귀한 왕실이라 무엇보다도 그녀가 임신하고 있었다는 사실이 왕비로 책봉되는 데 가장 큰 역할을 했다. 물론 왕실의 최고 어른인 정희왕후 윤씨도 이에 동의했다. 정희왕후에겐 한명회와의 정치적 결탁보다도 빨리 세자를 얻는 것이 중요했기 때문이다.

사실, 정희왕후가 폐비 윤씨를 왕비로 선택한 데는 다른 이유도 있었다. 폐비 윤씨의 본관은 함안인데 이를 따지고 보면 함안 윤씨도 파평 윤씨와 조상이 같았다. 단지 중간에 분파하여 본관을 달리 쓰고 있을 뿐이었다.

거기다 폐비 윤씨의 어머니 고령 신씨가 신숙주의 삼촌 딸이었다. 따라서 그와는 사촌지간이었다. 신숙주 역시 한명회 못지않은 권신이었고, 세조가 믿고 의지하던 신하였다. 비록 신숙주는 한 해 전에 죽고 없었지만, 그의 아들들이 건재했다.

그러니 정희왕후의 입장에서 보면 크게 밑질 것도 없는 거래였다. 거기다 성종이 사랑하고 왕의 아이까지 임신하고 있으니 반대할 이유가 없었다. 또한 한명회 역시 신숙주와 사돈지간이라 노골적으로 반대할 수 없는 처지였다. 신숙주의 큰아들 신주가 한명회의 사위였기 때문이다.

이렇듯 폐비 윤씨가 왕비로 간택된 배경은 다소 복잡하다. 단순히 왕의 사랑을 받고 아이를 잉태하고 있었기 때문에 왕비가 된 것이 아니라는 것이다. 얽히고설킨 가문 간의 관계가 더 크게 작용했다는 뜻이다.

윤씨의 왕비 책봉을 반대한 사람들

어쨌든 윤기견의 딸 폐비 윤씨는 우여곡절 끝에 왕비가 되었다. 거기다 왕비로 간택된 해에 아들까지 낳았다. 이 아이가 바로 연산군 융이었다. 혹자는 이쯤 되면 게임은 끝났다고 생각했을 것이다. 더는 왕비 자리를 위협할 일은 없을 것이라고 볼 수 있기 때문이다. 그러나 그것은 조선 왕실을 모르는 순진한 생각이다. 여전히 게임이 끝나지 않았다고 생각하는 사람들이 많았다. 오히려 게임은 그때부터 시작이었다.

비록 정희왕후는 폐비 윤씨를 왕비로 책봉했지만, 여기에 찬성하지 않는 인물들이 있었다. 첫 번째 인물은 성종의 모후 인수대비 한씨였다. 인수대비는 한확의 딸이었고, 본관이 청주였다. 또한, 한확과 한명회는 아주 가까운 일족이었다. 그녀가 세조의 큰아들 의경세자와 결혼한 것은 1450년이었다. 이때는 문종 즉위년이었고, 세조가 왕이 될 가능성이 없었다. 하지만 세조와 한명회는 친분이 있던 시절이었다. 한명회는 친구 권람의 소개로 당시 수양대군이었던 세조를 알게 되었고, 이후 꽤 친밀하게 지내고 있었다.

따라서 한확의 딸인 그녀가 세조의 장남과 결혼한 배경엔 한명회가 있었음을 알 수 있다. 말하자면 청주 한씨와 세조의 혈육들이 처음으로 사돈 관계를 맺게 된 것은 그녀가 의경세자가 결혼하면서였다. 그런 의미에서 보면 그녀는 두 집안이 정치적 결탁을 하는데 매개체 역할을 한 것이었다.

어쨌든 한씨는 세조의 장남과 결혼한 후 남편이 세자가 되자 세자빈이 되었다. 시간만 흐르면 자연히 그녀는 왕비가 될 몸이었다. 하지만 그녀는 왕비가 될 운명이 아니었다. 남편 의경세자가 죽은 것이다. 그 바람에 왕비 자리는 물론이고 대비가 될 기회까지 놓쳐버렸다. 세조가 죽은 뒤 시어머니 정희왕후가 한명회와 결탁하여 예종을 왕위에 앉혔기 때문이다. 그런데 예종은 즉위 이듬해에 죽었다. 왕실엔 크나큰 불행이었지만, 그녀에겐 행운이었다. 날아가 버린 줄 알았던 대비 자리를 되찾을 수 있게 된 것이다. 둘째 아들 성종을 한명회의 넷째 딸과 결혼시켜 둔 덕분이었다.

그녀에게 한명회의 딸은 며느리이기 이전에 일가붙이였다. 따라서 한명회의 딸이 왕비가 된 것은 청주 한씨 가문을 위해서도 경사스러운 일이었다. 게다가 왕비인 며느리의 아들이 왕위를 잇는다면 청주 한씨 가문은 2대에 걸쳐 왕을 생산한 명문가가 되는 것이었다. 그러나 공혜왕후 한씨는 자식도 하나 두지 못한 채 죽었고, 왕비 자리는 엉뚱하게도 폐비 윤씨의 차지가 되었다. 인수대비는 이 때문에 성종의 새 왕비 윤씨를 매우 못마땅하게 여겼다.

그런데 인수대비보다도 더 윤씨의 왕비 책봉을 못마땅하게 생각하는 인물들이 있었다. 당시 함께 성종의 후궁으로 입궁해 있던 여인들이었다. 그녀들은 윤씨가 자신들과 똑같은 후궁이었기 때문에 왕비 자리를 두고 경쟁하던 연적 관계였다. 그러니 자연히 질투가 날 수밖에 없었다. 특히 그들 중에서 훗날에 폐비 윤씨에 이어 왕비가 된 정현왕후 윤씨와 귀인 정씨, 귀인 엄씨 등의 질투가 심했다. 심지어 그들은 윤씨의 폐출에 직접적으로 간여하기도 했다.

집단 공격에 시달리는 중전

윤씨가 왕비가 되고 왕자까지 생산했지만, 그녀의 입지는 그다지 탄탄하지 못했다. 윤씨는 부모가 모두 죽고 없는 상황이었고, 집안에도 그녀를 지켜줄 사람이 없었다. 그나마 외가가 세조의 최측근이었던 신숙주 집안이라는 것을 위안으로 삼는 정도였다. 하지만 오촌 당숙 신숙주는 죽고 없었기 때문에 조정 내에서 그녀를 지켜줄 친척이 없었다. 그러니 오직 믿을 사람은 남편 성종과 아들뿐이었다.

그런데 당시 성종은 매일같이 다른 후궁 처소를 드나드는 통에 그녀는 불안감에 시달렸다. 후궁 중에 누가 아들이라도 낳으면 혹 자기와 아들 융이 쫓겨나는 것은 아닌지 하는 염려 때문이었다.

당시 성종은 숙의 윤씨(정현왕후, 중종의 모후)와 궁녀 하씨에게 눈이 팔린 상태였다. 그리고 급기야 1478년에 그녀들은 모두 아이를 낳았다. 다행히 윤씨는 딸을 낳았고, 궁녀 하씨는 아들을 낳았다. 사실, 궁녀 하씨는 중전의 적이 아니었다. 중전 윤씨의 최대의 적은 역시 숙의 윤씨였다.

숙의 윤씨는 중전 윤씨보다 3개월 늦게 후궁으로 간택되어 입궁한 여인이었다. 그녀의 집안은 중전 윤씨와 비교도 되지 않을 정도로 화려했다. 본관은 대왕대비 정희왕후와 같은 파평이었고, 성종의 생모 인수대비와도 가까운 사이였다.

정희대비의 아버지는 윤번인데, 윤번은 숙의 윤씨의 증조부와 사촌지간이었다. 말하자면 그들은 가까운 혈족이었다. 거기다 성종의 어머니 인수대비 한씨도 윤씨 집안과 인척 관계에 있었다. 인수대비의 어머니가 남양 홍씨인데, 홍씨의 남동생, 즉 외삼촌인 홍원용의 부인이 파평 윤씨였다. 그런 이유로 시할머니 정희왕후와 시어머니 인수대비가 모두 숙의 윤씨의 든든한 후원자였다.

이런 상황에서 남편 성종은 끊임없이 후궁의 수를 늘려 나갔고, 중전 윤씨는 후궁들에 대한 경계를 더욱 강화했다. 후궁 중에는 중전 윤씨를 시기하고 질투하여 숙의 윤씨 편을 드는 이들도 있었다. 물론 인수대비의 입김 때문이었다. 그 대표적인 여인들이 후궁 정씨와 엄씨 등이었다. 그녀들은 모두 한미한 가문에서 태어난 궁녀 출신이었는데, 여러 차례 중전 윤씨에게 불려가 혼난 적이 있었다. 본처와 첩 간의 전쟁이 벌어진 것인데, 그 첩들이 연대하여 본처를 공격하기 시작한 것이다. 하긴 어차피 그 본처도 첩 출신이었으니 그들이 그런 마음을 갖는 것도 당연했으리라.

별수 없이 쫓겨나다

그런 가운데 후궁 권씨가 성종에게 투서 하나를 올렸다. 그 투서는 누군가가 후궁 권씨의 집 마당에 던진 것이었는데, 투서 속에는 후궁 엄씨와 정씨가 왕비와 원자를 해치려 한다는 내용이 들어 있었다. 이 일로 궁중은 발칵 뒤집혔고, 결국 범인은 후궁 정씨로 결론 났다. 하지만 당시 정소용은 임신하고 있었기 때문에 벌을 줄 수 없는 상황이라 흐지부지 넘어갔다.

그런 상황에서 이번에는 왕비의 방 안에서 비상과 방술서가 발견되었다. 이 물건들을 발견한 사람은 다름 아닌 성종이었다. 물론 누군가의 제보를 받고 중전의 방을 뒤진 끝에 찾아낸 물건들이었다. 이 사건을 빌미로 성종은 중전 윤씨를 폐출할 결심을 하였다. 그래서 성종 10년(1479년) 6월 2일에 중신들을 모아놓고 이렇게 말하였다.

"궁중의 일을 여러 경에게 말하는 것은 진실로 부끄러운 일이라 하겠다. 그러나 일이 매우 중대하므로 말하지 않을 수가 없다.

지금 중궁이 하는 행동은 가히 말하기 어려울 지경이다. 내간에는 시첩(侍妾, 후궁)의 방이 있는데, 일전에 내가 마침 이 방에 갔는데 중궁이 아무 연고도 없이 들어왔으니 어찌 이와 같이 하는 것이 마땅하겠는가? 예전에 중궁의 실덕이 심히 커서 일찍이 이를 폐하고자 하였으나 경들이 모두 다 불가하다고 말하였고, 나도 뉘우쳐 깨닫기를 바랐는데, 지금까지도 고치지 아니하고 나를 능멸하는 데까지 이르렀다.

중궁의 실덕이 한 가지가 아니니 만약 일찍 도모하지 않았다가 뒷날 큰일이 벌어져 후회해도 소용없을 것이다. 그래서 이제 마땅히 폐하여 서인庶人을 만들겠는데, 경들은 어떻게 여기는가?"

이런 폐비 결정에 대해 삼정승 중에 윤필상과 정창손은 찬성했고, 한명회는 반대하는 태도를 보였다. 자신의 사위가 윤씨와 육촌지간이었기 때문이다. 하지만 한명회 역시 적극적으로 말리지는 않았다.

윤씨의 폐비 문제를 두고 승지 김계창은 강하게 반대하며 이렇게 말했다.

"모시던 귀빈이 비록 죄를 지었다 하더라도 사제로 돌려보내지 아니하는데, 하물며 왕비이겠습니까? 원컨대 그대로 두고 여러 번 생각하소서."

하지만 성종은 화를 내며 폐출 의지를 꺾지 않았다.

"경들은 출궁할 여러 가지 일만 주선하면 그만인데, 무슨 말이 많은가?"

결국, 이렇게 해서 왕비 윤씨는 폐출되고 말았다.

연산군의 분노

그런데 성종은 윤씨를 폐출하긴 했으나 그래도 원자의 생모이기 때문에 죽이려는 마음은 없었다. 그런데 쫓겨난 뒤에도 반성하는 빛이 전혀 없다며 결국 죽이게 되는데, 그와 관련하여 《기묘록》에 이런 기록이 남아 있다.

윤씨는 폐위되자 밤낮으로 울어 끝내는 피눈물을 흘렸는데, 궁중에서는 훼방과 중상함이 날로 더하였다. 임금이 내시를 보내어 염탐하게 했더니 인수대비가 그 내시를 시켜 이렇게 말하도록 했다.

"윤씨가 머리 빗고 낮 씻어 예쁘게 단장하고서 자기의 잘못을 뉘우치는 뜻이 없다."

임금은 드디어 그 참소를 믿고 벌을 더 주었던 것이다.

《기묘록》은 이렇듯 윤씨의 폐출과 죽음의 배경엔 시어머니인 인수대비 한씨의 역할이 컸다고 보고 있다. 이는 한씨가 그녀를 내쫓고 정현왕후를 중전으로 삼기 위해 여러 음모를 꾸몄음을 시사하고 있다.

이렇게 볼 때 연산군의 생모 윤씨 폐출 사건의 중심에는 인수대비 한씨와 정현왕후 윤씨가 있었다. 거기다 폐비 윤씨를 시기하던 여러 후궁의 역할도 만만치 않았다. 그들은 인수대비와 정현왕후의 손발이 되어 폐비 윤씨를 모해하고 헐뜯는 행위를 통해 성종이 왕비 윤씨를 불신하도록 하는 데 결정적인 역할을 했다.

폐비 윤씨의 방에서 발견된 방술서와 비상도 모두 그녀를 궁지로 몰기 위한 음모의 결과였을 것이다. 당시 왕비 윤씨는 시어머니 한씨는 물론이고 연적 정현왕후 윤씨 그리고 정씨와 엄씨, 권씨, 하씨 등의 후궁들로부터 집중 공격을 받는 상황이었다. 이런 상황에서 왕이 왕비의 방에서 비상과 방술서를 발견했다는 것은 모략의 결과로 볼 여지가 충분하다.

연산군은 당시 상황을 조사한 결과, 이런 모략의 과정들을 충분히 간파했을 것이고, 생모 윤씨가 그 모략에 의해 희생되었다는 결론을 내린 것이다. 따라서 연산군이 자신의 어머니가 억울하게 죽었다고 생각한 것은 너무나 당연한 일인지도 모른다.

비록 왕비가 되었지만, 부모는 일찍 죽고 의지할 만한 변변한 세력조차 없던 한 여인은 힘 있고 집안 좋은 궁중 여인들의 집단 괴롭힘을 견뎌내지 못하고 처참하게 죽었다. 그녀의 아들 연산군은 이런 사실을 간파하고 눈이 뒤집혔을 것이다. 심지어 어머니를 죽음으로 몰고 간 그 살인범들이 아버지와 할머니 그리고 자기가 친어머니라고 생각하고 따르던 계모와 주변을 둘러싸고 있는 왕실의 친인척들이라는 사실이 분노를 더욱 증폭시켰을 법하다. 게다가 조정을 이끌고 있던 대신들까지 모두 공범이라고 생각하니 피가 거꾸로 솟는 기분이었을 것이다.

이후, 연산군은 패륜과 살육을 일삼았다. 자기 어머니의 죽음에 가담한 친인척들을 무참히 살해하고, 이를 만류하는 신하들도 가차 없이 죽였으며, 조금이라도 자기 심기를 건드리는 자는 무자비하게 짓밟았다.

연산군은 세자 시절에 명민하다는 말을 듣던 인물이었다. 또한 즉위 초기 4년의 정치는 나무랄 데 없이 뛰어났다. 그러나 생모의 억울한 죽음을 알고 난 뒤에 바뀐 그의 모습은 더이상 한 나라를 다스리는 왕이 아니었다. 단지 집단 폭력으로 무참히 죽어 간 어머니에 대한 복수심에 미쳐 날뛴 한 명의 살인귀였다.

15

애정 전쟁이 곧 권력 다툼이다

인현왕후와 장희빈 그리고 숙빈 최씨

가
계
도

민유중 — 은진 송씨　　　　　　　　　최효원 — 남양 홍씨

장형 — 파평 윤씨

언니

예조판서　민진후

좌의정　민진원

여동생

언니　　　　　언니

장희재　　　　최후

숙종
(조선 제19대)

인경왕후
김씨　　　**인헌왕후**
민씨　　　인원왕후
김씨　　　희빈
장씨　　　숙빈
최씨

공주

공주

경종
(조선 제20대)　　　영수

성수　　　영조
(조선 제21대)

왕자

남인의 비밀병기

대한민국 사극에 가장 많이 등장한 역사 인물이 있다면 단연 조선 숙종이다. 그가 사극의 단골 주인공이 된 가장 큰 이유는 인현왕후와 장희빈 그리고 숙빈 최씨 등 그의 여인들 때문이다. 특히 인현왕후와 장희빈은 선과 악의 대립 관계 속에서 권선징악의 표본이나 되듯이 항상 그려졌다. 당연히 본처인 인현왕후는 선인, 장희빈은 악녀로 묘사되었다. 그리고 숙종 이순은 그들 선과 악을 판단하는 존재로 등장한다. 그러나 사극과 달리 실제 역사에서 악인은 오히려 숙종이었다. 숙종은 여인들을 자신의 정치적 행보를 위한 도구로 삼았기 때문이다. 그런 의미에서 보면 그의 여인들은 정치적 희생양이었다.

숙종이 처음부터 자기 여인들을 정치적 희생양으로 삼은 것은 아니었다. 그도 첫사랑을 만났을 땐 순정남이었다.

숙종을 한눈에 사로잡은 첫사랑은 악녀의 대명사로 불리는 장희빈이었다. 장희빈의 이름은 옥정이다. 그녀는 원래 인조의 계비 장렬왕후 조씨 처소의 궁녀였다. 나이는 숙종보다 두 살 많았다. 옥정의 아버지는 사역원에서 종8품 봉사 벼슬을 지낸 장경이었다. 장경은 숙종이 왕위에 오르기 5년 전에 죽었다. 장경의 첫 부인은 제주 고씨였는데, 그녀는 시집와서 아들 장희식을 낳고 죽었다. 이후 장경은 역관 윤성립의 딸 파평 윤씨를 둘째 부인으로 맞아들였는데, 옥정은 그녀 소생이었다. 옥정은 위로 오빠 장희재와 언니 하나가 있었다.

장옥정은 인물이 수려하고 매력적인 여인이었다. 그래서 조사석이라는 인물이 의도적으로 장렬왕후 조씨 처소의 궁녀로 배치했다. 조사석은 장렬왕후 조씨의 육촌 동생이고 장옥정의 당숙 장현과 친밀했다. 장현은 역관 출신으로 종1품 벼슬까지 오른 인물이었는데, 한양의 거부였다. 그는 재력을 기반으로 남인들을 후원했다. 하지만 1680년에 일어난 경신환국으로 남인들이 몰락하는 과정에서 그도 유배되는 신세가 되었다.

하지만 서인 출신의 외척 김석주는 거기에 만족하지 않았다. 장현의 동생 장찬까지 함께 탄핵하여 장현 집안을 완전히 몰락시키려 했다. 이를 위해 그는 이런 상소를 올렸다.

"장현의 동생 장찬의 평소 행실은 잘 모르지만 이남(복선군)과 친밀했으니 장현도 다를 것이 없습니다. 장현의 아들 장천익 역시 정(복창군)과 남(복선군) 형제와 함께 활쏘는 친구로서 형벌을 받고 유배되었습니다. 그런데 장찬만 홀로 면하는 것은 불가합니다. 멀리 유배 보내야 합니다."

김석주가 장현의 집안을 철저히 무너뜨리려 한 것은 장현이 남인들의 돈줄이었기 때문이다. 그러나 그런 이유로 그를 탄핵한다는 것은 그럴듯한 명분이 아니므로 복창군 형제와 친하다는 이유를 들어 탄핵한 것이다.

그런데 장현은 탄핵당하기 전에 나름대로 한 가지 방책을 마련해두고 있었다. 바로 오촌 조카 장옥정을 궁녀로 만들어 그녀의 출중한 미모를 기반으로 왕의 마음을 사로잡으려는 계획을 꾸민 것인데, 조사석은 장현을 도와 그 일을 실천한 인물이었다. 그리고 장옥정은 조사석과 장현이 의도를 가지고 조대비전에 배치한 정치적 비밀병기였다. 하지만 그런 내막을 알 리 없는 숙종은 장옥정의 미모에 반해 한순간에 그녀에게 매료되었다.

하지만 서인 출신의 숙종 모후 명성왕후는 이를 그대로 두고 보지 않았다. 옥정이 덜컥 아이라도 임신하는 날엔 엄청난 정치적 격변을 겪을 것을 알고 있었기 때문이다. 장옥정을 남인 세력으로 인식한 명성왕후는 자신이 직접 명을 내려 그녀를 사가로 내쫓았다. 이 때문에 숙종은 사랑하는 여인과 생이별을 했다. 궁궐에서 내쫓긴 장옥정은 명성왕후가 죽지 않는다면 다시는 궁궐에 발을 들여놓을 수 없는 처지가 되었다.

정식 후궁이 된 장옥정

장옥정과 이별할 당시 숙종은 첫 왕비를 천연두로 잃은 상태였다. 이후 가까스로 사랑을 찾았는데, 모후의 힘에 밀려 사랑을 이루지 못한 것이다. 그리고 숙종은 이내 다시 결혼했다. 결혼 상대는 다름 아닌 선의 상징 인현왕후였다.

인현왕후는 서인 민유중의 딸이다. 그녀는 숙종의 첫 왕비인 인경왕후와도 인척 간이었고, 서인의 대부 송시열과도 인척 관계에 있었다. 당시 서인은 숙종의 외조부 김우명이 이끄는 한당과 송시열이 이끄는 산당으로 나뉘어 있었는데, 인현왕후는 그야말로 뼛속까지 서인 산당 출신이었다.

그녀를 추천한 인물은 서인의 영수 송시열과 모후 명성왕후였다. 산당을 대표하는 송시열과 한당의 중심 명성왕후가 손을 잡았던 것이다. 숙종은 이런 정략결혼을 좋아하지 않았지만 그렇다고 국혼을 거부할 수는 없었다. 외가인 서인 한당과 조선 유림의 최내 세력인 서인 신당이 결탁하여 만든 국혼이었으니 어쩔 수 없이 받아들여야 했다.

인현왕후가 숙종에게 시집왔을 때는 1681년으로 인경왕후가 죽은 지 1년쯤 지난 때였다. 당시 그녀는 15세의 소녀였고, 숙종은 21세의 청년이었다. 당시 숙종은 대궐 밖으로 쫓겨난 옥정에 대한 그리움 때문에 아직 소녀티를 벗지 못한 인현왕후에겐 관심이 없었다. 숙종은 어떻게 해서든 옥정을 다시 불러들이려고 기회를 엿보고 있었다.

하지만 모후 명성왕후가 눈을 시퍼렇게 뜨고 지키고 있는 한, 장옥정을 다시 궁궐로 들일 방도는 없었다. 당시 장옥정은 포도청 부장으로 있던 오빠 장희재 집에서 어머니 윤씨와 함께 지내고 있었다. 또한 조대비의 부탁을 받은 숭선군 부인 신씨의 도움을 받고 있었다. 신씨는 조대비의 외질녀였다. 그런 상황에서 숙종은 장옥정에게 도움이 되는 일을 찾고 있었다. 그래서 유배 보냈던 옥정의 당숙 장현과 장찬 형제를 석방시켰다. 하지만 모후 명성왕후 때문에 더 이상의 조치는 취할 수 없었다.

그로부터 얼마 지나지 않은 1683년 10월, 숙종은 그만 천연두에 걸렸다. 그러자 명성왕후는 아들의 쾌차를 빌기 위해 굿을 하기도 하고 무당이 시키는 대로 음식을 끊고 매일 속옷 차림으로 냉수욕을 한 뒤 치성을 드리는 일에 전념했다. 원손도 두지 못한 아들이 죽을 경우 왕실은 크나큰 위기에 처할 것이고, 그녀의 처지도 끈 떨어진 갓 신세가 될 것이 뻔했기 때문이다. 그런데 아들을 살리겠다는 그녀의 정성이 너무 지나쳤던 모양이다. 추운 겨울에도 빠지지 않고 냉수욕을 하며 치성을 드리다가 그만 감기에 걸렸는데, 건강이 더 나빠져 병이 위중해졌다. 열이 들끓었다는 것으로 봐서 아마도 폐렴에 걸린 듯하다. 그리고 그녀는 폐렴을 이기지 못하고 그해 12월 5일에 사망하기에 이르렀다.

모후 명성왕후가 죽고 삼년상이 끝나자 숙종은 기어코 장옥정을 대궐로 다시 데리고 왔다. 대왕대비 조씨가 숙종의 마음을 읽고 인현왕후를 설득하여 재입궁을 성사시켰던 것이다.

숙종은 장옥정이 궁으로 돌아오자 인현왕후는 뒷전이고 늘 장옥정 처소만 찾았다. 이에 서인들은 숙종에게 새로운 후궁을 간택할 것을 요청했다. 장옥정을 견제하기 위한 인현왕후의 고육책이었다. 숙종은 후궁 간택 요청을 받아들여 정식으로 후궁으로 맞아들였고, 새로운 후궁으로 들어온 여자는 송시열의 최측근이자 서인의 영수였던 김수항의 종손녀 영빈 김씨였다. 김수항은 김상헌의 손자이며, 김수항의 이모할머니가 인목대비이니 영빈 김씨는 인현왕후와 마찬가지로 뼛속까지 서인 집안 여자였다.

영빈 김씨가 숙의의 첩지를 받고 입궐한 것은 1686년이었다. 이때 그녀의 나이는 18세였다. 인현왕후와 서인은 어떻게 해서든 그녀가 숙종의 마음을 사로잡아 아들 낳기를 바랐다. 하지만 숙종의 마음은 온통 28세의 성숙한 여인 장옥정에게 사로잡혀 있었기 때문에 영빈 김씨는 안중에도 없었다.

숙종은 혹 인현왕후와 영빈이 장옥정을 해칠 수도 있다는 생각에 장옥정의 처소를 중전과 후궁들의 처소가 있는 창덕궁에서 멀리 떨어진 창경궁에 따로 마련했다. 그것도 아주 비밀리에 공사를 진행했다. 그리고 장옥정에게도 마침내 종4품 숙원의 첩지를 내려 정식으로 후궁의 지위를 주었다. 후궁 첩지가 내려지면 더는 그들이 장옥정에 대한 출궁 요구를 할 수 없기 때문이었다. 이는 서인과 인현왕후 세력으로부터 장옥정을 보호하기 위한 조처였다. 당시 인현왕후는 장옥정이 남인들의 후원으로 궁에 왔기 때문에 다시 내보내야 한다고 주장했고, 숙종은 다시는 이런 요청을 하지 못 하게 못을 박는 의미에서 후궁 첩지를 내린 것이었다.

후궁에서 왕비로

후궁 첩지를 받은 장옥정은 그에 대한 보답이라도 하듯 임신하였다. 그리고 1688년 10월 아이를 낳았는데, 숙종이 그토록 기다리던 아들이었다. 비록 서자이지만 첫아들이었기 때문에 숙종의 기쁨은 컸다. 하지만 인현왕후와 서인들의 반응은 싸늘했다. 당시 대왕대비 조씨의 상중이라는 핑계로 득남을 축하하는 인사조차 올리지 않았다. 심지어 사헌부 지평 이익수는 산후조리를 돕기 위해 입궁하는 장옥정의 어머니 윤씨의 가마를 가로막고, 가마꾼들을 매질하기까지 했다.

이 사건은 숙종의 심기를 건드렸다. 대노한 숙종은 곧 장옥정이 낳은 아들 윤을 원자로 지정하겠다는 뜻을 조정에 알렸다. 윤을 원자로 삼겠다는 것은 훗날 세자로 책봉하여 왕위를 계승하겠다는 의미였다. 이에 서인들이 강하게 반발했다. 하지만 숙종은 조금도 멈출 생각이 없었다. 한 번 마음먹으면 무슨 일이 있어도 밀어붙이는 게 그의 성격이었다. 어머니도 죽고 없는 마당에 그를 말린 사람은 아무도 없었다.

숙종은 곧 정승과 6판서, 삼사의 요직들을 모두 불러 모아놓고 선언했다.

"지금 원자의 호를 정하고자 하는데, 따르지 않을 자는 벼슬을 버리고 물러가라."

자신과 뜻을 같이하지 않는 자는 모두 내쫓겠다는 의미였다. 숙종의 말을 듣고 이조판서 남용익이 제일 먼저 나와 거부 의사를 피력했다.

"신이 물러가기는 하겠으나 중전의 춘추가 한창이시니 이번에 하시는 일은 너무 이른 것입니다."

사실, 틀린 말은 아니었다. 그런 까닭에 남인 목창명을 뺀 모든 신하들이 남용익의 말에 동조했다. 하지만 숙종은 그들을 모두 물리치고 전격적으로 옥정의 아들 윤에게 원자의 명호를 내렸다. 그런 다음 이내 원자 정호를 종묘사직에 고해버렸다.

당시 원자 윤은 태어난 지 갓 100일 된 아기였다. 더구나 후궁이 낳은 서자였다. 그리고 정비 인현왕후는 당시 23세로 젊었다. 서른 살의 장옥정도 아이를 생신했는데 인현왕후가 아이를 생산할 가능성은 충분했다. 그런데도 숙종은 후궁 옥정의 아이를 원자로 정했다. 거기다 옥정에게 정1품 빈의 첩지까지 내렸다. 이는 서인 세력에 대한 전면적인 선전포고나 다름없었다. 서인들 역시 그 의미를 모르지 않았다.

숙종이 아들 윤을 원자로 정하고 종묘사직에 고한 지 보름쯤 지난 1889년 2월 초하루, 마침내 서인들도 전면전을 선포했다. 서인의 영수 송시열이 종묘에 고한 원자 정호를 철회하라는 상소를 올린 것이다. 이미 종묘에 고한 일을 철회하라는 것은 숙종에게 무릎을 꿇으라는 의미였다. 종묘에 고했다는 것은 이미 선묘에 허락을 얻었다는 뜻이다. 그런데 이를 철회하라는 것은 선조들의 허락을 모두 무효로 하라는 의미였고, 이는 곧 숙종에게 항복을 요구하는 일이었다.

송시열의 항복요구서를 접한 숙종은 무섭게 분노하며 송시열을 끌고 와 치죄하라는 명령을 내렸다. 그러자 승정원을 장악하고 있던 서인들이 숙종의 명을 받들지 않았다. 이에 숙종은 승정원은 물론이고 삼사의 요직에 있던 서인들을 모두 내쫓았다. 그리고 그 자리를 모두 남인으로 채웠다. 또한 송시열은 물론이고 서인을 이끌고 있던 김수항, 김익훈, 이사명, 홍치상 등을 모두 유배 보내고 급기야 죽이기까지 했다. 이 사건을 '기사환국'이라고 한다. 숙종이 기사환국을 일으킨 목적은 단 하나, 사랑하는 여인 장옥정을 지키는 데 있었다.

서인들을 대거 내친 숙종은 그들 서인과 한통속인 부인도 두고 보지 않았다. 작은 빌미라도 찾기 위해 눈에 불을 켜고 있는 숙종에게 먼저 걸린 사람은 김수항의 종손녀 영빈 김씨였다.

영빈 김씨는 서인들의 권력을 회복시키기 위해 은밀히 왕의 동정을 친정에 알리는 역할을 하고 있었다. 또 그녀는 장옥정의 어머니와 조사석이 불륜 관계라는 유언비어를 유포하기도 했다. 그녀를 예의 주시하고 있던 숙종은 그런 사실들을 파악하고 그녀를 폐출시켰다. 또한, 그녀와 내통한 김수항에게는 사약을 내렸다.

숙종은 영빈 김씨의 배후가 인현왕후라고 의심했다. 그 때문에 인현왕후를 맹렬히 비난하며 폐출하려는 뜻을 드러냈다. 당시 인현왕후와 숙종은 자주 말다툼을 벌였다. 1689년 4월 23일은 인현왕후의 생일이었는데, 숙종은 조대비의 국상 기간이라는 이유로 탄일 하례를 못 하도록 했다. 하지만 인현왕후는 국모가 탄일에 하례를 받는 것은 당연한 권리라며 어명을 무시하고 하례를 받았다. 이 일로 숙종과 인현왕후는 심하게 싸웠는데, 부부싸움 중에 인현왕후는 "나를 폐출할 테면 폐출하라"라고 고함을 질렀다. 숙종은 곧 이 내용을 조정을 알려 왕비 폐출 의도를 드러냈다. 이에 86명의 신하가 왕비 폐출에 반대하는 의견을 올렸고, 숙종은 그들과 대치하며 왕비 폐출을 결행했다. 그 과정에서 반대 의견을 낸 수십 명의 신하를 국문하기도 했다. 그리고 인현왕후 민씨를 내쫓았다.

숙종이 인현왕후를 내쫓은 목적은 단 하나였다. 장옥정을 왕비로 삼아 그녀와 그녀의 아들 윤을 보호하기 위함이었다. 비록 서인들이 대거 쫓겨났지만 인현왕후가 그대로 있는 한 서인의 세력은 다시 일어날 것이 뻔했고, 장옥정이 왕비가 되지 않는 한 원자 윤은 여전히 서자의 신분을 면할 수 없었다. 그런 상황에서 인현왕후나 다른 후궁 중에 누가 아들이라도 낳으면 장옥정과 원자의 신세가 어떻게 될지 알 수 없었던 것이다.

숙종은 인현왕후를 내쫓은 직후에 바로 장옥정을 왕비로 확정했다. 마침내 자신의 연인 옥정을 정부인 자리에 앉힌 것이다. 그뿐 아니라 원자 윤을 세자로 책봉했다. 대개 세자 책봉은 여덟 살에 하는 것이 관례인데, 또 다른 시빗거리가 생길까 봐 마음이 불안했던 숙종은 두 돌도 되지 않은 갓난아이를 세자로 정해버린 것이다.

숙종이 인현왕후를 내쫓고 급히 장옥정을 왕비로 확정한 데는 또 다른 이유가 있었다. 인현왕후를 내쫓을 당시 장옥정은 임신 중이었다. 만약 장옥정이 후궁의 몸으로 아이를 낳게 되면 태어날 아이는 서자나 서녀가 될 상황이었고, 숙종은 이런 사태를 막기 위해 서둘러 인현왕후를 내쫓았다.

인현왕후가 쫓겨나고 두 달 뒤에 장옥정은 아이를 출산했다. 이번에도 아들이었다. 하지만 아이의 명줄은 길지 못했다. 숙종은 아이에게 오래 살라는 뜻으로 '성수盛壽'라는 이름을 내렸지만, 아이는 이내 죽고 말았다. 숙종은 둘째 아들을 잃고 눈물까지 흘리며 몹시 고통스러워했다. 게다가 장옥정도 아이를 낳은 후유증으로 건강이 크게 나빠졌다. 아이는 1690년 7월에 태어나 9월에 죽었다. 아이를 잃은 장옥정은 시름시름 앓고 있었지만, 숙종은 그녀에게 선물을 하나 안겼다. 이미 그녀를 왕비로 확정해뒀지만 임신 중이라 책봉식을 거행하지 않은 터였다. 그래서 아들을 잃은 그녀를 위로할 겸 그해 10월에 왕비 책봉식을 거행했다. 이렇게 장옥정은 인현왕후를 밀어내고 왕비가 되었다.

연적 숙빈 최씨의 등장과 돌아온 인현왕후

정식으로 왕비의 자리에 오른 후에도 장옥정은 여전히 건강을 회복하지 못했다. 신체 곳곳에 종기가 나고, 머리에도 자주 부스럼이 생겼다. 흔히 긴병에 효자 없다는 말이 있지만, 긴병에 열부는 더 없는 법이다. 연인 옥정이 병치레로 자주 드러누워 있는 동안 숙종은 새로운 여자에게 눈이 팔렸다.

숙종의 눈을 사로잡은 여인은 궁궐에서 물을 길어 나르던 천비 무수리 출신의 숙빈 최씨였다. 숙빈 최씨가 숙종의 눈에 들었을 때의 나이는 이미 스무 살을 넘긴 시기였다. 어떤 경로로 그녀가 왕의 눈에 들었는지는 자세하게 기록되어 있지 않다.

그녀의 아버지는 최효원, 어머니는 남양 홍씨였다. 1670년에 태어났으나 어린 시절에 대한 기록은 정확하지 않다. 《정읍군지》에 의하면 그녀는 전라도 정읍현 태인면에서 태어났으며, 아주 어릴 때 부모를 여읜 것으로 전한다. 그리고 인현왕후의 아버지 민유중이 영광 군수로 부임할 때 태인에 있는 대각교에서 남루한 차림으로 버려져 있는 그녀를 발견하고 데려다 키웠다는 것이다. 그리고 인현왕후가 왕비로 간택되어 입궁할 때 함께 궁으로 들어왔다고 기록되어 있다.

그러나 이 이야기 외에도 숙빈의 성장에 대한 다른 설이 전하는 것으로 봐서 《정읍군지》의 내용은 신빙성이 떨어진다. 또한, 숙빈

이 인현왕후가 궁으로 데려온 몸종이라면 인현왕후가 궁에서 쫓겨날 때 함께 출궁했어야 하는데, 궁궐에 남아 무수리로 살다가 숙종을 만났다는 것은 앞뒤가 맞지 않는 면이 있다.

그녀의 출신에 대해서는 침방의 궁녀였다는 설도 있다. 이 이야기는 고종의 후궁 삼축당 김씨와 광화당 이씨가 고종에게 직접 전해 들은 것이라고 한다. 고종은 최씨가 일곱 살에 궁궐에 들어왔다는 말도 했다고 한다. 하지만 역시 뚜렷한 증거가 없어 신빙성이 떨어진다.

이렇듯 숙빈 최씨의 입궁 과정에 대한 여러 이설이 존재하는 것은 그녀가 무수리 출신이 아니라는 주장을 펼치기 위함이다. 말하자면 이런 설들은 모두 그녀의 아들 영조가 왕위에 오른 뒤에 어떻게 해서든 생모가 무수리 출신이라는 것을 숨기기 위한 의도에서 만들어진 이야기라는 것이다.

어쨌든 숙종은 무수리 출신의 이 새로운 여자를 만나면서 장옥정에 대한 사랑이 식어버렸다. 더구나 최씨는 아이까지 잉태하였고, 마침내 1693년 10월에 아이를 출산했다. 아들이었다. 숙종은 이 아들에게 길게 살라는 뜻으로 '영수永壽'라는 이름을 내렸다. 하지만 숙종의 기대와는 달리 영수는 태어난 지 두 달 만에 죽었다. 하지만 최씨는 첫아이를 잃은 슬픔이 채 가시기도 전에 둘째아이를 임신했다. 그리고 1694년 10월에 아이를 출산했다. 다행히 이번에 태어난 아이는 건강했다.

최씨가 연이어 아이를 낳자 숙종은 최씨를 몹시 총애하였다. 숙종의 마음이 최씨에게 쏠리자 서인들은 그 기회를 이용하여 장옥정을 왕비에서 끌어내릴 계획을 세웠다. 서인 노론계의 김춘택과 소론계의 한중혁이 손을 잡고 은밀히 폐출된 인현왕후 민씨의 복위 운동을 전개했다.

한편, 서인 측에서 폐비 민씨의 복위 운동을 꾀하고 있다는 사실을 파악한 남인 측에서는 이를 계기로 서인들을 완전히 조정에서 몰아낼 계획을 세웠다. 그래서 복위 운동 주모자들을 심문하여 그 내막을 파악한 다음에 숙종에게 보고했다.

그런데 숙종은 의외의 반응을 보였다. 민씨 복위 운동에 대해 보고받은 숙종은 오히려 남인들을 궁지로 몰아세웠다. 민씨 복위 운동을 빌미로 서인들을 일거에 쫓아내려고 한 것 아니냐며 남인들을 질책했다. 숙종이 이런 태도를 보인 배경엔 숙빈 최씨가 있었다. 숙종이 최씨를 총애한다는 사실을 확인한 서인들은 최씨와 결탁하였고, 최씨는 숙종의 마음을 움직였던 것이다.

숙빈 최씨는 왕비 장씨가 질투심으로 자신을 괴롭히고 있다며 숙종에게 하소연하였고, 왕비 장씨의 배후에 남인들이 도사리고 있다며 남인들도 함께 비난했다. 숙종은 그 말을 듣고 남인들에게 등을 돌렸고, 결국 폐비 민씨 복위 운동 사건으로 서인을 몰아내고자 했던 남인들은 오히려 철퇴를 맞아 모두 쫓겨나는 사태가 벌어졌다.

남인들을 대거 내쫓은 숙종은 서인들이 추진하던 폐비 복위 요구를 받아들여 인현왕후를 환궁시켰다. 또한, 장옥정을 빈으로 강등시켜 왕비전에서 취선당으로 쫓아냈다. 이 사건이 1694년에 벌어진 '갑술환국'이다.

한편, 취선당으로 밀려난 장옥정은 분한 마음을 이기지 못하고 울화증에 시달렸다. 그토록 자신을 사랑하던 남자가 다른 여인에게 마음을 주더니 갑자기 돌변하여 자신을 헌신짝 버리듯 내쫓았으니 분하고 서러울 수밖에 없었을 것이다. 하지만 그녀는 여전히 믿는 구석이 있었다. 인현왕후 민씨가 환궁한 뒤로부터 시름시름 앓고 있었고, 그녀가 병상에서 일어나지 못하고 그대로 죽는다면 중전 자리를 되찾을 수 있다는 희망을 품었던 것이다.

애정 전선의 마지막 승자, 숙빈 최씨

하지만 중전 민씨는 쉽게 죽지 않았다. 병상에 누운 채로 무려 7년을 버텼다. 그러다 1701년에 생을 마감했다. 민씨의 죽음은 장옥정에겐 중궁으로 돌아갈 수 있는 다시없는 기회였다. 그래서 들뜬 마음으로 그녀는 중궁으로 돌아갈 날만 기다렸다.

한편, 숙빈은 인현왕후가 죽게 되자 몹시 불안했다. 인현왕후가 죽었으니 장옥정이 다시 중전으로 복위하게 될 것이고, 그렇게 되면 자신의 처지가 어떻게 될지 알 수 없었기 때문이다. 그래서 그녀는 장옥정에 대해 선제공격을 감행한다. 당시 장옥정은 세자 윤의 건강을 빌기 위해 취선당에 신전을 차려놓고 무당을 불러 굿을 했다. 이것은 숙종도 이미 알고 있는 일이었다. 하지만 숙빈 최씨는 장옥정이 신전을 차린 것은 인현왕후를 저주하여 죽일 목적이었다고 숙종에게 고변했다.

숙빈의 고변을 들은 숙종은 인현왕후가 죽은 40일 만인 재위 27년(1701년) 9월 25일에 분노에 찬 얼굴로 비망기를 내려 이렇게 하교했다.

"내수사에 갇힌 죄인 축생, 설향, 시영, 숙영, 철생 등을 모두 금부의 도사를 보내 잡아와라. 내일 인정문 밖에서 내가 친국할 것이다."

왕이 궁녀를 친국하는 일은 극히 드문 일이다. 역모와 관련한 일이라 해도 왕이 궁녀를 직접 국문하는 일은 거의 없었고, 종친과 관련된 일이라도 그 처리를 내명부에 일임하거나 의금부에서 다루도록 하는 것이 상례였다. 숙종의 궁녀에 대한 친국 하교는 그날 밤늦게 이뤄졌다. 승지 서종헌과 윤지인, 부응교 이징구, 부수찬 이관명 등이 그 소식을 듣고 급히 임금을 찾아와 아뢰었다.

먼저 서종헌이 말했다.

"엎드려 비망기의 내용을 보고 놀랍고 두려워 벌벌 떨립니다. 설령 그 죄상이 모두 하교하신 바와 같다고 하더라도 전하께서는 어찌 밝은 성심으로 후일의 난제를 생각하시지 않으십니까? 갑술년 초에 장희재의 죽음을 용서한 것은 오로지 동궁을 위한 것이었는데, 금일의 처분은 되려 동궁에 대한 염려를 간과한 것이니 바라건대 명을 도로 거둬주십시오."

서종헌에 이어 윤지인이 덧붙였다.

"신 등은 장씨가 범한 죄가 무엇인지 정확하게 알지 못하고 있습니다만, 장씨는 세자를 낳은 사람인데, 전하께서 장씨를 생각하지 않더라도 세자를 생각하여 차마 이렇게 하실 순 없습니다."

서종헌이 말한 장씨는 바로 장옥정이다. 즉, 궁녀들을 친국하는 것은 장옥정의 죄를 밝히겠다는 뜻이었다.

윤지인의 말이 끝나자 이징구가 아뢰었다.

"장씨의 죄상은 외부 사람은 알 수 없는 것입니다. 그리고 장씨는 세자에게는 낳아준 사람인데 후일의 염려를 어찌 다 말할 수 있겠습니까?"

이렇듯 신하들은 여러 말로 비망기를 거둬들일 것을 청했지만, 숙종은 끝내 자기 뜻을 관철했다. 그리고 마침내 이튿날 궁녀들에 대한 친국이 시작되었다. 궁녀에 이어 무당과 무당의 아들, 딸까지 모두 친국했다.

친국이 끝난 뒤 숙종은 숙빈의 고변이 모두 사실이라는 결론을 내리고 장옥정을 죽일 결심을 하였다. 그리고 기어코 그녀에게 자진 명령을 내렸다.

이 사건을 두고 대개 사극에서는 장옥정을 악녀로, 인현왕후는 마음씨 고운 왕비로 설정하지만 실상을 살펴보면 전혀 다른 내용을 발견할 수 있다. 장옥정이 악녀도 아니고 인현왕후도 마음씨 고운 왕비가 아니었다. 오히려 숙종과 말다툼까지 벌이며 힘싸움

253

을 벌인 쪽은 인현왕후이지 장옥정이 아니었다. 장옥정이 신당을 차려 놓고 인현왕후를 저주했다는 것도 숙빈 최씨의 주장일 뿐이고, 장옥정이 악녀처럼 묘사된 것도 《인현왕후전》 같은 소설 속의 설정일 뿐이다. 역사적 사실은 오히려 장옥정이 숙종이라는 남자에게 철저히 배신당하고 이용당한 정치적 희생양이었다고 말하고 있다.

하지만 정권을 장악한 서인들은 장옥정을 철저하게 악녀로 묘사했고, 서인 출신의 인현왕후는 천하에 둘도 없는 천사로 만들어 놓았다. 물론 서인들이 이렇게 하도록 방치한 인물은 숙종이었다. 그런 의미에서 보자면 숙종은 치졸하고 잔인한 변덕쟁이였다.

한편, 장옥정에게 자진 명령이 떨어지자 그녀의 아들이자 세자인 윤은 궁문 밖에 거적을 깔고 정승들에게 하소연했다.

"나의 어머니를 살려주시오."

그 말을 듣고 좌의정 이세백은 옷을 털며 자리를 피했고, 여의정 최석정은 울면서 이렇게 대답했다.

"신이 감히 죽을 각오를 하고 저하의 은혜를 갚겠습니다."

하지만 최석정은 오히려 탄핵당해 유배 길에 올랐고, 장옥정을 죽이지 말 것을 청하는 모든 신하가 벼슬에서 쫓겨났다. 그리고 숙종 이순은 그토록 사랑했던 여인에게 자살을 명령했고, 장옥정은 스스로 목을 매고 생을 마감했다.

이렇듯 장옥정은 목숨을 건 애정 전쟁에서 한낱 무수리 출신의 숙빈 최씨에게 패배하고 말았다. 이것은 단순히 그녀만의 패배가 아니었다. 그녀 뒤에 버티고 있던 남인 세력 전체의 패배였다. 동시에 숙빈 최씨와 그녀의 뒷배가 되어줬던 서인 노론의 승리이기도 했다. 사랑과 권력의 전선에서 숙빈 최씨가 최종 승자로 남게 된 것이다.

16

사랑과 권력 사이에서

고종 비 명성황후

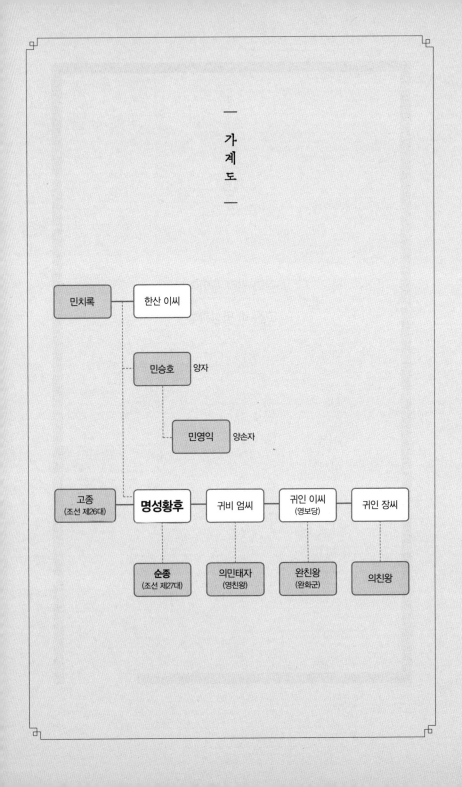

가
계
도

민치록 —— 한산 이씨

민승호　양자

민영익　양손자

고종
(조선 제26대) —— **명성황후** —— 귀비 엄씨 —— 귀인 이씨
(영보당) —— 귀인 장씨

순종
(조선 제27대)　의민태자
(영친왕)　완친왕
(완화군)　의친왕

편모슬하의 막내딸, 왕비가 되다

앞에서 소개한 백제의 팔수태후, 신라의 지소태후, 고려의 천추태후, 조선의 문정왕후 등이 모두 어린 왕을 대신하여 섭정하면서 권력의 화신으로 둔갑했지만, 명성황후는 결이 좀 다르다. 그녀는 상황에 몰려 어쩔 수 없이 권력 투쟁에 나서야 했기 때문이다.

그렇다면 명성황후는 도대체 어떤 상황이었기에 권력 투쟁의 전사가 되었을까? 그녀가 권력 투쟁에 나선 것은 자의든 타의든 왕비에 책봉되었기 때문이다. 그래서 우선 그녀가 왕비가 된 과정을 좀 살펴볼 필요가 있다.

명성황후는 여흥 민씨 가문의 종갓집 딸로 태어났다. 아버지 민치록은 숙종의 계비였던 인현왕후의 아버지 민유중의 5대손이다. 민유중의 4대 장손은 이조판서 민기현인데 민치록은 그의 외아들로 태어났다. 그는 어린 시절에 노론 출신 학자 오희상에게서 학문을 익혔는데, 그 인연으로 그의 딸 오씨와 결혼하였다. 그러나 오씨는 자식을 낳지 못한 채 요절하였다. 그래서 이규년의 딸 한산 이씨와 재혼하여 1남 3녀를 얻었는데, 불행히도 딸 하나만 제외하고 모두 죽었다. 그렇게 살아남은 딸이 바로 명성황후다.

명성황후는 1851년에 민치록의 막내딸로 태어났으며, 아명은 자영이었다. 민치록은 음서(고려·조선 시대에 아버지나 할아버지가 관직 생활을 했거나 국가에 공훈을 세웠을 경우 그 자손을 과거를 보지 않고 특별히 서용하는 제도)로 벼슬을 얻어 능참봉, 덕천군수, 선혜청 낭청, 영주 군수 등을 역임하다 1858년에 병으로 죽었다. 그래서 그녀는 여덟 살 때부터 어머니 이씨 편모슬하에서 자랐다. 그러다 보니 어린 시절을 매우 가난하게 보냈다. 그나마 다행인 것은 민치록이 죽기 전에 양자를 들인 일이었다. 그녀의 집이 종가여서 친척 중 한 명을 양자로 들였는데 그때 선택된 사람이 민승호였다. 민승호는 민치록의 10촌 민치구의 차남이었다.

민승호가 민치록의 양자가 되어 그녀의 오빠로 입적한 것은 그녀로서는 엄청난 행운이었다. 민승호는 철종에 이어 왕위에 오른 고종의 모후, 즉 흥선대원군의 부인 민씨의 친동생이었기 때문이다. 바로 이것이 인연이 되어 자영은 편모슬하의 막내딸에서 일약 한 나라의 국모로 신분 상승하는 행운을 잡게 됐다.

당시 어린 고종의 섭정이 되어 왕권을 장악하고 있던 흥선대원군 이하응은 뼈대는 있지만, 세력은 없는 집안의 여식을 왕비로 간택할 생각이었다. 이는 외척이 권력을 잡는 일이 없게끔 하기 위해서였다. 순조 이후 안동 김씨와 풍양 조씨 등의 외척들이 권력을 독식하는 바람에 나라가 엉망이 되었는데, 이 때문에 대원군은 더는 외척이 득세하지 못 하도록 할 심사였다. 그래서 이런 조건을 충족할 며느리를 찾던 중에 고른 여인이 바로 민자영이었다.

대원군은 민자영을 왕비로 삼는다고 해도 그녀의 집안이 득세할 가능성은 없다고 판단했다. 이미 아버지 민치록은 사망했고 의지할 곳이라곤 양자로 들인 민승호뿐이었는데, 민승호는 자신의 처남이었기 때문에 견제할 필요도 없는 인물이라고 보았다.

이후 민자영은 입궐하여 1866년 3월에 고종과 결혼했다. 그때 고종은 왕위에 오른 지 4년째였고, 나이는 15세였다. 그리고 민자영은 한 살 많은 16세였다. 당시 풍습으로는 신랑이든 신부든 한쪽만 15세가 넘으면 합방했기 때문에 두 사람은 초야를 치른 날 합혼례를 병행했다.

이렇듯 민자영은 보잘것없는 집안 환경 덕분에 대원군의 눈에 들어 왕비가 될 수 있었다. 그때까지만 해도 민자영은 자신 앞에 어떤 운명이 기다리고 있는지 전혀 알지 못했다. 그러나 초야를 치른 다음 날부터 그녀는 예상치도 못한 상황에 놓였고, 이후 그녀의 나날은 전쟁의 연속이었다.

야속한 남편, 외로운 궁궐

그런데 남편인 고종은 초야를 치른 뒤론 여간해서 민자영을 찾지 않았다. 당시 고종이 문지방이 닳도록 드나든 곳은 첫사랑의 처소인 영보당이었다. 영보당의 이름은 이순아였는데, 고종이 궁궐에 들어오자마자 마음을 빼앗긴 여인이었다. 고종이 영보당을 처음 만났을 때 나이는 12세였고 궁녀였던 이순아는 21세였다. 고종은 대담하게도 어린 나이에 아홉 살이나 많은 연상의 여인을 흠모했다. 이제 갓 사춘기에 든 어린 소년이 성숙한 이십 대 여인에게 빠졌으니 헤어 나오기 쉽지 않은 상황이었다. 이렇게 한 여자에게 콩깍지가 씌어 있는 상황에서 결혼했으니 고종이 민자영을 외면하는 것은 당연한 일이었다.

어쨌든 민자영은 사랑에 빠진 고종 때문에 찬밥 신세를 면치 못하고 매우 불안한 나날을 보냈다. 설상가상으로 1867년 겨울에 이순아는 아이를 잉태했고, 이듬해 윤사월에 왕자를 낳았다. 이때 낳은 아들이 고종의 첫아들 완화군 이선이다.

완화군의 탄생으로 영보당 이씨의 입지는 크게 강화되었고, 민자영의 처지는 더욱 외롭게 되었다. 사실, 왕실에 왕자가 태어난 것은 실로 오랜만이었다. 철종의 왕비 철인왕후가 왕자를 낳긴 했으나 어린 나이에 잃었고, 이후로 왕자가 태어난 일은 없었다. 그런 까닭에 완화군의 탄생은 왕실을 흥분시키기에 충분했다. 대왕대비 조씨(신정왕후)는 물론이고, 흥선대원군과 고종까지 몹시 들떴다. 특히 고종은 너무 기쁜 나머지 완화군을 원자로 삼으려고 하였다. 이 때문에 민자영의 불안은 더욱 가중되었다.

당시 상황을 황현은 《매천야록》에서 이렇게 기록하고 있다.

궁인 이씨가 완화군을 낳자 계桂씨 성을 하사했다. 그때 고종은 17세였는데, 무척 기뻐했다. 심지어 원자로 책봉하려고까지 했다.

이에 흥선대원군이 충고했다.

"만약 왕비에게서 아들이 태어난다면 장차 어찌하시렵니까?"

그러면서 서두르지 말라고 하였다.

고종이 일찍이 박유붕을 불러 완화군의 관상을 보게 하였더니 박유붕이 한참 있다가 말했다.

"서두르지 마소서."

이에 고종이 몹시 화를 내며 혹 박유붕이 흥선대원군의 사주를 받은 것이 아닌가 의심하였다. 얼마 지나지 않아 박유붕이 죽었다. 구례에 사는 유제관이라는 사람이 무과에 합격하여 한양에서 살았는데, 박유붕과 평소에 왕래가 있었다. 어느 날엔가 유제관이 가서 보니 박유붕이 데굴데굴 구르며 죽으려 하는데, 아홉 구멍에서 피가 쏟아졌다. 깜짝 놀라 그를 흔드니 팔을 저으며 대꾸하지 않다가 곧 절명하였다.

어떤 사람이 말하길 사약을 받고 죽었다고 하였다. 유제관이 나에게 직접 말해준 것이다.

《매천야록》에서 보듯 고종은 어떻게 해서든 완화군을 원자로 삼고 싶어 했다. 심지어 완화군의 관상에 대해 부정적인 견해를 드러낸 관상쟁이를 죽일 정도로 그의 의지는 강력했다. 이는 모두 이순아에 대한 그의 애정이 얼마나 대단했는지 보여주는 일이었다. 뭇 남성들처럼 그 역시 사랑하는 여인의 아들이 자기 대를 이어주길 바랐던 것이다.

하지만 고종의 이런 바람은 민자영에겐 크나큰 시련이었다. 비록 왕비 자리에 앉아있기는 했지만 다른 여인의 아들이 세자가 되면 그녀는 그야말로 빛 좋은 개살구 신세가 되는 것이었다.

애정 전쟁의 시작

이런 상황에서 벗어나기 위해 민자영은 무슨 수를 써서라도 이순아의 아들이 원자가 되는 일을 막아야만 했다. 하지만 시어머니 격인 대왕대비 조씨도 남편의 친부 흥선대원군도 모두 자기편은 아니었다. 그야말로 주변이 온통 어둠뿐이었다. 그런데도 민자영은 냉철했다. 그리고 어떻게 해야만 이 난국을 타개할지 방도를 구했다. 그리고 그녀가 선택한 것은 확실한 동아줄을 잡는 일이었다.

그녀의 동아줄이 되어 줄 존재는 궁중에서 가장 어른인 대왕대비 조씨였다. 그래서 민자영은 조씨에게 온갖 정성을 다하였다.

대비가 그녀를 신뢰하게 만드는 것이 중요했다. 이런 민자영의 전략은 매우 성공적이었다. 이순아가 비록 고종의 첫아들을 낳긴 했지만, 그녀는 어디까지나 한낱 궁녀 출신 후궁일 뿐이었다. 대왕대비 조씨는 왕실이 안정되기 위해서는 왕비인 민자영이 아들을 낳는 것이 최선이라고 생각했다. 그런 까닭에 완화군을 원자로 삼는 것도 마땅치 않게 여겼다. 이것은 모두 민자영이 조대비를 지성을 다해 모신 결과였다.

조대비는 어떻게 해서든 왕비가 왕자를 생산하길 바랐고 그래서 고종에게 왕비와 가까이 지낼 것을 늘 권했다. 고종 또한 조대비의 그런 권고를 무시할 수 없었다. 아직 나이가 어려 친정하지 못하는 상황이었기 때문이다.

하지만 사랑이 억지로 될 수는 없는 노릇이었다. 고종은 조대비의 권고도, 민자영의 애원도 뿌리치고 여전히 이순아만 찾았다. 덕분에 이순아는 연이어 임신했다. 또다시 아들을 낳는다면 민자영의 입지는 더욱 약해질 상황이었다. 민자영은 어떻게 해서든 남편의 마음을 사로잡아야 했다. 그리고 이순아가 임신한 그 상황이 기회를 잡을 적기였다. 민자영은 그 기회를 놓치지 않았다. 그리고 남편에 대한 그녀의 애원이 마침내 결실을 보았다.

이순아가 둘째를 임신하고 있던 1870년 여름, 민자영도 아이를 잉태했다. 혼인한 지 4년이 지나 그녀의 나이도 스무 살이었다. 임신이 더 늦어진다면 그녀는 찬밥 신세로 전락할 게 분명했다.

민자영이 임신하자 고종도 아내에 대해 조금씩 애정이 싹트고 있었다. 거기다 이제 자기 아이까지 잉태했으니 남모를 정이 생길 만도 했다. 하지만 민자영은 그 귀중한 아이를 잃고 말았다. 1870년 12월 17일《승정원일기》는 "중궁이 유산하였다"라고 쓰고 있다. 하지만 아이를 잃었다고 해서 남편까지 잃은 것은 아니었다. 고종은 민자영이 임신했을 때부터 조금씩 그녀에게 곁을 내줬고, 그녀가 유산한 뒤로는 애틋한 시선으로 그녀를 바라보았다.

민자영이 유산한 이후에 이순아는 아이를 낳았다. 이번에는 딸이었다. 민자영에게는 천만다행이었다. 거기다 민자영은 또다시 임신했다. 다행히 두 번째 아이는 유산되지 않았고 더구나 아들이었다. 민자영은 마침내 애정 전쟁에서 이겼다고 생각했다. 중전인 자신이 아들을 낳았으니 이제는 완화군을 세자로 세우자는 말이 나오지 않을 것으로 판단했기 때문이다.

그러나 민자영의 불행은 사라지지 않았다. 아이가 항문이 막힌 채 태어난 것이다. 당시 의술로는 해결할 방법이 없었다. 결국, 민자영의 두 번째 아이는 변을 보지 못하여 죽고 말았다. 고종은 왕자의 죽음을 몹시 애통해했다. 그것은 민자영에 대한 애틋함으로 이어졌다. 그래서 그는 두 번이나 아이를 잃은 아내를 달래기 위해 자주 그녀를 찾았다. 그렇다고 그가 첫사랑 이순아를 완전히 잊은 것은 아니었다. 고종은 민자영과 이순아를 번갈아 찾았고, 덕분에 이순아와 민자영이 모두 임신했다.

사실, 그동안 민자영에게만 불행이 닥친 것은 아니었다. 이순아도 아이를 잃은 슬픔을 겪었다. 딸을 낳았는데, 태어난 지 얼마 되지 않아 죽었다. 이렇듯 고종은 두 여인 사이에서 연속으로 자식을 보았으나 태어난 아이들은 계속 죽어 나갔다.

그런 가운데 민자영이 1873년 2월 13일에 딸을 낳았다. 고종은 공주를 얻어 매우 기뻐했지만, 그 아이 역시 명이 길지 않았다. 태어난 지 8개월 만에 죽고 말았다. 민자영은 이렇듯 세 번이나 연속해서 아이를 잃은 까닭에 매우 절망스러워했다. 그나마 위안이 된 것은 고종이 그런 아내를 불쌍하게 여기고 있다는 사실이었다.

시아버지를 하야시키다

민자영이 계속해서 아이를 잃자 시아버지 대원군은 더 기다릴 수 없다며 완화군을 세자로 세우려 했다. 민자영은 고종과 대왕대비 조씨에게 완화군을 세자로 세워서는 안 된다고 극구 만류했다. 그러던 어느 날 밤, 민자영은 신기한 꿈을 꾸었다. 하늘에서 오색 구름이 열리더니 그 위로 '만 년 동안 태평할 것이다'라는 글자가 새겨졌다. 퍼뜩 잠에서 깨어난 민자영은 이것이 태몽이 아닐까 싶었다. 아니나 다를까 그녀는 곧 임신했다.

뱃속의 아이가 왕자이길 학수고대하던 그녀는 태어날 아이를 위해 새로운 계획을 짰다. 이미 남편 고종이 성년이 되었는데도 시아버지 흥선대원군은 계속 섭정하고 있었다. 민자영은 아이가

267

태어나기 전에 시아버지를 하야시켜야 한다고 결심했다. 그래야 자기 아이가 안심하고 살 수 있다고 판단했다.

그녀가 그런 생각을 한 것은 시아버지 흥선대원군이 이순아의 아들 완화군을 세자에 책봉하려 했기 때문이다. 그녀는 조대비를 등에 업고 남편을 설득한 끝에 이 일이 성사되는 것을 막았지만, 완화군이 사라지지 않는 한 그 불씨는 여전히 남아 있었다. 그녀는 그 불씨를 완전히 없애기 위해서는 흥선대원군을 하야시키고, 자신이 왕자를 낳아 세자로 만드는 일이라고 판단했다. 그러고는 완화군 모자를 멀리 내쫓아 다시는 세자 자리를 넘보지 못하게 할 계획이었다.

그 무렵 다행스럽게 최익현이 상소를 올려 흥선대원군의 퇴진을 요구했고, 고종이 이를 수용하면서 흥선대원군이 궁지에 몰렸다. 그런 상황에서 민자영은 아들을 낳았다. 1874년 2월이었다. 다행히 아이는 건강했다. 이때 태어난 아이가 민자영의 유일한 아들인 이척, 곧 순종이다. 고종은 곧바로 척을 원자로 지정했다.

이후 고종의 입지는 더욱 강화되었고, 민자영과 민씨 집안에 힘이 쏠렸다. 흥신대원군은 그 힘에 밀려 하야했고, 결국은 운현궁을 떠나 양주의 직동으로 낙향했다. 이렇게 민자영의 계획은 일단 성공했다. 시아버지 흥선대원군과의 첫 싸움에서 그녀가 승리한 것이다.

하지만 10년 동안 군림한 흥선대원군의 그림자는 쉽게 지워지지 않았다. 그가 직동으로 떠난 지 7개월 남짓 되었을 무렵인

1874년 11월 28일, 민자영의 오빠 민승호의 집에 폭탄 테러가 있었다. 이 사건으로 민승호는 물론이고 민자영의 친모 감고당 이씨가 죽었다. 세간에서는 흥선대원군의 짓이라는 말이 돌았지만 증거가 없었다.

민자영은 졸지에 어머니와 오빠를 잃고 비통한 심정에 사로잡혔다. 고종은 그녀의 마음을 달래주기 위해 두 살 된 아들 이척을 세자로 책봉했다.

순조의 아들 효명세자 이후 60여 년 만에 적자를 세자로 책봉하게 되었으니 조선 왕실로서는 엄청난 경사였다. 거기다 효명세자는 왕위에 오르지도 못하고 죽지 않았던가! 그러니 척이 왕위를 잇는다면 적자가 왕위를 계승하는 일은 숙종 이후 200여 년 만의 대사건이었다.

척의 세자 책봉 이후 중전 민자영의 입지는 한층 강화되었다. 조정의 권력은 순식간에 민자영과 여흥 민씨 집안에 쏠렸다. 이른바 민씨 외척들의 권력이 하늘을 찌르는 형국이 된 것이다. 이는 흥선대원군이 그토록 막으려 했던 외척의 발호가 또다시 시작됐음을 의미했다. 왕비 민자영은 자신의 의도와는 상관없이 그 외척 권력의 중심에 서게 되었다.

연적 제거에 혈안이 되다

하지만 시아버지를 밀어냈다고 전쟁이 끝난 것은 아니었다. 남편 고종이 또 다른 여인에게 빠진다면 전쟁은 다시 시작될 것이기 때문이었다. 그래서 민자영은 자신과 아들의 안위를 위해선 무엇보다 먼저 연적을 제거해야 한다고 판단했다.

그녀의 화살은 곧 고종의 첫사랑 이순아를 향했다. 이순아는 이미 세자의 어머니가 된 민자영에게는 상대도 되지 않는 처지였지만 민자영은 그녀를 철저히 배격했다. 혹여 세자에게 무슨 변고라도 생기면 당장에 이순아의 아들 완화군이 세자의 자리를 차고 들어올 것이고, 그렇게 되면 민자영은 다시 과거처럼 찬밥 신세로 전락할 게 분명했다. 그 때문에 민자영은 이순아를 멀리 밀어내야 했다.

영리하고 치밀한 민자영은 노골적으로 이순아에 대한 미운 감정을 드러내지 않았다. 대신 이순아 주변에 철저히 장막을 쳤다. 이순아를 고종의 눈에서 멀어지게 만드는 한편, 이순아 주변에 심어놓은 상궁과 궁녀들을 통해 그녀를 철저히 감시했다. 이제 다시는 이순아가 남편을 끌어들이지 못하게 인의 장막을 쳤던 것이다. 그 때문에 이순아는 점점 고종의 눈에서 멀어져갔다. 그리고 급기야 그녀를 대궐 밖으로 완전히 밀어내어내는 데 성공했다.

그런데 민자영이 그렇듯 눈을 부릅뜨고 있는 와중에도 고종은 또 다른 여인에게 눈길을 주었다. 그야말로 그는 조금만 틈만 나면 사랑에 빠졌다. 이번에 고종의 마음을 사로잡은 여인은 궁녀 장씨였다. 곧 그녀는 임신하였다. 그 사실을 안 민자영은 장씨를 무섭게 몰아세웠고, 결국 장씨가 아이를 낳자마자 궁 밖으로 내쫓았다. 이때 장씨가 낳은 아이가 의친왕 이강이다. 궁궐에서 내쫓긴 장씨는 이강과 함께 사가에서 지냈다. 이후로 그녀는 고종을 만날 수 없었다. 그리고 10년쯤 뒤에 사망했다.

한편, 세월이 흘러 이순아의 아들 완화군은 어느덧 13세 소년이 되었는데, 그는 1880년 정월에 갑자기 죽었다. 병명도 분명하지 않았다. 며칠 사이에 병을 얻어 죽은 것이다. 그러자 완화군의 생모 이순아는 그 슬픔을 이기지 못하고 실어증에 걸리고 말았다. 이후로 그녀는 여든 살이 넘은 나이로 죽을 때까지 고종에겐 완전히 잊힌 여인으로 살았다.

완화군의 죽음을 두고 세간에는 민자영이 독을 썼다는 풍문이 돌았다. 어쩌면 그녀는 정적 제거 차원에서 사람을 시켜 완화군을 죽였는지도 모른다. 하지만 풍문은 풍문일 뿐이었다. 그런 말들은 바람에 휩쓸려 다니다가 시간의 흐름과 함께 사라졌다. 어쨌든 이후로 조정의 권력은 모두 그녀에게서 나왔고, 고종 주변엔 감히 여자들이 얼씬거리지도 못했다.

개화 바람의 배후

홍선대원군이 물러나자 조정은 급격히 세력 변화를 겪었다. 민자영을 중심으로 여흥 민씨 세력이 요직을 독점했다. 민자영은 처음엔 오빠 민승호에게 크게 기댔다. 하지만 민승호가 폭탄 테러 사건으로 죽자 민자영은 정치의 비정함을 실감하고 더욱 강해졌다. 스스로 권력의 중심이 되어 친정 세력들을 노골적으로 조정의 요직에 앉히기 시작했다. 별다른 대안이 없던 고종도 민자영을 지지했다.

민자영 주변에 포진한 여흥 민씨 세력의 중심에는 민영익이 있었다. 민영익은 민승호의 양자로 들어온 민태호의 아들이었다. 민자영은 민영익을 매우 총애했고, 덕분에 민영익은 물론이고 그의 친부 민태호와 삼촌 민규호도 덩달아 권세를 누리게 되었다.

민영익이 민승호의 양자가 된 1874년, 그의 나이는 15세였다. 당시 24세였던 민자영과는 아홉 살 차이였다. 민자영은 집안의 장손이자 조카가 된 민영익을 친동생처럼 아끼면서 절대적인 신임을 아끼지 않았고, 고종 또한 마찬가지였다. 이후로 민영익의 집은 문전성시를 이뤘다.

하지만 민영익이 친밀하게 지낸 무리는 따로 있었다. 이른바 8학사로 불린 노론 가문의 젊은 유생들로 김옥균, 어윤중, 홍영식, 심상훈, 홍순형, 김흥균, 이중칠, 조동희 등이었다. 이들 대부분은 흥선대원군의 쇄국정책을 반대하고 개방정책을 추진하여 서양의 앞선 문명을 받아들이자는 생각을 하고 있었다. 민영익은 이들과 어울리며 고종과 왕비 민씨에게 개화의 정당성을 피력했고, 고종도 민영익의 의견을 수렴했다.

당시 민영익에게 개화 바람을 불러일으킨 인물은 이동인이었다. 개화승이었던 그를 민영익에게 소개한 인물은 김홍집이었다. 이동인을 만난 민영익은 세상을 읽는 그의 탁견에 감화되었고, 이후 고종과 민자영에게도 그를 소개했다. 덕분에 고종과 민장영은 개화정책에 매우 호의적인 입장이었다.

이렇듯 조선에서 개화 바람이 불고 있을 무렵, 일본에서는 조선을 정벌할 채비를 하고 있었다. 메이지유신 이후 일본 조정에선 부국강병론이 부상하여 세제 개혁을 통해 재정을 확대하고 서구적 병력 체제를 갖췄으며, 서구식 군함인 철선을 수입하여 해군력을 양성하였다. 또한, 이러한 강병론의 명분을 세우기 위해 대만정벌론과 조선정벌론이 대두했고, 급기야 일본 정부는 그 일환으로 1875년에 운요호 사건을 일으켰다.

운요호 사건을 일으키는 과정에서 일본은 두 대의 함선을 조선 정부의 허가도 받지 않고 부산포에 입항시켰으며, 조선이 이에 대해 항의하자 함포 사격을 감행하며 무력을 과시했다. 그리고 두 함선 중 하나였던 운요호는 서해안을 거슬러 올라와 여러 대의 소형 배로 강화도의 초지진에 병력을 상륙시키려 했다. 이에 조선 수비병이 일본 배를 공격하자 일본군은 기다렸다는 듯 초지진에 대대적인 포격을 가했고, 이어 영종도에 상륙하여 방화와 살육, 약탈을 자행했다.

이 사건 이후, 일본은 조선 정부에 운요호에 포격한 것을 사죄하고, 더불어 일본 함선이 조선 영해에 자유롭게 항행할 수 있도록 할 것과 강화도 부근 지점을 개항할 것을 요구했다. 이를 강압하기 위해 일본은 6척의 군함을 파견하여 무력 시위를 벌였고, 결국 1876년 2월 27일에 강화도조약을 통해 그들의 뜻을 관철시켰다.

이렇듯 일본의 압박에 의해 쇄국정책을 풀고 개항을 단행했지만, 이후로 조선은 개화에 대한 적극적인 자세를 보였다. 일본의 파견 요청에 따라 1876년과 1880년엔 두 차례에 걸쳐 수신사를 파견하여 일본의 발전 상황을 파악했으며, 1881년에는 수십 명의 신사유람단을 파견하여 74일간 일본에 머무르면서 100권에 달하는 시찰보고서를 만들어 고종에게 제출했다. 이후로 외교뿐 아니라 정치, 경제, 사회, 문화, 군사 등 전방위적인 개화 작업이 추진되었고, 고종과 왕비 민씨는 민영익, 민태호, 민겸호 등의 민씨 외척들을 앞세워 이를 뒷받침했다. 이후로 조선은 순식간에 개화 바람에 휩싸였다.

죽음의 문턱에서 살아남다

당시 조선이 가장 먼저 서두른 작업은 군대 혁신이었다. 이미 병인양요와 신미양요를 통해 강력한 서양 무기의 위력을 확인한 만큼 외침을 막기 위해서는 무엇보다는 군대 혁신이 우선이라고 보았다.

군대 혁신의 1차 목표는 군대를 신식으로 전환하는 것이었다. 이를 위해 별기군이라는 신식 군대를 창설하는 한편, 구식 군대를 과감하게 줄여나갔다. 하지만 혁신을 서두르는 바람에 치밀함을 잃었다. 이 일을 선두에서 지휘하고 있던 민영익은 아직 애송이였고, 이를 후원하던 고종과 민자영 역시 정치력이 일천했다. 거기다 국고가 비어 재정 상태도 엉망이었고, 민씨 척족에 대한 불만도 팽배해 있었다. 권력을 독식하던 민씨 세력들의 부정부패가 만연했기 때문이다. 설상가상으로 흉년이 지속되었다.

이런 모든 부정적 요소들이 뒤엉켜 마침내 군사 반란으로 이어졌으니 이것이 1882년 6월에 일어난 '임오군란'이었다. 1882년 임오년, 4월부터 시작된 가뭄은 6월까지 이어졌고, 이를 해소하기 위해 고종은 여러 차례 기우제를 올렸지만 아무런 효과가 없었다. 그때 구식 군대에 지급해야 할 봉급은 무려 13개월이나 밀려 있었고, 그나마 한 달 치 봉급이라고 나눠준 곡식 속에는 겨가 잔뜩 섞여 있었다. 그것도 구식 군대에 지급한 쌀만 그랬다.

이렇게 되자 군인들은 병조판서와 선혜청 당상을 겸하고 있던 민겸호가 쌀을 빼돌려 이런 사태가 났다고 생각했다. 민겸호는 민자영의 죽은 오빠인 민승호의 친동생이었다. 이 때문에 민겸호에 대한 불만은 왕비 민자영을 비롯한 민씨 척족들 전체에 대한 원망으로 확대되었다. 그리고 급기야 군인들은 불만에 대한 표출의 일환으로 민겸호의 청지기를 잡아 구타했다. 민겸호는 이에 대한 보복으로 주동자 네 명을 잡아들여 감옥에 가두고 사형시키겠다고 공언했다.

그러자 수백 명의 군사가 구속된 동료 네 명을 석방하라고 요구했고, 민겸호가 이를 들어주지 않자 민겸호의 집을 습격했다. 하지만 민겸호는 이미 도주하고 없었고, 이에 화난 군인들은 그의 집을 불태우고 한양의 관청들을 습격하기 시작했다. 그 과정에서 신식 군대 훈련대장인 일본인 호리모토를 죽이고, 일본 공사관을 습격해 파괴했다.

이렇듯 사태가 급속도로 커지자 군인들은 흥선대원군에게 몰려갔다. 원인이야 어찌 됐든 군사 반란이었고, 이 일이 제대로 수습되지 않으면 모두 역적으로 몰려 죽을 판이었다. 그래서 대원군을 앞세워 사태를 수습하고 자신들의 안전을 도모하려는 것이었다. 이후 군인들은 고종이 머물고 있던 창덕궁으로 쳐들어갔다. 군인뿐 아니라 하층민들도 가세한 상태였다. 민씨 척족의 중심 민자영을 찾아내 죽이기 위함이었다. 민자영을 죽이지 않으면 자신들이 결코 무사할 수 없다는 판단에 따른 행위였다.

흥선대원군도 그 대열에 합류했다. 그런 만큼 이제 군인들에겐 정당성도 확보되었다. 그때 민겸호는 궁궐에 피신해 있었는데, 대원군의 발을 잡고 살려달라고 애원했지만, 군인들은 그를 끌고 나가 무자비하게 구타하여 죽여버렸다.

그들은 이제 민자영과 민씨 일족을 척결하기만 하면 모든 것은 해결된다고 믿었다. 하지만 민자영의 행방은 오리무중이었다. 민자영은 이미 궁궐을 빠져나간 뒤였다.

청나라 군대를 불러들이다

민자영이 궁궐을 빠져나간 경위에 대해선 정확한 기록이 없다. 일설에는 흥선대원군과 함께 입궁한 부인 민씨의 배려에 힘입어 탈출할 수 있었다고 한다. 부대부인 민씨는 입궐하자 곧 자신이 타고 온 가마를 민자영에게 내줬고, 민자영은 그것을 타고 궁궐을 빠져나가려 했다. 하지만 그녀가 궁궐을 빠져나가는 과정도 순탄치 않았다. 왕비가 밖으로 나가려는 것을 눈치챈 궁녀 하나가 민자영이 가마에 탔음을 알리자 군인들이 가마의 휘장을 찢고 그녀를 끌어냈다는 것이다. 이때 가마를 수행하던 홍재희란 무예별감이 나서서 그녀를 상궁으로 있는 자신의 누이라고 둘러댔고, 그 바람에 군인들이 그녀를 놓아주자 홍재희가 그녀를 들쳐업고 급히 궁문을 빠져나간 덕에 목숨을 구했다는 것이다. 그녀의 목숨을 구한 홍재희는 뒤에 이름을 홍계훈으로 바꾸고 민자영의 총애에 힘입어 출세 가도를 달렸다.

어쨌든 민자영은 궁궐을 빠져나온 뒤, 한양 관광방 화개동에 있던 윤태준이라는 인물의 집에 몸을 숨겼다. 이후 그녀는 측근인 민응식과 이용익을 호출했고, 이어 민응식의 본가가 있던 충주 장호원으로 은신처를 옮겼다.

민자영을 찾지 못한 흥선대원군은 그녀가 이미 죽었다고 공포하고 장례를 치렀다. 이후 조정을 장악한 대원군은 개화정책을 모두 폐기하고, 쇄국정책으로 돌려놓았다. 이에 민씨 세력은 청나라에 사람을 보내 당시 영선사로 그곳에 체류 중이던 김윤식과 어윤중에게 급보를 보냈다. 조선에 반란이 일어났으니 청나라 군대를 파견해 달라는 요청을 하라는 내용이었다.

이후 청나라는 급히 군사 3,000명을 조선에 파병하기로 결정했다. 그중 선발대 500명이 북양함대 대장 정여창의 지휘 아래 함선 세 척을 타고 인천항에 들어왔다. 이때가 1882년 음력 6월 27일이었으니 군란이 일어난 지 22일 지난 때였다. 그리고 이어서 청군 3,000명 전원이 도착했다.

청군에 이어 이틀 뒤에는 일본군 300명이 인천에 상륙했지만, 청군의 위세에 눌려 별다른 활동을 하지 못했다. 그런 상황에서 청군은 흥선대원군을 초청한다는 명분으로 함대로 유인하여 억류시킨 뒤 톈진으로 보내버렸다. 이로써 임오군란을 통해 정권을 다시 잡았던 대원군의 천하는 37일 만에 종결되었다.

이후 민자영은 다시 환궁하여 왕비의 자리를 되찾았지만, 조정
은 청나라 군대의 손아귀에서 놀아나야 했다.

정변의 소용돌이

임오군란 후 청나라의 내정간섭이 극심해지자 젊은 관료들을
중심으로 청에 대한 불만이 고조되었다. 특히 개화 세력을 이끌
고 있던 김옥균, 박영효, 홍영식 등은 이제 그만 청의 속국에서 벗
어나야 하고 내정 간섭을 중단해야 한다고 주장했다. 이들은 당시
개화 세력 중 급진파에 속하는 무리였다.

당시 개화파는 급진파와 온건파로 나뉘어 있었는데, 김옥균을
위시한 급진파는 빨리 서양의 기술과 사상, 제도 등을 도입해야
한다면서 이를 가로막고 있는 민씨 세력을 타파해야 한다고 주장
했고, 김홍집과 김윤식, 어윤중 등의 온건 세력은 점진적인 개혁을
추진하고 민씨 세력과 타협해야 한다고 주장했다. 물론 당시 민씨
세력의 뿌리는 왕비 민자영이었고, 그녀를 떠받들고 있던 핵심 인
물은 민영익이었다. 따라서 급진파는 왕비와 민영익을 제거해야
만 개혁과 개방을 이룰 수 있다고 판단했다.

이후 김옥균 등의 급진파는 정변을 계획했고, 마침내 1884년
음력 10월 17일에 거사를 실행했다. 이날 밤 우정국 낙성식이 열

렸는데, 이를 총괄한 인물은 우정국 총판을 맡고 있던 급진파의 핵심 홍영식이었다. 이날 개화급진파는 민씨 척족들은 물론이고 친청 세력들까지 한꺼번에 일망타진할 계획이었다.

거사의 신호탄은 방화였는데 이윽고 불길이 솟아올랐다. 이에 우정국 안에 있던 민영익이 상황 파악을 위해 바깥으로 나갔고, 동시에 자객이 그를 덮쳤다. 자객은 민영익의 목을 겨냥했으나 귀를 자르는 데 그쳤고, 민영익은 자객을 피해 피투성이가 된 채 우정국 안으로 도망쳤다. 이후 연회장은 아수라장이 되었다.

그 와중에 정변의 핵심 인물인 김옥균, 박영효, 홍영식 등은 창덕궁으로 달려가 고종과 왕비에게 변란이 일어났다며 피할 것을 종용했다. 이에 고종과 민자영은 그들을 따라 경우궁으로 피했고, 김옥균은 왕명을 위조하여 경우궁으로 민태호, 민영목, 조영하, 윤태준 등의 척족 세력들을 불러들였다. 그리고 그들이 당도하자 고종과 민자영이 보는 앞에서 죽였다.

그때서야 민자영은 김옥균 등의 급진 개화 세력이 정변을 일으킨 것을 알았다. 순간적으로 민자영은 어떻게 해서든 경우궁을 빠져나기야 살 수 있다고 판단했다. 그래서 개화당 지지자로 위장하고 들어온 심상훈에게 조카 민영환을 만나 내부 상황을 알리도록 했다. 또한, 전할 말이 있으면 수라상 밑에 편지를 붙여 올리라고 했다.

이후 민영환은 민자영에게 일단 거처를 창덕궁으로 옮기면 반역 세력을 제거하기 쉬울 것 같다는 편지를 올렸다. 당시 정변 세력의 군대가 적어 넓은 곳으로 옮기면 방비가 어려울 것이라는 계산에 따른 것이었다. 그래서 민자영은 곧 고종과 창덕궁으로 옮겨 갔다.

김옥균은 창덕궁으로 옮겨가면 방비가 쉽지 않을 것으로 판단하고 반대했지만, 고종의 명령을 어길 수는 없었다. 창덕궁으로 자리를 옮기니 우려한 일이 발생했다. 청나라 군대와 조선군이 급습해왔고, 정변 세력은 적은 군대로 그들을 막아낼 수 없는 상황이 되었다. 이로써 갑신정변은 실패로 돌아갔고, 민자영은 이번에도 목숨을 부지할 수 있었다.

새로운 연적

그렇듯 민자영이 황천길 입구에서 살아 돌아왔을 때, 그녀 앞에는 또 하나의 우환거리가 버티고 있었다. 남편 고종이 어느새 새로운 여자에게 정을 주고 있었던 것이다. 그녀는 다름 아닌 민자영이 남편의 이부자리를 돌보라고 대전에 넣은 지밀상궁 엄씨였다.

민자영이 궁녀였던 엄씨를 지밀상궁으로 높여서 고종을 시중들게 한 것은 임오군란 직후였다. 민자영이 여주 생활을 종결하고 3개월 만에 궁궐로 돌아왔을 때, 엄씨는 고종을 지극 정성으로 보살피고 있었다. 민씨는 그런 엄씨를 갸륵하게 여겨 지밀상궁이 되게 한 것이었다.

엄씨는 평민 엄진삼의 딸로 태어나 궁녀가 되었는데, 1882년 당시에 나이가 29세였다. 그때 고종의 나이가 서른이었으니, 둘의 나이 차이는 한 살이었다. 조선시대에 여자 나이 스물아홉은 환갑 진갑 다 지난 때였다. 그런 나이에 왕의 사랑을 얻었으니 그녀로 서는 일생의 기회를 잡은 것이었다.

그런데 고종과 엄씨가 채 사랑의 꽃도 피우기 전에 민자영이 궁궐로 돌아왔다. 사실, 그때까지만 해도 민자영은 엄씨에 대해서 전혀 신경 쓰지 않았다. 엄씨는 키가 작고 통통했으며, 인물은 보잘 것없었다. 하지만 남자의 마음이란 알 수 없는 법. 민자영이 보기에 연적이 되리라고는 생각지도 않은 엄씨를 고종이 품은 것이다.

사달은 갑신정변 직후인 1885년에 났다. 그런 난리를 겪고 가슴을 쓸어내리며 겨우 안정을 취했나 싶었는데, 믿었던 남편에게 뒤통수를 맞은 것이었다. 32세의 엄상궁이 남편의 승은을 입었다는 사실을 안 민자영은 노발대발했다. 배신감에 치를 떨며 엄씨를 대궐에서 내쳤다. 그리고 상궁 자리도 박탈하여 서인으로 전락시켰다. 어찌 됐든 왕의 승은을 입었다면 후궁인 셈인데, 민자영은 조금도 망설이지 않고 그녀를 내쫓았다.

그러자 고종은 서인으로 만드는 것은 너무 가혹하다며 상궁의 직위는 유지하게 했다. 엄상궁이 궁핍하게 살 것을 염려한 조치였다. 하지만 민자영의 성화에 궁에 두지는 못했다. 민자영은 혹 엄상궁에게 아이라도 생기면 또 무슨 일이 일어날지 모른다고 판단했던 것이다.

아마도 민자영은 엄씨가 다시는 궁궐로 돌아오지 못할 것이라고 생각했을 것이다. 적어도 민자영이 궁궐에 버티고 있는 동안은 그랬다. 이후로 10년 동안 고종은 엄씨의 치맛자락조차도 보지 못했으니 말이다. 그러나 민장영은 꿈에도 몰랐을 것이다. 훗날 그녀가 을미사변으로 참변을 당한 뒤에 고종이 다시 엄씨를 궁궐로 불러들여 황귀비로 삼고, 그녀의 아들을 순종의 후계자로 삼으리라는 것을.

태평 10년을 허송세월로

어쨌든 갑신정변 후 조선은 제법 평화로운 시기를 보냈다. 우여곡절 끝에 청·일 양국 군대가 물러갔고, 그들 양국은 서로를 견제하며 함부로 내정 간섭을 하지 않았다. 그래서 갑신정변 이후부터 동학농민혁명이 일어날 때까지의 시기를 이른바 '태평 10년'이라고 불렀다.

어쩌면 이 기간이 민자영의 일생에서 가장 조용하고 행복한 나날이었을 것이다. 남편 고종도 더는 다른 여인을 탐하지 않았고, 외교 관계도 그럭저럭 평탄했다. 영국이 러시아의 남진을 막기 위해 거문도를 점령했다가 물러난 정도였다.

그런데도 조선 정부는 이 태평 10년 동안 어떠한 개혁도 단행하지 못했고, 독립을 위한 구체적인 대안도 마련하지 못했다. 오히려 조정은 혼탁해지고 지방관의 횡포와 부정부패는 날로 심해졌다. 민자영의 삶은 평화로웠지만, 백성들의 삶은 곪아 터지고 있었다. 그리고 급기야 그들의 고름이 터져 대대적인 농민 봉기로 이어졌고, 그와 함께 민자영의 삶도 그 소용돌이 속으로 빠져들게 됐다.

한편, 이 기간에 일본은 군사력을 강화하며 청과의 일전을 준비하고 있었다. 반대로 청은 기강이 무너지고, 군사력은 약해졌으며, 혼란은 가중되고 있었다.

그런 가운데 1894년에 동학 농민봉기가 일어났다. 들불처럼 일어난 농민봉기를 자력으로 막아낼 수 없다고 판단한 조정은 청군에 군대를 요청했고, 청국 군대가 조선으로 향하자 일본도 양국 중 한쪽이라도 조선에 군대를 보내면 자동으로 다른 쪽도 군대를 보낼 수 있다는 톈진조약의 내용을 들먹이며 일본군을 조선 땅에 진주시켰다.

이후 조선 땅에서 청일전쟁이 발발했다. 전쟁 과정에서 일본은 조선 조정의 허락 없이 군대를 조선 영토에 진주시켰고, 선전포고도 없이 청국 군함을 급습했다. 그렇게 승기를 잡은 일본은 그 여세를 몰아 전쟁을 승리로 이끌었다. 또한, 일본군을 몰아내기 위해 다시 일어선 농민군도 무참히 쓰러졌다.

일본은 청일전쟁에서 승리하자 마침내 숨겨둔 발톱을 노골적으로 드러내며 조선 조정을 개화파 중심의 김홍집 내각으로 꾸리고 갑오개혁을 실시토록 했다. 또한, 갑신정변의 핵심 인물들에 대한 사면 조치도 단행토록 했다. 우호 세력을 본격적으로 키워 일본의 영향력을 빠르게 확대하려는 전술이었다.

하지만 민자영은 이제 이전의 애송이 왕비가 아니었다. 이미 외교 감각도 익혔고, 정치력도 능란했으며, 일본의 속내도 훤히 꿰뚫고 있었다. 그래서 어떻게 일본을 공략해야 하는지도 알고 있었다.

비참한 최후, 을미사변

민자영은 이이제이以夷制夷, 즉 적은 적으로 제압하는 수법으로 대응했다. 그녀는 러시아에 손을 내밀었다. 러시아의 힘을 이용하여 일본을 밀어내겠다는 계산이었다. 이미 일본은 러시아의 힘에 밀려 외교전에서 참패를 당한 상황이었다.

1895년에 청일전쟁에서 승리한 일본은 시모노세키 조약을 통해 랴오둥반도와 타이완, 펑후제도 등을 할양받기로 했었다. 하지만 랴오둥반도는 삼국(러시아. 프랑스. 독일) 간섭 때문에 반환되었다. 이후 러시아가 랴오둥반도로 진출하여 뤼순항에 러시아 함대 기지를 만들었다. 러시아는 오래전부터 부동항을 찾아 남하정책을 실시하고 있었고, 그 일환으로 한반도와 만주로 영향력을 확대하고 있었다. 그런 가운데 일본이 청일전쟁에서 승리하여 만주 지역을 장악하려 하자 이를 저지하고 오히려 자신들이 조차租借하는 방식으로 뤼순항과 다롄만을 차지했다.

민자영은 러시아의 힘에 굴복한 일본의 현실을 직시했다. 이들의 관계를 잘 활용하면 조선이 일본의 군홧발에 짓밟히는 상황은 면할 수 있다고 판단했다. 그래서 러시아 공사관에 사람을 보냈다. 러시아의 힘을 이용하여 일본군을 몰아낼 계획이었다.

러시아 공사 베베르는 민자영이 뻗은 손을 냉큼 잡았다. 덕분에 그녀는 친일 내각을 무너뜨리고 친러 내각을 꾸렸다. 이후 조정은 다시 그녀가 장악했다.

하지만 일본은 쉽게 물러나지 않았다. 일본은 이번 기회에 조선을 장악하지 못하면 다시는 조선을 정벌하지 못할 것이라는 위기감에 휩싸였다. 그래서 그들은 민자영을 제거할 음모를 꾸몄다.

음모의 중심엔 일본 공사 미우라가 있었다. 군인 출신인 그는 말로 해결되지 않으면 칼로 해결해야 된다는 입장이었다. 대륙정벌론자였던 그는 중국을 장악하기 위해서는 반드시 조선을 먼저 정복해야 한다고 판단했고, 그러기 위해서는 민자영을 죽여야 한다고 다짐했다.

이후 미우라는 한양에 머물고 있던 낭인들과 조선 정벌에 혈안이 된 자들을 끌어모아 자객 집단을 결성했다. 그리고 그들에게 민자영의 초상화를 주고 그녀의 얼굴을 익히게 했다. 그로부터 얼마 뒤 미우라는 마침내 거사에 돌입했다. 작전명은 '여우사냥'이었다.

그날은 1895년 음력 8월 20일, 추석 명절을 지낸 지 5일밖에 되지 않은 때였다. 일본 낭인들과 일본군이 경복궁을 침입하여 무자비한 살생을 자행했다. '을미사변'이었다. 변란 중에 민자영은 사라졌고, 시신조차 없었다. 낭인들이 그녀를 무자비하게 죽인 후 시신을 불태웠다는 말이 돌았다. 이후 궁궐 기둥 밑에서 발견된 유골 몇 점으로 장례를 치르고 민자영은 영영 불귀의 객이 되고 말았다.

그녀는 임오군란 때처럼 다시 살아 돌아오지도 않았고, 갑신정변 때처럼 기지를 발휘하지도 못했다. 그렇게 조선의 운명을 걸머졌던 그녀는 권력 투쟁을 넘어 국운을 바꿔보려고 발버둥쳤지만, 끝내 감당할 수 없는 시대의 해일에 휩쓸려 비참하게 사라졌다.

4부

가문과 권력을 지켜 낸
막후 실력자들

17

김유신 가문 120년 영화의 주역

신라 태종 무열왕 비 문명왕후

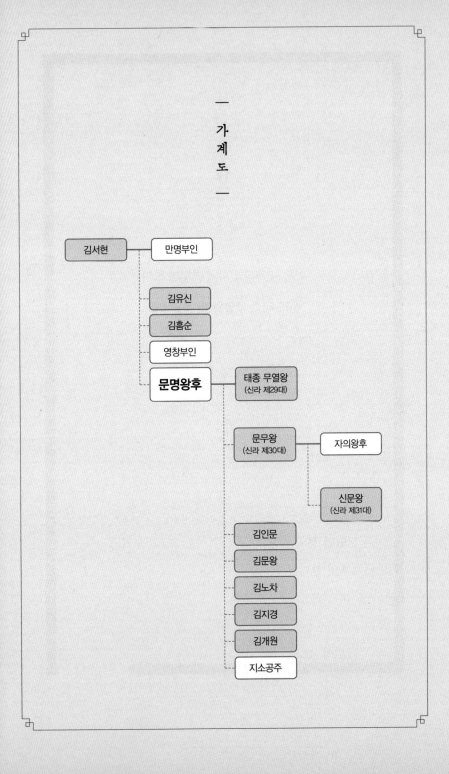

가
계
도

김서현 — 만명부인

김유신

김흠순

영창부인

문명왕후 — 태종 무열왕
(신라 제29대)

문무왕
(신라 제30대) — 자의왕후

신문왕
(신라 제31대)

김인문

김문왕

김노차

김지경

김개원

지소공주

김유신의 콤플렉스

우리 역사 속에서 왕비로 살다 간 여인들은 대다수가 자신이나 왕실보다는 가문의 영화를 중시했다. 그래서 자기 집안을 위해 왕과 맞서거나 아예 왕권을 빼앗아 용상 위에 군림하는 경우도 있었다. 하지만 이런 여인들의 가문은 오히려 오래가지 못했다. 권불십년이라는 말처럼 권력의 생명은 그다지 길지 않기 때문이다. 그래서 현명한 여인들은 스스로 권력자가 되기보다는 막후 실력자가되어 가문의 권력을 더 오래 유지했다. 신라의 태종 무열왕 김춘추의 왕비였던 문명왕후도 그런 여인 중 하나였다.

문명왕후의 본명은 문희이며, 가야 왕족의 후손 김서현과 신라왕족 만명부인의 둘째 딸이다. 김서현은 가야의 왕자 출신 김무력의 아들이고, 만명은 진평왕의 어머니 만호부인의 딸이다.

이런 정도의 소개로 문명왕후가 누구인지 쉽게 각인되지 않을 것이다. 그러나 문명왕후의 큰오빠가 삼한통일의 영웅 김유신이라고 하면 그녀가 어떤 존재인지 쉽게 알 수 있다.

김유신은 누구나 알다시피 신라의 삼한통일에 가장 큰 공을 세운 인물이다. 덕분에 그는 《삼국사기》 인물 열전의 제일 앞자리를 차지했고, 가장 많은 분량을 차지하고 있다. 열 권의 인물 열전 중에 무려 세 권이 그에 관한 기록이기 때문이다.

하지만 그의 동생 문희가 없었다면 김유신은 이런 대접을 받지 못했을 것이다. 사실, 김유신은 원래 신라 사회의 아웃사이더였다. 그는 정통 신라 왕족이 아니라 가야 왕족의 후예였다. 그래서 그의 성장 길목엔 항상 가야인이라는 꼬리표가 따라다녔다. 그렇다고 그는 순수한 가야인도 아니었다. 정확히 말하자면 그는 부계는 가야 왕실, 모계는 신라 왕실이었으므로 혼혈아였다.

그의 혈관에 신라인의 피가 섞이기 시작한 것은 유신의 6대조 취희왕부터이다. 취희왕의 아버지 좌지왕은 여색을 좋아하여 각국의 여성을 아내로 삼았는데, 그중에 신라의 아찬 도령의 딸 복수도 있었다. 복수가 아들 취희를 낳자 좌지왕은 그를 태자로 삼고 복수를 왕후로 삼았다. 이후 취희는 신라의 각간 진사의 딸 인덕을 맞아 질지왕을 낳았다. 질지왕은 가야 여인 방원에게서 감지왕을 비롯한 다섯 형제를 뒀는데, 감지왕이 또 신라의 각간 출추의 딸 숙씨에게서 구충(구형왕)을 얻었다. 구충은 가야인 계봉의 딸 계화에게서 무력과 무득을 얻었는데, 무력은 진흥왕의 딸 아양을 아내로 맞아 서현을 낳았다. 서현이 바로 김유신의 아버지이다.

더구나 할아버지 무력이 진흥왕의 딸과 결혼하여 서현을 낳았고, 아버지 서현 또한 만호태후(진평왕의 어머니)의 딸 만명과 결혼하여 유신을 낳았으니, 유신의 핏속엔 신라인의 피가 절반 이상 섞인 셈이다.

그런데 유신은 서현과 만명이 야합하여 낳은 자식이었다. 만명은 그녀의 어머니 만호태후가 남편 동륜이 죽자 입종의 아들이자 진흥왕의 동생인 숙흘종과 사통하여 낳은 딸이었다. 그런데 만명은 몰래 가야의 후손 서현과 만나고 있었는데, 만호태후는 그녀와 서현의 관계를 인정하지 않았다. 몰락한 가야 왕족의 후손인 서현에게 딸을 시집보내고 싶지 않았던 것이다.

하지만 야합이 지속되던 중에 만명은 그만 임신하고 말았다. 결국 그녀는 서현과 함께 야반도주를 결심한다. 그런 낌새를 눈치채고 아버지 숙흘종이 그녀를 창고에 가둬 놓았지만, 창고에 벼락이 쳐서 문이 부서진 덕에 도주할 수 있었다. 그렇게 해서 595년에 낳은 아이가 김유신이었다.

그 후로도 오랫동안 만호태후는 서현을 사위로 인정하지 않았다. 그러다가 서현과 만명 사이에 아들이 태어났다. 그 소식을 전해들은 만호태후는 손자를 보고 싶어 했다. 결국, 외손자를 안아보고 싶은 마음에 그는 딸을 용서하고 서현을 사위로 받아들였다. 막상 손자를 대하고 보니 그 위용이 대단하고 인물이 출중하였다. 만호태후는 만족한 표정으로 "너는 참으로 나의 손자로다" 하고 좋아했다고 한다.

유신은 성장하면서 스스로 만호태후의 핏줄을 이어받았다는 것에 매우 큰 자부심이 있었다. 그래서 가야파 낭도들이 찾아와 같은 가야 사람임을 들먹이며 청탁을 하면, "나는 곧 태후의 자손인데, 어찌하여 나더러 가야인이라고 하는가?" 하고 물리쳤다고 한다. 그렇듯 김유신은 자신이 가야인의 후손이라는 사실을 콤플렉스로 여겼다.

✦ ✦ ✦

여동생을 신분 상승의 도구로 쓰다

그런데도 만호태후의 후광을 입은 그는 가야파의 기대를 한 몸에 받았다. 검술이 뛰어나고 지략을 겸비하였으며, 강직하고 용맹하여 많은 낭도가 그를 따랐다. 15세에 화랑에 입문하였으며, 17세 때는 홀로 석굴에 들어가 수양하였다. 그리고 18세에 화랑도의 우두머리인 풍월주에 올랐다.

그러나 유신은 가야 혈통이라는 한계 때문에 여러 면에서 제약이 많았다. 신라 왕실에서는 여전히 그를 인정하지 않았다. 그는 이런 처지를 극복하기 위해 한 가지 묘안을 냈다. 바로 여동생을 김춘추에게 시집보내 신분 상승을 노렸던 것이다.

김춘추는 비록 폐위된 진지왕의 손자였지만, 그래도 신라의 정통 왕족이었다. 그래서 자신의 여동생이 그와 혼인하면 가야계의 한계를 조금이라도 벗어날 수 있다고 판단했다. 그래서 김춘추와 자신의 여동생을 맺어줄 요량으로 축국 시합을 하다가 고의로 김 춘추의 옷고름을 찢었다. 그리고 김춘추에게 자기 집으로 가서 옷 고름을 달자고 하였다. 유신이 여동생 보희를 시켜 김춘추의 옷고 름을 꿰매게 하려 했지만, 보희는 몸이 아팠기 때문에 동생인 문 희가 대신 꿰맸다.

문희는 김춘추와 단둘이 앉아 옷고름을 꿰매 줬는데, 그 자리에 서 눈이 맞아 정을 통하였다. 유신은 그렇게 되길 바랐던 터라 모 른 척하였다. 이 일이 있기 10일 전에 문희는 언니 보희에게서 꿈 을 산 일이 있었다. 보희가 꿈에 서악에 올라가 오줌을 눴는데, 경 도가 온통 오줌으로 가득 찼다. 아침에 문희에게 꿈 이야기를 했 더니 문희가 비단 치마로 값을 치르고 그 꿈을 샀다. 말하자면 그 꿈을 산 대가로 김춘추와 만나게 됐다는 이야기다.

어쨌든 이 사건 이후로 김춘추는 자주 김유신의 집을 들락거리 며 문희와 정을 나눴고, 결국 문희는 김춘추의 아이를 잉태하였다. 하지만 김춘추는 감히 공개하지 못했다. 그러자 김유신은 문희를 무섭게 꾸짖은 뒤 그녀가 아비 없는 아이를 가졌다고 소문을 냈 다. 물론 그것은 김춘추를 압박하여 문희를 아내로 받아들이게 하 려는 술책이었다.

당시 김춘추는 화랑도 서열 두 번째인 부제로 있었고 나이는 20 세 무렵이었다. 또한, 그는 이미 보량이라는 여인과 결혼한 몸이 었다. 그런데도 김유신은 왕족인 김춘추를 매부로 삼기 위해 누이 문희와 이어준 것인데, 김춘추는 아내 보량 때문에 쉽사리 문희와의 관계를 공개하지 못했다. 그러자 김유신은 마침내 극약 처방을 내렸다.

❋ ❋ ❋
120년 영화의 중심이 되다

하루는 김유신이 장작더미를 마당에 쌓아 놓고 불을 질러 연기를 치솟게 했다. 그날은 덕만공주(선덕왕)가 남산에 나들이를 가는 날이었다. 김유신은 그 사실을 알고 일부러 장작더미에 불을 질러 덕만공주가 그 연기를 볼 수 있게 했다.

남산에 오른 덕만공주는 연기가 치솟는 것을 보고, 측근에게 그 연유를 물었다. 그러자 측근이 이렇게 대답했다.

"아마도 유신이 그 누이를 불태워 죽이는 모양입니다."

"도대체 무슨 까닭으로 누이를 불태워 죽인단 말이냐?"

"그 누이가 남편도 없이 아이를 뱄기 때문이라고 합니다."

"누구의 소행이라 하더냐?"

그때 김춘추도 덕만공주를 수행하고 있었는데, 고개를 들지 못하고 낯빛이 어두웠다. 공주가 김춘추의 소행임을 알고 말했다.

"네 소행이로구나. 빨리 가서 구하지 않고 뭣 하느냐?"

김춘추는 별수 없이 말을 타고 달려가 덕만공주의 명령을 전달하고 문희를 구했다. 그리고 얼마 뒤에 혼례를 올렸다. 가야계의 김유신이 자기 누이를 두고 얼마나 큰 도박을 했는지 잘 보여주는 대목이다.

그런데 막상 김춘추와 결혼은 했지만 문희는 정실부인이 되지 못했다. 당시에도 정실부인은 오직 한 명만 될 수 있었는데, 김춘추에게는 이미 아내 보량궁주가 버티고 있었다. 문희는 한동안 첩의 신분으로 지내다가 보량궁주가 죽고 난 뒤에야 정실의 신분을 얻을 수 있었다.

그 후 선덕왕과 진덕왕이 죽고 654년에 김춘추가 왕위에 오르자 그녀는 꿈에도 그리던 왕후의 자리에 올랐다. 그녀가 왕후가 되면서 김유신의 입지도 한층 강화되어 660년에는 왕족들만 오를 수 있는 화백회의의 의장 자리인 상대등에 오를 수 있었다. 또한 이 해에 황산벌에서 계백을 물리치고 사비성을 함락하여 백제를 무너뜨렸다. 이후 661년에 무열왕이 죽고 조카 문무왕이 왕위에 오른 덕분에 김유신의 정치적 입지는 더욱 강화되었다. 그리고 668년엔 고구려를 무너뜨리고 삼한 통일의 대업을 이뤘다.

이렇듯 김유신은 누이 문명왕후의 후원에 힘입어 신라 왕실에서 가장 영향력 있는 정치인이 되었을 뿐 아니라 삼한 통일의 대업을 이끌어낸 영웅이 될 수 있었다.

한편, 문명왕후는 김춘추와 결혼하여 6남 1녀를 낳았는데, 큰아들 법민이 곧 신라 30대 왕 문무왕이고, 그 아래로 인문, 문왕, 노자, 지경, 개원 등의 아들과 딸 지소가 있었다. 이들 자녀들은 모두 신라 왕실의 중심이 되었고 또 문무왕 이후 36대 혜공왕까지 모두 문명왕후의 직계 자손들이 왕위를 이었다. 덕분에 김유신 집안은 무려 120년 동안 권력의 중심에 서서 영화를 누릴 수 있었다.

18

고려 최대 권문세가의 뿌리

문종 비 인예왕후

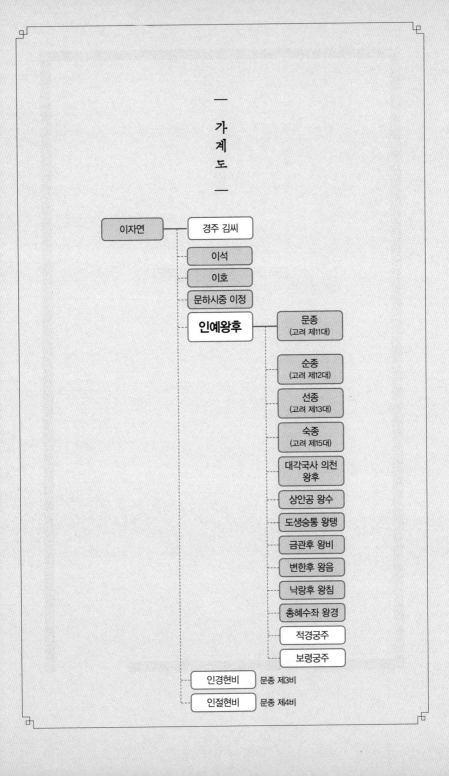

가
계
도

이자연 ─ 경주 김씨
· 이석
· 이호
· 문하시중 이정
· **인예왕후** ─ 문종
(고려 제11대)

순종
(고려 제12대)

선종
(고려 제13대)

숙종
(고려 제15대)

대각국사 의천
왕후

상안공 왕수

도생승통 왕탱

금관후 왕비

변한후 왕음

낙랑후 왕침

총혜수좌 왕경

적경궁주

보령궁주

· 인경현비   문종 제3비
· 인절현비   문종 제4비

고려 황금기의 최대 권문세가

고려 왕조의 최전성기는 제11대 문종 시절이다. 문종은 정치, 사회, 문화, 외교, 학문 등 모든 분야에 걸쳐 획기적인 발전을 일궈 낸 왕으로 조선의 세종에 비길 만한 인물이다. 37년이라는 장구한 세월 동안 지속된 그의 치세는 이른바 '고려의 황금기'를 열었고, 덕분에 고려는 이 시기에 대외적 위상을 한껏 높였다.

이렇듯 문종 시대를 고려의 황금시대로 이끈 두 인물이 있었는데, 최충과 이자연이다. 이 두 사람 중 문종의 신임이 더 두터웠던 인물은 이자연이었다. 그는 문종의 오른팔이었을 뿐 아니라 그의 장인이기도 했다. 이후로 이자연의 인주(인천) 이씨 가문은 당대뿐 아니라 제11대 문종부터 제17대 인종에 이르기까지 무려 100년 동안 고려 최대의 권문세가로 위세를 떨쳤다.

인주 이씨 가문이 그토록 오랜 세월 동안 위세를 떨칠 수 있었던 배경에는 이자연의 딸들이 있었다. 이자연은 무려 세 명의 딸을 문종에게 시집보냈다. 그중 맏딸이 인예왕후이고, 둘째가 인경현비, 셋째가 인절현비였다.

맏딸 인예왕후는 10남 2녀의 자녀를 낳았는데, 그중 장남이 제12대 순종이고, 차남이 제13대 선종, 삼남이 제15대 숙종이었다. 또 넷째는 천태종을 창시하여 승려로 이름을 남긴 대각국사 의천이었으니 인주 이씨 가문을 권문세가로 만든 주역은 단연 인예왕후였다.

인예왕후가 문종의 왕비가 된 것은 문종 재위 6년인 1052년이었다. 그녀는 원래 1046년에 문종의 후궁으로 입궁하였고, 1047년에 아들 훈(제12대 순종)을 낳았다. 그 덕분에 이자연은 차관 격인 이부상서 참지정사에 임명되었고, 이어 1050년에는 부총리 격인 내사시랑 평장사에 올랐다. 그리고 인예왕후가 1052년에 왕비로 책봉되자 최충의 뒤를 이어 총리 격인 시중에 올랐다.

이후로 이자연은 11명이나 되는 아들들을 요직에 배치하고 이로써 이자연의 집안은 고려 최대의 권문세가로 떠오른다. 이자연과 그의 자식들은 문종 집권 후반기를 주도하며 고려의 황금기를 이끌었다.

인주 이씨 가문의 100년 아성

인주 이씨 집안의 권력 장악은 1061년 이자연이 59세를 일기로 세상을 뜬 이후에도 그의 아들들에 의해 계속 이어졌다. 물론 그 배경은 이자연의 맏딸 인예왕후였다. 그녀가 살아있던 1092년까지 인주 이씨 세력에 필적할 정치 세력은 없었다. 순종, 선종의 왕비 여섯 명 중 네 명이 인주 이씨 출신일 정도로 외척의 지위가 단단했기 때문이다.

그러나 인예왕후가 죽은 이후부터 인주 이씨는 크나큰 시련에 봉착했다. 선종이 어린 헌종에게 선위하여 왕숙으로 있던 숙종에게 왕위를 찬탈당하는 과정에서 이자연의 손자 이자의가 축출되는 바람에 인주 이씨는 한때 몰락의 위기를 맞았다. 문종, 순종, 선종에 이르기까지 모두 왕비를 배출했던 인주 이씨는 숙종 대에는 왕비를 내지 못했던 것이다. 물론 숙종의 모후 인예왕후가 살아있었더라면 상황은 달랐겠지만, 그녀는 숙종이 즉위하기 3년 전에 죽고 없었다.

그러나 이자연의 손자 이자겸에 이르러 다시 한번 인주 이씨 세력이 권력을 잡는다. 이자겸이 권신이 되는 과정은 이렇다.

이자겸은 이자연의 아들인 이호의 아들이다. 이호는 딸을 문종의 맏아들 순종에게 시집보내 외척의 반열에 올랐으나 순종이 즉위한 지 3개월 만에 죽는 바람에 그다지 큰 영향력을 발휘하지 못했다. 되레 순종의 왕비로 입궁한 그의 딸 장경궁주가 순종 사후에 노비와 간통하다가 발각되어 곤경에 처하게 되었다. 그리고 이때 이호의 아들 이자겸도 이 사건에 연루되어 파직되었다. 파직된 이자겸은 한동안 벼슬길에 오르지 못하다 자신의 둘째 딸(순덕왕후)을 예종에게 시집보내면서 다시 출세가도를 달렸다. 벼슬이 참지정사, 상서좌복야를 거쳐 정2품 문하평장사에 이르렀다.

그러나 예종 대에 그의 정치적 영향력은 그다지 크지 못했다. 예종은 철저하게 중립 정치를 구현하며 외척에게 힘을 실어주는 일이 드물었기 때문이다. 따라서 이자겸은 당시 관료들을 이끌고 있던 한안인과 보이지 않는 권력 다툼을 벌이며 자신의 외손 태자 구가 왕위에 오르기만 기다리고 있었다. 그러던 중에 예종이 종양으로 병석에 누운 지 한 달 만에 죽고, 어린 인종이 왕위를 이으면서 이자겸은 절대 권력을 차지하게 되었다. 이자겸의 힘에 의지하여 왕위에 오른 인종은 정사를 모두 그에게 맡겼고, 이자겸은 그 기회를 놓치지 않고 권력을 독식하기 위해 정적 제거작업에 착수했다.

이자겸의 정적은 크게 두 부류였다. 첫째는 예종의 아우 왕보로 대표되는 종실 세력이었고, 둘째는 한안인으로 대표되는 지방 출신 관료 세력이었다. 이자겸은 역모 사건을 조작하여 이들을 제거하고 권력을 독식하였다. 그것도 모자라 자신의 셋째 딸과 넷째 딸을 동시에 인종과 결혼시켰다. 그녀들은 인종의 이모들이었고, 고려 당시의 풍습으로도 금하는 결혼이었지만, 이자겸은 권력에 눈이 멀어 인륜 따위는 안중에 없었다.

이렇듯 이자겸의 권력 남용이 극에 달하자, 인종은 이자겸을 제거하려 했다. 하지만 이를 눈치챈 이자겸은 장수 척준경과 함께 반란을 일으켜 인종을 연금하고 독살하려 했다. 이에 함께 반란을 일으켰던 척준경이 마음을 고쳐먹고 이자겸과 그의 일당들을 체포하면서 이자겸의 난은 종식되었다.

이후 왕비인 이자겸의 두 딸이 모두 쫓겨나고, 이자겸을 비롯한 그의 자식과 측근들도 모두 죽거나 유배되었다. 이로써 인예왕후를 기반으로 형성됐던 인주 이씨의 100년 아성은 완전히 허물어지고 말았다.

19

가문의 수호신이 된 역적의 딸

세종 비 소헌왕후

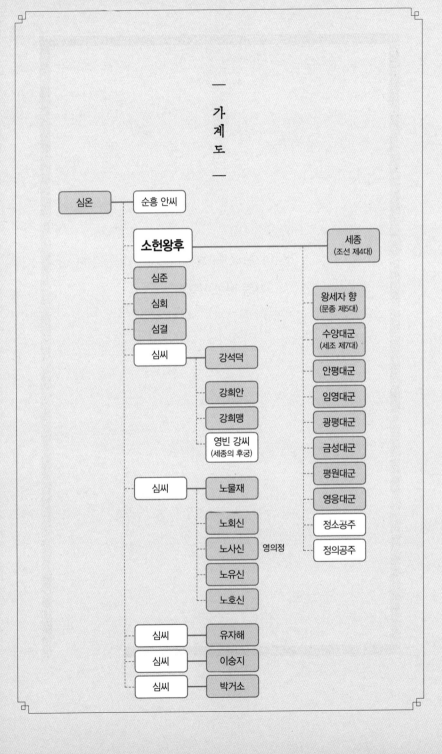

가
계
도

심온 ─ 순흥 안씨

소헌왕후 ─ 세종
(조선 제4대)

심준

심회

심결

심씨 ─ 강석덕

강희안

강희맹

영빈 강씨
(세종의 후궁)

심씨 ─ 노물재

노회신

노사신   영의정

노유신

노호신

심씨 ─ 유자해

심씨 ─ 이숭지

심씨 ─ 박거소

왕세자 향
(문종 제5대)

수양대군
(세조 제7대)

안평대군

임영대군

광평대군

금성대군

평원대군

영응대군

정소공주

정의공주

불운의 씨앗

조선왕조사에서 역적의 딸이 된 뒤에도 왕비 자리에서 쫓겨나지 않은 여인은 딱 한 사람뿐이다. 바로 세종의 왕비 소헌왕후다. 세종은 우리 역사상 가장 위대한 성군으로 추앙받는 인물이지만 그의 왕비 소헌왕후는 가장 불운했던 왕비 중 하나였다. 왕비가 되자마자 아버지 심온이 역적으로 몰려 죽고, 어머니와 형제들은 노비 신분이 되었으며, 집안은 그야말로 쑥대밭이 되었다. 그 때문에 그녀는 식음을 전폐하며 눈물로 보낸 날들이 하루 이틀이 아니었다. 그런 상황에서도 그녀는 용케 왕비 자리에서 쫓겨나지 않았고, 덕분에 어머니와 형제들은 신분이 회복되었으며, 훗날 아버지도 신원되어 집안이 다시 일어났다. 그런 의미에서 그녀를 가문의 수호자라고 불러도 과언은 아닐 것이다.

그렇다면 그녀는 왜 그렇듯 살얼음판 위를 걷듯이 살아야 했을까? 정말 아버지 심온은 역적이었을까? 그 불운의 씨앗은 정말 아버지 심온이 뿌렸을까? 사실, 그녀의 아버지를 역적으로 본 것은 시아버지 태종이었다. 그것도 음모와 조작에 의한 것이었다. 즉, 그녀에게 불운을 안겨다 준 장본인이 바로 태종이었다. 도대체 왜 태종은 이런 일을 벌였을까? 아무 죄도 없는 사람을 역적으로 몰아 죽이고, 그 집안을 풍비박산 내는 파렴치한 행동을 왜 했을까?

그 이유는 불안과 두려움 때문이었다. 태종은 그 일을 벌이기 전에 이미 자기 처가를 먼저 몰락시켰다. 외척의 발호를 막겠다는 명분으로 온갖 죄를 뒤집어씌워 자신의 처남 네 명을 모두 죽음으로 내몰았다. 그 처남들의 권력이 왕권을 능가할까 봐 불안했다. 외척의 권력 독식을 막겠다며 자기 행동을 정당화했지만, 실제로는 그들이 자신의 권력을 위협할까 봐 두려웠던 것이다.

역적이 된 왕비의 아버지

그 불안과 두려움은 소헌왕후의 아버지에게도 그대로 적용되었다. 이에 대한 이야기는 이렇다.

태종은 세자인 양녕대군을 내쫓고 충녕대군 도(세종)를 세자에 책봉한 뒤, 1418년 7월 6일에 전격적으로 왕위를 세자에게 넘겼다. 하지만 왕위를 넘기면서도 권력의 핵심이라고 할 수 있는 군권은 넘겨주지 않는 반 토막짜리 전위였다. 군권까지 넘겨주면 자기를 뒷방 늙은이 취급을 할까 봐 두려웠던 것이다.

세종을 왕위에 앉힌 뒤 태종은 세종의 장인 심온을 영의정으로 추천했다. 당시 세종의 조정 대신들은 모두 태종이 지명한 자들로 채워졌기 때문에 태종의 추천은 곧 임명이나 다를 바 없었다. 그런데 영의정이 된 심온이 명나라 사신으로 가는 날 그를 배웅하기 위해 나온 사람들이 하도 많아 그들이 타고 온 수레로 온 도성이 뒤덮일 정도였다는 말을 전해 듣고 태종은 느닷없이 심온 제거 작업에 착수했다. 태종은 심온을 제거할 방도를 모색하다가 일전에 벌어졌던 '강상인의 옥'에 엮어 넣기로 작정했다.

'강상인의 옥'이란 세종 즉위년인 1418년 8월에 병조참판으로 있던 강상인이 군권과 관련한 보고를 세종에게만 하고 태종에게는 하지 않았다가 병조 관원들이 대거 처벌된 사건이었다. 그런데 태종은 심온을 제거하기 위해 강상인 사건을 다시 들춰냈다. 태종은 강상인이 군권과 관계된 업무를 세종에게만 보고한 것이 단순히 개인의 판단이 아니라 조직적인 음모에 의한 것이라고 규정했다. 그리고 그 음모의 중심에 심온이 있다고 단정했다.

하지만 강상인 사건을 아무리 살펴봐도 심온과 연관된 흔적은 없었다. 당시 심온의 아우 심정이 군부의 일을 보았는데, 태종은 강상인과 심정이 함께 모의했고, 심정은 다시 심온의 지시를 받았다는 식으로 몰아붙였다. 그리고 심온이 모든 일을 주도한 주범이라고 결론지었다. 한마디로 말도 되지 않는 설정이었지만, 태종은 주변 신하들을 동원하여 심온을 대역 죄인으로 몰아세웠다.

그런데 역적으로 몰리고 있던 심온은 정작 자신이 역적이 된 사실조차 몰랐다. 심온은 아무것도 모르고 사신의 임무를 마치고 명나라에서 돌아왔고, 의주에 도착하자마자 체포되었다. 그리고 큰 칼을 목에 찬 채 의금부로 압송되었고, 그제서야 자신이 대역죄인이라는 사실을 통보받았다. 그때 심온은 자신을 주모자라고 지목한 강상인 등과 대질신문을 시켜달라고 요청했지만 거절당했다. 강상인은 이미 참형을 당하고 없었다. 혹 강상인이 심온과의 대질신문에서 다른 말이라도 할까 봐 미리 죽였던 것이다.

그렇게 되자 심온도 모든 것이 태종의 머리에서 나온 것임을 직감하고, 체념한 뒤 모든 혐의를 인정했다. 그리고 사약을 받고 죽었다. 이후 심온의 아내, 즉 세종의 장모와 그 자녀들은 노비 신세로 전락했다.

❖❖❖

온몸을 바쳐 가문을 지키다

아버지와 숙부가 역적으로 몰리고 친정어머니를 비롯한 형제들이 모두 노비가 될 것이라는 소식을 들은 소헌왕후 심씨는 곡기를 끊고 드러누웠다. 그런 상황에서 조정 대신들이 왕비를 폐위하라고 연일 상소를 올렸다. 아버지가 역적으로 죽고, 그 가솔들이 모두 노비가 된 마당에 딸이 왕비의 자리에 있다는 것은 있을 수 없는 일이라는 주장이었다. 태종도 그 주장을 받아들여 심씨를 폐위할 생각이 있었다. 그래서 가례색을 설치하고 비빈을 맞이할 준비를 하라고 이르기까지 했다.

하지만 세종이 이에 동조하지 않았다. 세종은 무언의 항변으로 부왕 태종에게 아무 말도 하지 않았다. 그저 죽을 결심으로 누운 아내 곁에 앉아 있을 뿐이었다. 그러자 태종도 마음을 바꾸고 소헌왕후를 찾아와 말했다.

"왕비를 폐하는 일은 없을 것이니 염려 말고 일어나 밥을 먹도록 하라."

세종이 소헌왕후의 폐출에 동조하지 않은 결정적인 이유는 소헌왕후가 임신하고 있었기 때문이다. 아무리 장인이 역적으로 몰려 죽었다손 치더라도 임신한 아내를 내쫓을 순 없는 노릇이었다. 비록 그것이 아버지의 뜻이라고 해도 마찬가지였다. 이런 세종의 태도 때문에 태종은 소헌왕후를 내쫓지 못했다. 당시 소헌왕후가 잉태하고 있던 아이는 안평대군 이용이었다. 안평대군이 어머니를 살린 것이다.

그렇듯 그녀가 가까스로 왕비 자리를 지키는 동안 어느덧 4년의 세월이 흘렀다. 그리고 1422년 5월 10일, 시아버지 태종이 죽었다. 친정아버지를 죽이고, 가문을 몰락시킨 그의 죽음은 소헌왕후에겐 천만다행이었다. 언제 또 돌변하여 자신을 내쫓자고 덤빌지 몰라서 가슴 졸이며 견딘 세월이었다. 그가 살아있는 동안 누구도 소헌왕후의 어머니와 형제들을 노비 신분에서 해방시켜주자고 간하는 자가 없었다. 소헌왕후의 어머니 안씨와 형제들은 모두 노비 신분이었고, 그 때문에 소헌왕후는 고통의 세월을 보냈다.

태종이 죽고 삼년상이 끝나자 조정에서도 소헌왕후의 어머니 안씨를 노비 신분에서 풀어줘야 한다는 말이 돌았다. 그리고 마침내 세종 8년(1426년) 5월 18일에 이 문제가 결정됐다.

이날 좌의정 이직 이하 의정부와 육조의 참판 이상의 관원들이 대궐에 나아가 세종에게 말했다.

"어제 신 등이 소를 올렸는데, 다만 천안에 제명하는 것만 명하셨으니 신 등의 마음에 미안함이 있습니다. 바라옵건대 윤허하시고 시행하소서."

이는 신하들이 소헌왕후의 어머니 안씨의 신분을 회복해주자고 세종에게 청했는데, 세종은 단지 노비 신분에서 해방시켜 평민으로 삼으라고 했다. 장모의 신분을 완전히 회복시켜 줄 순 없다는 말이었다. 그래서 신하들이 다시 한번 안씨의 신분을 완전히 회복시켜 달라고 청한 것이다.

그러자 세종이 이렇게 말했다.

"태종께서 시행한 일은 내가 변경할 수 없고 또 그 천안을 삭제하였다면 안씨는 이미 왕비의 어머니가 되니 비록 봉작이 없다고 하더라도 무엇이 문제겠는가?"

이에 이직이 이렇게 말했다.

"천안에서만 삭제하면 서인이 될 뿐인데, 국모의 어머니로서 어찌 서인이 되겠습니까?"

그러자 세종은 신하들의 의견을 따르겠다며 장모 안씨의 신분을 회복시켰다. 하지만 장인 심온의 신분은 회복시켜주지 않았다. 아버지의 역적을 아들이 풀어줄 수 없다는 논리였다. 그 때문에 소헌왕후의 남동생들은 관직에 진출할 수 없었다. 양반 가문에서 관직에 나갈 수 없다면 그것은 곧 몰락을 의미하는 일이었다. 이 일로 소헌왕후는 여전히 무거운 마음을 안고 살아야 했다.

그런데도 세종은 1446년에 그녀가 죽을 때까지 심온의 신분을 회복시키지 않았다. 신하들이 여러 차례에 걸쳐 심온을 사면해 줄 것을 요청했지만, 세종은 그때마다 받아들이지 않았다. 물론 그녀가 죽은 뒤에도 마찬가지였다. 세종은 자신이 죽을 때까지도 장인 심온의 직첩을 돌려주지 않았다.

심온이 사면된 것은 그녀의 장남 문종이 왕위에 오른 뒤였다. 문종이 즉위하자 곧 조정 대신들과 의논한 뒤 심온을 사면하고 신분을 회복시켰다. 또한 심온의 아들들에게도 벼슬을 내려 조정에 나오도록 했다.

소헌왕후의 동생 심회와 심결은 7품 벼슬을 받고 관직에 진출한 뒤 고위직을 두루 거치며 정승 자리에 올랐다. 이후로 심온의 집안은 대대로 조선의 명문가로 이름을 날렸으니 이는 소헌왕후가 고통 속에서도 왕비 자리를 굳건히 지켜낸 덕분이었다.

19

가문을 위해 남편과 아들의 감시자가 된 여인

현종 비 명성왕후

```
┌──────────┐   ┌──────────┐
│  김우명   │───│ 덕은부인  │
│          │   │   송씨    │
└──────────┘   └──────────┘
                    ┊
              ┌──────────┐   ┌──────────┐
              │ 명성왕후  │───│   현종    │
              │          │   │(조선 제18대)│
              └──────────┘   └──────────┘
                    ┊
              ┌──────────┐
              │  명선공주 │
              └──────────┘
              ┌──────────┐
              │   숙종    │
              │(조선 제19대)│      ┌──────────┐
              └──────────┘       │   경종    │
                                 │(조선 제20대)│
                                 └──────────┘
              ┌──────────┐       ┌──────────┐
              │  명혜공주 │       │   영조    │
              └──────────┘       │(조선 제21대)│
              ┌──────────┐       └──────────┐
              │  명안공주 │       ┌──────────┐
              └──────────┘       │   연령군  │
                                 └──────────┘
```

현종이 후궁을 두지 않은 이유

조선 18대 임금 현종은 재위 기간이 15년이나 되는데, 후궁을 단 한 명도 두지 않은 왕이었다. 오로지 부인이라곤 명성왕후 한 명뿐이었다. 물론 공식적으로 그렇다는 이야기다.

사실, 조선 왕들이 후궁을 두는 것은 꼭 왕의 뜻만은 아니었다. 왕이 후궁을 두는 이유는 여색을 탐해서가 아니라 후사 때문이다. 그래서 왕들은 적어도 세 명 정도의 후궁을 뒀다. 그것은 법적으로 보장된 일이었고, 왕이 쉽게 거부할 수도 없었다. 왕실의 안녕을 위한 일이기 때문이다. 왕조 국가에서 왕위 계승권자가 없으면 정치적으로 매우 불안정해진다. 그런 까닭에 비록 적자가 아니더라도 아들을 여럿 두는 것은 정치적 안정을 위한 것이다. 그런데 현종은 아들이라곤 명성왕후 김씨에게서 얻은 순(숙종) 하나뿐이었다. 그런데 왜 현종은 이런 상황에서도 후궁을 얻지 않았던 것일까?

이에 대해 여러 가지 해석이 있다.

첫째는 현종이 명성왕후와 너무 금실이 좋아 다른 여자에게 눈길조차 주지 않았기 때문이라는 해석이다. 현종이 명성왕후와 금실이 좋았던 것은 사실이다. 하지만 명성왕후는 결혼 이후 계속해서 딸만 셋 낳다가 네 번째에 이르러 비로소 아들을 얻었다. 그 후로도 둘을 더 낳았는데 모두 딸이었다. 흔히 부부 금실이 좋으면 딸을 많이 얻는다는데, 이들 부부가 그랬다. 그래서 명성왕후 외에 어떤 여자에게도 눈길을 주지 않아서 생긴 결과라는 말도 일견 일리가 있어 보인다.

두 번째 해석은 현종이 몸이 좋지 않아 여러 여자를 가까이할 수 없었다는 설이다. 현종은 어릴 때부터 지병이 있었다. 그래서 눈병에 자주 걸리고 몸에 종기도 자주 생겼다. 그 때문에 치료를 받은 기록이 많이 남아 있다. 그러나 현종의 건강 상태는 후궁을 두면 위험할 정도는 아니었다. 역대 왕 중에 건강이 좋지 않아도 후궁을 여럿 둔 왕은 많았다. 그런 측면에서 볼 때 단순히 건강 때문에 후궁을 두지 않았다는 것은 설득력이 좀 떨어진다.

세 번째 해석은 외척의 힘이 너무 강해서 현종이 처가의 눈치를 보느라 후궁을 들이지 못했다는 설이다. 명성왕후 김씨의 아버지 김우명은 당시 최고 권력자였다. 서인은 인조 이후로 정권을 장악하면서 한당과 산당으로 양분되었는데, 한당의 영수는 김육이었고, 산당의 영수는 김집이었다. 이런 구도는 현종 대에도 이어져 김육의 아들 김우명이 한당의 당수로 있었고, 김집의 제자 송시열이 산당의 당수로 있었다. 그런데 김우명의 딸이 왕비가 됨으로써 당시 권력은 김우명 일가가 좌지우지하고 있었다. 거기다 명성왕후는 성격이 매우 강하고 드셌다. 그에 비해 현종은 순하고 주장이 약한 인물이었다. 그래서 현종은 처가의 힘과 아내의 강한 성격 때문에 후궁을 한 명도 두지 못했다는 것이다. 이 주장은 앞의 두 가지보다 훨씬 설득력이 있다. 당시 왕들 중에 아내와의 금실 때문에 후궁을 두지 않은 왕도 없었고, 단순히 건강이 조금 나쁘다는 이유로 후궁을 두지 않은 왕도 없었기 때문이다.

남편의 여자를 내쫓다

사실, 명성왕후 김씨는 남편 현종에 대해 단속이 심했다. 주변 궁녀들을 엄격하게 감시하여 함부로 왕 곁으로 다가오지 못하게 했을 뿐 아니라 후궁을 들이는 것도 적극적으로 저지했다. 그녀가 남편의 여자관계를 그토록 단속한 이유는 단순히 질투가 심했기 때문이 아니었다. 자칫 남편이 다른 여인에게서 아들이라도 낳는다면 자신은 물론 자기 집안과 서인들의 입지가 크게 흔들리기 때문이었다. 그녀에겐 아들이 딱 한 명이었고, 그 아들이 왕위를 이어야 자기 가문도 살고 서인도 사는 일이었다. 그런데 만약 남편 현종에게 다른 아들이 생긴다면 상황은 급변할 수 있었다. 아들은 아직 어렸고, 마마나 홍역도 거치지 않은 상황에서 천연두라도 돌면 어찌 될지 알 수 없는 노릇이었다. 게다가 현종이 다른 아들을 얻는다면 무슨 일이 벌어질지 모른다는 것이었다.

그렇듯 그녀는 항상 가문이 먼저였다. 현종 몰래 왕의 아이를 밴 궁녀를 궐 밖으로 내쫓은 것도 역시 그런 이유에서였다. 궐 밖으로 쫓겨난 궁녀는 현종이 일생에서 왕비 외에 유일하게 취한 여인이었다. 그녀의 이름은 김상업이었다. 군기시 서리 김이선의 딸인 그녀는 궁녀였다. 궁녀가 왕의 승은을 입으면 당연히 후궁이 되는 것이 법도였다. 승은을 입고 아이를 낳지 못해도 특별상궁이 되어 후궁으로 대우받았다. 그러나 그녀는 특별상궁은커녕 궁궐에서 쫓겨나는 신세가 되었다.

그렇다면 그녀는 왜 승은을 입고도 후궁이 되지 못했을까? 더구나 그녀는 임신까지 한 몸이었다. 이유는 두 가지였다. 첫째는 김상업이 임신한 사실을 현종이 몰랐기 때문이고, 두 번째는 명성왕후가 그녀를 질투하여 궁에서 내쫓았기 때문이다.

현종이 그녀의 임신 사실을 알지 못한 이유는 그녀와 동침한 뒤 며칠 만에 갑자기 발병하여 누웠기 때문이다. 현종이 병상에 누운 것은 1674년 8월 1일이었다. 그리고 십여 일 동안 사경을 헤매다 8월 18일에 사망했다. 그러니 현종은 상업이 자기 아이를 가졌다는 사실조차 모른 채 죽은 것이다.

홍수의 변

현종이 죽고, 상업이 아이를 낳자 명성왕후는 그 아이가 다른 남자의 아이라고 주장했다. 그 다른 남자란 효종의 동생인 인평대군의 아들 복창군이었다. 현종은 형제가 없었기 때문에 복창군과 형제처럼 지냈다. 그래서 복창군은 현종을 대신하여 상업을 보살피고 있었다. 그런데 명성왕후는 복창군이 상업과 간통하여 아이를 배게 했다고 몰아간 것이다.

이 사건을 흔히 '홍수의 변'이라고 한다. 홍수紅袖란 '붉은 옷소매'라는 뜻인데, 궁녀를 의미한다. 궁녀 중에 나인들은 옷소매의 끝동에 자주색 물을 들이고, 상궁들은 남색 물을 들이는 데서 연유한 말이다. 즉, 홍수라고 하면 아직 상궁이 되지 못한 젊은 궁녀를 지칭하는 것이다. 이 사건은 얼핏 보면 왕족인 복창군이 궁녀를 건드린 치정 사건으로 보이지만, 그 내막을 자세히 살펴보면 명성왕후가 상업을 죽이기 위해 꾸민 음모임을 알 수 있다.

사건의 전말은 이렇다. 명성왕후의 아버지 김우명이 숙종에게 올린 상소를 요약해보면 복창군과 그의 동생 복평군이 궁녀 김상업과 내수사의 비자 귀례와 간통하여 각각 임신시켰다는 것이다. 그런데 의금부에서 네 사람을 심문해도 그들은 한결같이 이를 부인했다. 그러자 의금부에서는 고문을 가하여 자복을 받아야 한다고 주장했지만, 숙종은 내용이 모호하다며 모두 석방하라고 명령했다. 당시 실록의 기록을 보면 숙종이 뭔가 감출 것이 있어 이런 조치를 취했다고 한다.

그런데 그들이 풀려난 뒤에 명성왕후가 나서서 그들의 간통 사실을 잘 안다면서 벌줄 것을 강력히 주장했다. 그 때문에 복창군 형제와 상업, 귀례 등은 다시 의금부 옥에 갇혔다. 그리고 명성왕후의 주장에 따라 사형에 처하기로 했다. 하지만 숙종의 환관 김현과 조희맹, 상궁 윤씨 등은 북창군 형제와 상업, 귀례 등은 죄가 없다며 죽어서는 안 된다고 주장했다. 그래서 숙종은 다시 복창군 형제를 풀어줬는데, 명성왕후가 울고불고하면서 그들을 죽여야 한다고 또다시 주장하자 마지못해 그들을 유배 보내는 것으로 사건을 마무리했다.

명성왕후가 상업의 아이를 복창군의 아이로 몰아간 데는 나름대로 정치적 계산이 있었다. 당시 복창군 형제는 남인들과 친했는데, 명성왕후는 이 사건을 빌미로 당시 집권당이던 남인들의 입지를 약화시킬 요량이었다. 물론 이 음모는 명성왕후 혼자서 획책한 것은 아니었다. 그녀의 배후엔 친정아버지인 서인 한당의 거두 김우명이 있었다. 김우명은 복창군 형제를 치면서 동시에 남인들도 함께 엮어 제거하려 했다. 하지만 숙종이 복창군 형제를 두둔하는 바람에 뜻을 이루지 못했다.

가문과 아들을 위해서라면

그렇다고 쉽게 물러날 명성왕후가 아니었다. 그녀와 김우명은 기회를 엿보고 있다가 5년의 세월이 흐른 뒤에 마침내 자신들의 계획을 성사시켰다.

1680년 4월, 김우명의 조카 김석주가 앞장서서 남인의 영수 허적의 서자 허견이 복창군 형제와 함께 역모를 꾀하고 있다고 고변했다. 이 사건으로 허견은 능지처참에 처해지고, 복창군과 복선군은 교수형에 처해졌다. 또한 복평군은 유배되었으며, 허적은 평민 신분으로 전락했다. 이 사건을 일러 '경신환국'이라고 하는데, 명성왕후의 질투심에서 비롯된 '홍수의 변'이 결국은 엄청난 정치 사건으로 비화하여 남인 세력이 대거 몰락하는 사태로 이어졌다.

이 사건 이후에도 명성왕후는 남인 세력이 다시 일어나는 것을 철저히 차단했다. 남인이 다시 정권을 잡으면 자신의 친정에 어떤 피바람이 불어 닥칠지 알 수 없었기 때문이다. 특히 그녀는 아들 숙종의 여자관계를 집중적으로 단속했다. 혹 숙종이 남인 출신 궁녀에게 마음을 뺏겨 덜컥 임신이라도 시키면 후계 구도가 어찌 될지 알 수 없었기 때문이다. 당시 숙종에게 아들이 없었는데 누구라도 아들을 낳으면 권력 판도가 요동칠 것은 불 보듯 뻔한 일이었다.

그렇듯 명성왕후는 눈에 불을 켜고 숙종 주변의 궁녀들을 감시했지만, 숙종은 모후의 감시망을 뚫고 남인 출신의 궁녀에게 마음을 뺏겼다. 그 궁녀가 바로 앞에서 언급했던 장옥정, 즉 장희빈이다. 이 사실을 알게 된 명성왕후는 노발대발하며 장옥정을 궁궐에서 내쫓아버렸다. 혹여 그녀가 승은을 입어 아들이라도 낳는다면 다시 남인 세상이 될 수 있었고, 그것은 그녀의 가문을 단번에 몰락시킬 수도 있었다. 장옥정이 궁에서 쫓겨나자 숙종은 모후가 죽는다면 모를까 그녀가 살아있는 한 장옥정을 다시 만날 가망성은 전혀 없었다.

명성왕후는 그래도 안심이 되지 않아 국혼을 서둘렀다. 숙종의 첫 왕비 인경왕후가 천연두로 1680년 10월에 죽었는데, 명성왕후는 혹여 아들이 그사이에 장옥정을 다시 궁으로 들일까 봐 급히 혼례를 서둘렀다. 원래 왕비가 죽으면 삼년상이 지난 뒤에 국혼을 치르는 것이 법도였지만, 명성왕후는 숙종의 마음을 돌려놓기 위해 인경왕후의 장례식이 끝나자마자 간택을 시작했다. 물론 새로운 왕비는 당연히 서인 집안 출신이어야 했다. 그래서 선택된 여인이 민유중의 딸 인현왕후였다.

새로운 왕비를 들인 뒤에야 명성왕후는 다소 안심했다. 이제 남인 집안의 핏줄이 왕위를 계승할 일은 없을 것이라고 확신하였다. 하지만 한 치 앞을 알 수 없는 것이 인생이다. 그토록 아들에게 온갖 정성을 들이며 단속에 단속을 거듭하던 그녀에게 뜻하지 않는 불행이 닥쳤다. 1683년 10월, 아들 숙종이 그만 천연두에 걸리고 말았다.

당시 천연두에 걸리면 절반이 죽어 나가던 시절이라 그녀는 덜컥 겁부터 났다. 어떻게든 아들을 살려야 했다. 하지만 그녀가 할 수 있는 일이라고는 정성을 다해 기도하는 것밖에 없었다. 그래서 무당을 불러 굿을 하기도 하고, 음식을 끊고 냉수욕까지 한 뒤 소복 차림으로 치성을 드리기도 했다. 그러다 그만 덜컥 감기에 걸리고 말았다.

하지만 그녀는 멈추지 않았다. 아들을 위해서라면 그까짓 감기쯤이야 하고 치성에 열을 올렸다. 그러다 엄청난 고열에 시달리기 시작했고, 그것은 결국 폐렴으로 치달아 그녀의 명줄을 끊어놓고 말았다. 오직 가문을 위해 남편과 아들의 감시자를 자처하던 그녀는 그렇게 허무하게 죽었다. 그리고 그녀가 죽자 그녀가 가장 염려하던 일들이 벌어졌다. 숙종은 궁 밖에 쫓겨나 있던 장옥정을 불러들여 사랑을 나눴고, 그녀에게서 아들을 얻어 세자로 삼고 왕위까지 물려주었다. 그것은 곧 서인의 몰락과 남인의 부활을 의미했다.

21

노론 벽파의 마지막 보루

영조 비 정순왕후

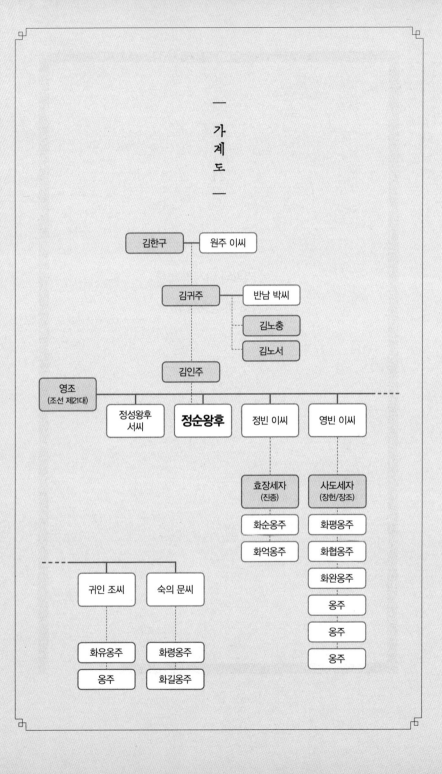

가
계
도

김한구 —— 원주 이씨

김귀주 —— 반남 박씨

김노충

김노서

김인주

영조
(조선 제21대)

정성왕후
서씨

정순왕후

정빈 이씨

영빈 이씨

효장세자
(진종)

사도세자
(장헌/장조)

화순옹주

화평옹주

화억옹주

화협옹주

화완옹주

옹주

옹주

옹주

귀인 조씨

숙의 문씨

화유옹주

화령옹주

옹주

화길옹주

가문의 영화를 위해 시집가다

1759년 6월 22일, 조선 제21대 왕 영조는 66세의 나이로 새장가를 들었다. 왕비는 겨우 15세 소녀였다. 당시 66세이면 손자는 물론이고 증손자도 있을 나이였다. 그런 나이에 영조는 쉰한 살이나 차이 나는 15세 소녀와 결혼한 것이다. 조선 개국 후 치른 국혼 중에 가장 나이 차가 큰 혼인이었다.

결혼 당시 소녀의 아버지 김한구는 37세였고, 김한구의 아버지 김선경은 62세였다. 물론 두 사람 모두 생존해 있었다. 이렇듯 자기 할아버지보다 늙은 남자와 결혼한 여인이 영조의 계비 정순왕후 김씨였다.

그녀의 아버지 김한구는 본관이 경주이고 서인 산당 출신인 김홍욱의 4대손이었다. 말하자면 서인 노론 집안 출신인데, 그녀가 결혼할 당시 그는 만년 과거 낙방생이었다. 1758년에 사마시 초시에 겨우 합격했으나 복시에서는 떨어져 생원도 되지 못했다. 그런 그가 딸이 왕비가 되자 일약 정1품 보국숭록대부에 오위도총부 도총관을 거쳐 어영대장 자리에 올랐다. 딸을 희생양으로 삼아 본인의 출세는 물론이고 단숨에 집안을 명문가의 반열에 올려놓은 것이다.

이렇듯 정순왕후는 15세 어린 나이에 가문과 당파를 위해 일생을 바친 여인이 되었다. 이후로 그의 집안은 승승장구했다. 아버지의 출세는 당연했고, 오빠 김귀주도 그녀 덕에 벼슬을 얻어 순식간에 승지의 자리를 꿰찼다. 그리고 삼촌 김한기도 요직을 두루 거쳐 노론의 핵심 인사가 되었다.

숨죽이며 산 세월

하지만 그녀와 그녀 가문의 영화는 영조의 죽음과 함께 순식간에 무너졌다. 오빠 김귀주는 정조 세력과 대립하다 유배되어 황천길로 떠났고, 정조의 즉위를 반대하던 노론 인사들은 정계에서 밀려나 유배지를 전전했다. 그나마 다행인 것은 그녀와 정조의 관계가 나쁘지 않았다는 점이었다. 정조보다 여섯 살이 많았던 그녀는 가급적 정조의 심기를 건드리지 않았다.

정조가 왕위에 오른 뒤, 조선의 정치 세력은 급격히 시파와 벽파로 나뉘어 대립했다. 시파는 정조의 아버지 사도세자의 죽음을 동정하는 세력이었고, 벽파는 사도세자의 죽음을 마땅하게 여기는 세력이었다. 시파를 이루는 세력은 서인의 소론과 노론 일부 그리고 남인 등으로 구성되어 있었고, 벽파는 노론의 일부로만 구성되어 있었다. 따라서 시파의 무리는 많고 벽파의 무리는 적었다. 요즘으로 보자면 여대야소 상황이었다.

이런 정치 지형 속에서 정순왕후는 벽파에 속해 있었다. 그녀가 벽파로 분류된 것은 그녀의 선택과는 무관했다. 그녀의 집안이 벽파였기에 그녀는 당연히 벽파의 일원이 될 수밖에 없었다. 당파는 개인의 선택이 아니라 가문의 선택이었기 때문이다.

하지만 그녀의 가문과 무관하게 정순왕후는 정조와 비교적 관계가 좋았다. 흔히 세간에서는 정조와 정순왕후가 적대 관계였다는 말이 있으나 실상은 그렇지 않았다. 정순왕후는 늘 정조에게 호의적이었고, 정조는 정순왕후에게 효성을 다했다. 덕분에 벽파 가문에 대한 정조의 태도도 그렇게 적대적이지 않았다. 더구나 정조를 왕위에 올린 공신 중 한 명인 김종수가 벽파의 영수였고, 정조가 신임하던 대신인 심환지 또한 벽파의 핵심이었다. 그런 까닭에 정조는 그들 벽파를 적으로 대하지 않았다.

정조가 벽파를 적대시하지 않은 배경엔 정순왕후가 있었다. 정순왕후는 정조의 즉위를 당연시했고, 이에 대해 정조는 그녀를 이렇게 표현했다.

"나의 자전慈殿(정순왕후)이 과인의 몸을 보우保佑하였음은 인원성

후(숙종의 세 번째 왕비)가 선대왕(영조)을 보우함과 같았다."

이는 정순왕후의 아버지인 오흥부원군 김한구의 제문을 통해 정조가 밝힌 내용이다.

이렇듯 정순왕후는 정조와 호의적인 관계를 유지함으로써 벽파에 대한 정조의 적대감을 해소했다. 덕분에 심환지를 비롯한 벽파들이 조정의 요직에 등용될 수 있었다. 그러니 정순왕후는 자기 가문은 물론이고 벽파의 보루 역할을 했다.

❀ ❀ ❀

벽파의 마지막 보루

하지만 정조가 죽자 그녀는 24년 동안 숨기고 있던 발톱을 드러냈다. 1800년 6월 28일, 정조는 급작스러운 죽음을 맞이한다. 그리고 11세의 어린 왕 순조가 즉위하자 왕실의 최고 어른이었던 정순왕후는 수렴청정을 통해 섭정이 되었다. 이후로 순조가 15세가 될 때까지 4년 동안 왕권을 행사했다.

이 4년 동안 모든 권력은 노론 벽파가 거머쥐었다. 동시에 정조가 24년 동안 심혈을 기울였던 모든 치적이 한꺼번에 무너졌다. 정약용, 이가환, 박제가 등 정조가 아끼던 신하들은 모두 죽거나 유배되었고, 애써 다져왔던 문예부흥의 기틀은 천주교 박해의 소용돌이에 휘말려 풍비박산이 났다.

정조 시대의 잔재들을 깡그리 부수는 데 앞장 선 인물은 벽파의 영수 심환지였고, 그를 가장 적극적으로 후원한 인물은 당연히 정순왕후였다. 그들은 천주교를 사악한 종교로 규정하고, 천주교인들을 대대적으로 색출하여 학살을 자행했다. 이른바 신유사옥으로 불리는 이 사건을 통해 그들은 천주교에 대해 호의적이던 남인들을 절멸시켰으며, 정치적으로 대립 관계에 있던 시파들도 남김없이 숙청했다.

그러나 1802년에 그 선봉에 섰던 심환지가 노환을 이기지 못하고 죽으면서 벽파의 힘은 다소 약해졌다. 그런데도 여전히 정순왕후가 섭정의 자리에 있었기 때문에 벽파의 세상은 계속되었다. 정순왕후는 김관주, 김용주 등의 친정 세력들을 앞세워 권력을 독식했던 것이다.

그런데 그 와중에 그녀의 권력을 앗아갈 새로운 바람이 형성되고 있었다. 김조순의 딸을 순조의 왕비로 책봉했는데, 이것이 화근이었다. 김조순은 시파였고, 천주교 박해 과정에서 그의 친인척 중 상당수가 천주교도로 지목되어 목이 달아났다. 그런 까닭에 김조순에게 권력이 주어지면 벽파 또한 피바람에 휩쓸려갈 수밖에 없었다. 정순왕후는 설마 하는 마음으로 김조순의 딸을 왕비로 책봉했다. 물론 벽파 내부에서는 강한 반발이 있었지만, 정순왕후는 정조의 유지라며 왕비 책봉을 강행했다.

사실, 김조순의 딸은 이미 정조가 죽기 전에 세자빈으로 간택된 상태였다. 그런데 국혼이 진행되는 상황에서 정조가 사망했다. 그 때문에 순조가 왕위에 오른 뒤에도 그녀는 왕비에 책봉되지 못했다. 벽파가 어떻게 해서든 그녀의 왕비 책봉을 막으려 했기 때문이다. 하지만 정순왕후는 정조의 유지를 받드는 차원에서 김조순의 딸(순원왕후)을 왕비로 삼았다. 그때만 하더라도 그것이 자기 가문과 벽파 세력을 모두 무너뜨리는 결과를 낳을 줄은 몰랐다.

1803년 음력 12월 28일, 정순왕후는 수렴을 거두고 섭정에서 물러났다. 순조가 이제 15세가 되어 친정할 수 있는 나이가 되었기 때문이다.

순조의 친정이 선포되자마자 조정의 권력은 순식간에 김조순에게 돌아갔다. 그는 권력을 잡자마자 벽파 세력을 내쫓기 시작했고, 정순왕후의 영향력도 완전히 없애버렸다. 아차 싶었던 그녀는 다시 수렴을 내리고 섭정이 되겠다고 나섰지만, 그땐 이미 늦었다. 설상가상으로 그녀의 건강 상태가 극도로 나빠졌다. 그리고 1805년 1월 12일, 그녀는 창덕궁 경복전에서 61세로 생을 마감했다. 그렇게 벽파의 마지막 보루였던 그녀가 죽자 김조순은 이제 눈치 볼 것이 없었다. 이듬해인 병인년에 남아있던 벽파의 잔당들을 무자비하게 숙청하고 조정을 자신의 혈족들로 채웠다. 이른바 '병인갱화'로 불리는 이 사건 이후 조선에선 붕당정치가 존재하지 않았다. 오로지 안동 김씨 중심의 외척 독재만 60년 동안 지속되었다.

22

안동 김씨 세도 정치의 뿌리

순조 비 순원왕후

가계도

김조순 ─── 청송 심씨

김유근

김원근

순원왕후 ─── 순조
(조선 제23대) ─── 숙의 박씨 ┈┈ 화순옹주

김좌근

여동생

여동생

여동생

효명세자 ─── 풍양 조씨 ┈┈ 헌종
(조선 제 24대)

명온공주

북온공주

대군

덕온공주

철종
(조선 제25대) 양자

외척 독재의 주춧돌이 된 14세 왕비

김조순이 벽파 세력을 몰아내고 안동 김씨의 외척 독재 시대를 열 수 있었던 배경에는 순조의 왕비 순원왕후가 있었다. 순원왕후는 서인 노론계 명문가에서 태어났다. 그녀의 아버지는 영조를 옹립하려다 죽임을 당한 노론 4대신 중 하나인 김창집의 후손 김조순이었고, 어머니는 청송 심씨 집안 사람이었다. 김조순은 노론이 시파와 벽파로 갈릴 때 시파 계열에 합류했는데 그 덕분에 딸 순원왕후가 세자빈으로 간택될 수 있었다.

순원왕후는 1789년에 태어났는데, 세자빈으로 간택된 1800년 당시 순조보다 한 살 많은 12세였다. 정조가 죽을 당시 그녀는 초간택과 재간택을 거쳤고, 삼간택만 남겨둔 상태였다. 하지만 삼간택이 이뤄지기 전에 정조가 죽는 바람에 국혼이 성사되지 못했다. 이후 세자빈의 최종 간택은 정조의 삼년상 이후로 미뤄졌다. 그리고 논란 끝에 1802년 14세에 순조의 왕비로 책봉되었다.

하지만 그녀는 왕비에 책봉된 뒤에도 몸을 사려야 했다. 순조가 어린 탓에 섭정하고 있던 정순왕후가 있었기 때문이다. 그러다 1803년 말에 이르러 정순왕후가 섭정에서 물러나고 순조가 친정하면서 순원왕후의 입지는 크게 강화되었다. 이후로 조선의 권력은 그녀의 아버지 김조순의 손아귀에서 놀아났다. 이른바 안동 김씨의 세도정치가 본격화되었다.

김조순 집안인 안동 김씨 내부에는 천주교 신자들이 다수 있었다. 그 때문에 안동 김씨가 정권을 장악한 뒤에는 천주교에 대한 박해는 다소 완화되었다. 또한, 정치적으로 시파와 대립하고 있던 벽파들이 조정에서 거의 퇴출당하였기 때문에 안동 김씨 중심의 시파 세력의 권력 농단이 심화하였다. 이는 곧 외척이 왕권을 능가하는 외척 독재 시대로 이어졌다.

* * *

김조순과 안동 김씨 일가의 권력 독식

김조순은 순조의 친정 직후에는 섭정이 되어 권력을 장악했지만, 순조가 16세가 되어 친정을 본격화한 다음에는 요직에서 물러났다. 하지만 그것은 표면적인 모습에 불과했다. 조정은 이미 김이익, 김이도, 김이교, 김문순, 김희순, 김명순, 김달순 등의 안동 김씨 일가가 요직을 독점하고 있었고, 김조순은 그들을 배후에서 지휘하고 있었다. 이런 안동 김씨들의 권력 독식은 1809년에 순원왕후가 왕자 영(효명세자)을 출산하면서 더욱 심해졌다. 왕자 영은 네 살 때인 1812년 7월에 세자에 책봉되었는데 이후로 김조순 가문의 세도정치에는 날개가 달려렸다. 그의 아들 김유근, 김원근, 김좌근 등이 권력의 정점에 포진해 있었기 때문이다.

순조는 이들을 견제하기 위해 다양한 방책을 강구했고, 그 일환으로 1819년에 조만영의 딸(신정왕후)을 세자빈으로 맞아들였다. 조만영의 본관은 풍양으로 당색은 벽파였다. 이후로 순조는 풍양 조씨 일문을 중용하여 안동 김씨를 견제하게 했다. 1827년에는 19세의 효명세자에게 대리청정을 시키고 서무결제권을 넘겨주었는데 이로써 풍양 조씨에게 힘의 균형이 옮겨가기 시작했다.

효명세자는 강단 있고 명민한 인물이었다. 그는 어떻게 해서든 왕권을 회복하려고 처가인 풍양 조씨와 벽파의 인물들은 물론이고 소론 세력까지 영입하며 조정 쇄신을 위해 애썼다. 그러나 대리청정을 한 지 2년 만인 1829년 5월에 22세의 나이로 죽고 말았다. 이후 다시 순조가 친정을 시작하자 조정은 다시 안동 김씨 수중에 들어갔다.

당시 순종은 효명세자를 비롯한 자녀의 잇따른 죽음으로 상심이 컸고, 건강이 나빠졌다. 소화불량이 심해져 음식을 제대로 먹지 못했고, 병상에서 보내는 날이 많아졌다. 그러다 1834년 11월 재위 34년 만에 45세를 일기로 사망했다.

헌종의 섭정이 되다

순조가 죽자 왕위는 효명세자의 아들 환이 이어받았다. 그가 제 24대 헌종이다. 즉위 당시 헌종은 여덟 살이어서 왕대비였던 순원왕후가 수렴청정하였다. 순원왕후로서는 처음으로 섭정이 된 셈이다. 순원왕후가 왕권을 장악했으니 조정의 권력은 당연히 안동 김씨 일가가 차지했다. 안동 김씨는 이미 그때 30년 동안 세도정치를 이어온 상황이라 조정의 그 누구도 그들의 독주를 저지할 수 없었다. 비록 헌종의 외가인 풍양 조씨가 호시탐탐 틈을 노렸으나 그들의 힘은 안동 김씨에 한참 못 미쳤다. 실권을 모두 순원왕후가 차지하고 있어서 풍양 조씨도 고개를 숙일 수밖에 없었다. 그래서 풍양 조씨는 안동 김씨에게 적절히 협조하며 사돈 관계까지 맺으면서 자신들의 입지를 유지하는 수준에 그쳐야 했다.

순원왕후의 섭정은 헌종 즉위 후 약 7년 동안 이어졌다. 그리고 헌종은 15세가 되던 1841년부터 왕권을 넘겨받아 친정을 시작했다. 헌종의 친정은 곧 외가인 풍양 조씨의 세력 강화를 의미했다. 헌종의 외조부 조만영은 어영대장과 훈련대장을 겸임했고, 그의 동생 조인영과 조카 조병헌, 아들 조병구 등이 요직에 앉았다. 이후 풍양 조씨 일가의 세도정치가 몇 년 동안 이어졌다. 하지만 풍양 조씨는 안동 김씨에 비해 수적으로 부족했고, 내부 결속력도 약했다. 그래서 가문 내부에서 권력 다툼을 일으켰는데, 설상가상으로

1846년에 풍양 조씨의 버팀목이었던 조만영마저 죽었다. 이를 계기로 조정의 권력은 다시 안동 김씨에게 넘어갔다.

이렇듯 안동 김씨와 풍양 조씨가 권력 투쟁을 벌이는 틈바구니에서 헌종은 왕으로서 아무런 능력도 발휘하지 못했다. 그의 재위기간에 남응중 모반 사건과 민진용의 옥 등 두 번의 역모 사건이 벌어져 왕의 권위가 실추되자 헌종은 정사를 돌보지 않고 호색으로 세월을 보냈다. 또 나날이 건강이 나빠져 병상에 누워있는 날이 늘어났다. 결국, 1849년 6월에 23세의 나이로 세상을 뜨고 말았다.

다시 철종의 섭정으로

헌종은 죽을 당시 후사가 없었다. 이에 순원왕후는 풍양 조씨일파가 손쓸 틈을 주지 않고 급하게 왕위 계승자를 찾았다. 당시왕가에는 헌종과 6촌 이내에 드는 왕족이 없었다. 그래서 그녀는 헌종의 7촌 아저씨뻘이 되는 이원범을 왕으로 지목했는데, 그가곧 강화도령으로 불리던 제25대 철종이다. 당시 이원범은 강화도에 유배 중이었다. 그는 정조의 이복동생인 은언군의 손자였다. 그런 그가 강화도에서 유배 생활을 하고 있었던 내막은 이렇다.

정조의 아버지 장헌세자가 죽고, 정조가 세손이 되자 정조의 즉위를 반대하던 무리는 장헌세자의 서자 중에 왕위 계승자를 물색했다. 그런데 이 음모가 발각되자 정조의 이복동생 세 명 중 은전군은 자결하고, 은언군과 은신군은 제주도에 유배되었다. 그런데 제주도 유배 중에 은신군은 죽고, 은언군은 유배지를 강화도로 옮겼다. 은언군에게는 아들이 셋 있었는데, 그중에 유일하게 살아남은 둘째 아들 이광에게 아들 셋이 있었다. 그런데 이광의 장남 원경은 민진용의 옥에 연관되어 죽었고, 둘째 아들 경응과 셋째 아들 원범은 살아남았다. 이들 두 명은 강화도에 유배되어 있었는데, 안동 김씨 일문에서 원범을 택해 왕위를 잇게 했던 것이다.

철종이 왕위에 오를 당시 나이는 19세였다. 대개 조선 왕들은 15세 이상이면 섭정을 두지 않고 친정했기 때문에 나이만으로 보면 친정할 수 있는 때였다. 하지만 유배지에서 아무것도 배우지 못한 채 자란 그가 바로 정사를 처리할 순 없었다. 그래서 이번에도 왕실의 제일 어른인 순원왕후가 수렴청정했다.

순원왕후와 안동 김씨 일가가 원범을 왕으로 택한 것은 그들 가문이 권력을 독식하기 위해서였다. 그 때문에 철종을 대신하여 순원왕후가 섭정하는 것은 이미 정해진 순서였다. 거기다 왕비 자리도 역시 안동 김씨 가문이 차지한다는 시나리오도 마련되어 있었다. 그 시나리오대로 철종 재위 2년에 김문근의 딸이 왕비가 되니 곧 철인왕후다. 당시 철인왕후는 15세였고, 철종은 21세였다.

철인왕후가 왕비가 되자 조정의 권력은 당연히 안동 김씨들의 차지가 되었고, 이에 순원왕후는 수렴청정을 끝냈다. 이미 왕권과 조정을 자기 가문에서 모두 장악한 상황이고 철종의 나이도 스무 살이 넘은 상태에서 섭정의 자리에 머물러 있을 이유가 없었다.

순원왕후의 빈자리

순원왕후가 섭정의 자리에서 물러날 때 나이는 육십 대 중반이었다. 조정은 이미 그녀의 조카들이 장악하고 있었고, 풍양 조씨의 세력은 미미했다. 따라서 그녀는 가문의 안녕에 신경 쓰지 않아도 되었다. 정치 일선에서 물러난 순원왕후는 1857년 8월에 69세를 일기로 생을 마감했다. 그 당시 조정은 안동 김씨 일문이 모두 차지하고 있었지만, 안동 김씨 가문에 그녀의 죽음은 엄청난 손실이었다. 안동 김씨에게 그녀는 권력의 뿌리였고, 마지막 보루였기 때문이다.

그녀가 죽자 왕실의 최고 어른 자리는 효명세자의 빈이었던 신정왕후 조씨가 차지했다. 이는 안동 김씨로서는 매우 불안한 일이었다. 만약 철종이 왕위 계승자를 정하지 못한 채 덜컥 죽기라도 한다면 다음 왕을 지명할 권리는 풍양 조씨에게 돌아가기 때문이었다. 풍양 조씨가 왕위 계승권을 갖는다면, 그것은 안동 김씨 일문의 몰락을 의미하는 것이었다.

그런데 그 일은 현실이 되었다. 철종은 아들을 다섯 명이나 얻었지만 모두 일찍 죽고 말았고, 급기야 그는 후사를 두지 못한 상황에서 1863년 33세의 나이로 죽었다.

철종이 죽자 왕대비 신정왕후는 은신군의 양자인 남연군의 손자 고종을 왕위에 앉혔다. 그러자 고종의 아버지 흥선대원군이 실권을 쥐었고, 이어 순식간에 안동 김씨들은 조정에서 내쫓겼다.

철종이 죽을 당시 순원왕후가 살아있었다면 절대로 일어날 수 없는 일이었다. 그만큼 안동 김씨에겐 순원왕후의 빈자리가 컸다. 그녀가 버티고 있을 때는 실감하지 못했지만, 막상 그녀가 떠나고 나자 그간 안동 김씨의 모든 영화가 그녀에게서 나왔다는 것을 처절하게 깨달았다. ●